苏州科技大学研究生教学案例建设项目

金融硕士教学案例选编

钱 燕 王世文 主 编

赵 扬 张浩博 副主编

中国财经出版传媒集团

经济科学出版社
Economic Science Press

图书在版编目（CIP）数据

金融硕士教学案例选编/钱燕，王世文主编 . -- 北京：经济科学出版社，2023.8

ISBN 978 - 7 - 5218 - 5070 - 3

Ⅰ.①金… Ⅱ.①钱…②王… Ⅲ.①金融学 - 教案（教育） - 研究生教育 Ⅳ.①F830

中国国家版本馆 CIP 数据核字（2023）第 162568 号

责任编辑：黄双蓉
责任校对：杨　海
责任印制：邱　天

金融硕士教学案例选编

钱　燕　王世文　主　编
赵　扬　张浩博　副主编

经济科学出版社出版、发行　新华书店经销

社址：北京市海淀区阜成路甲 28 号　邮编：100142

总编部电话：010 - 88191217　发行部电话：010 - 88191522

网址：www.esp.com.cn

电子邮箱：esp@esp.com.cn

天猫网店：经济科学出版社旗舰店

网址：http://jjkxcbs.tmall.com

固安华明印业有限公司印装

787 × 1092　16 开　21.25 印张　370000 字

2023 年 8 月第 1 版　2023 年 8 月第 1 次印刷

ISBN 978 - 7 - 5218 - 5070 - 3　定价：86.00 元

（图书出现印装问题，本社负责调换。电话：010 - 88191545）

（版权所有　侵权必究　打击盗版　举报热线：010 - 88191661

QQ：2242791300　营销中心电话：010 - 88191537

电子邮箱：dbts@esp.com.cn）

前 言

　　金融硕士专业学位（以下简称"金融硕士"）研究生教育是培养高层次应用型金融人才的主要渠道。随着中国金融行业的快速发展，社会对金融人才的需求日益增多，对金融人才的应用能力要求不断提高。培养专业基础扎实、实践应用能力卓越的金融人才，是金融硕士专业学位教育的重要任务。

　　苏州科技大学商学院于 2018 年 1 月获批金融硕士专业学位授权点，2019 年开始招生，开展金融硕士专业学位教育。学院以应用型高级金融人才为培养目标，旨在培养具有扎实经济与金融学理论知识、深厚的数理金融功底、突出的实践应用能力，能够胜任公司财务、创新性金融产品设计与开发应用、投融资管理、金融市场风险度量与管理、金融衍生品设计与定价等金融实务工作的金融专业人才，主要采用课程讲授、实验教学、案例研讨、专业实习等多种形式来提高学生解决实际金融问题的能力。从金融硕士专业学位研究生的教学实践来看，案例教学对提高金融硕士专业学位研究生培养质量具有重要作用。因此，教学团队以案例开发和案例教学为突破口，通过理论学习与实践应用的有机融合，以强化学生发现问题、分析问题和解决问题的能力，提高金融专硕研究生与金融行业人才需求的匹配度，取得了一定的效果，在第六届、第七届、第八届全国金融硕士教学案例大赛中也取得了较好的成绩。

　　在案例教学过程中，教学团队始终坚持原创案例宗旨，讲述中国故事，分析中国问题，建立了商学院金融专硕案例库，组织建设了一批高水平的专业学位研究生教学案例。通过案例教学使学生更好地理解习近平新时代中国特色社会主义思想和社会主义核心价值观，促使学生成为"有思想、有格局、有友谊、有执行力、有组织力、有表现力、有专业水平"的金融人才。本书精选的案例，一方面紧跟金融科技前沿，对金融科技在商业银行中的应用进行了多个案例的分析，关注了互联网金融巨头东方财富的创新扩张之路、供应链金融对社区团购的影响、非同质化代币（NTF）作品的定价等问题；另一方面对市场较为关注的凯莱英股价变动、蔚来汽车估值、云南铜业的套期保值等问题进行讨论。随着"双碳"目标的提出，碳金融也是实务界和理论界共同关注的问题，本书以故事的形式演绎了碳市场背后的金融逻辑，令人耳目一新。这些案例中，有6篇获得全国金融硕士教学案例大赛优秀案例奖，4篇获得江苏省金融类（含保险）研究生教学案例大赛奖项。

本书立足中国金融市场的热点事件，按照教学案例规范编写，既考虑案例自身的真实性和完整性，又兼顾案例教学内容的适应性和使用便利性。案例正文包括案例背景、内容、结果等，案例使用说明包括教学目的与用途、启发思考题、分析思路、理论依据与分析、关键要点、建议课堂计划、参考文献等。案例集的出版不仅有助于金融硕士师生之间的交流，也为对中国金融感兴趣的师生提供了热点问题分析的素材，有助于更好地理解中国金融运行的理论与逻辑。

"苏州科技大学研究生教学案例建设项目"为本书的出版提供了支持。全书由钱燕副教授、王世文教授担任主编，赵扬老师、张浩博老师担任副主编，段姝教授、孙建群副教授、刘霞老师、刘峻峰老师等参与了案例的编写，同时商学院金融专硕2019～2021级的学生也在案例编写中收集资料、与老师一起讨论案例的思考题和回答要点，在此对他们表示感谢。希望本书的出版能够为专业学位研究生培养提供一线的案例素材，打造以专业能力训练为导向的案例教学体系，提高专业学位研究生的培养质量。

在本书的编写过程中，我们尽量做到完善，但也难免存在疏漏与不足之处，恳请广大同行和读者批评指正。

编　者

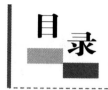

目 录

案例一　凯莱英股价持续上涨：舆情助推还是真实价值回归?[*]

 案例摘要

　　2020 年 1~6 月，深圳成份股指数（简称"深圳成指"）总体上涨 4.92%，而凯莱英（股票代码：002821）股价从 122 元持续稳健上涨到 220 元，涨幅超 80%，上涨幅度高达深圳成指的 16 倍。互联网时代，信息传播渠道、速度和数量爆发式增长，文本舆情已成为影响股票价格变动的重要因素。2020 年，新冠疫情暴发，生物医药行业股票受到市场广泛关注，凯莱英作为医药行业定制研发生产（CDMO）细分领域的龙头企业，在《关于修改〈上市公司证券发行管理办法〉的决定》《关于修改〈创业板上市公司证券发行管理暂行办法〉的决定》《关于修改〈上市公司非公开发行股票实施细则〉的决定》（以下简称《再融资新规》）发布后获得高瓴资本 23 亿元的战略投资，在这样的双舆情背景下，股价持续上涨。本案例从新冠疫情、高瓴资本集团（以下简称"高瓴资本"）战略投资凯莱英的双舆情视角出发，突破利用财务数据进行指数分析的传统模式，通过对股评文本进行爬取和处理，构建网络舆情因子，剖析双舆情背景下凯莱英股价波动的始末，探究其是舆情助推还是真实价值回归。

---

　　* 本案例获得全国金融硕士教学案例大赛优秀案例奖，由苏州科技大学商学院王世文、孙建群、王依婷、刘碧君、孙丽泊撰写，作者拥有著作权中的署名权、修改权、改编权。本案例只供课堂讨论之用，并无意暗示或说明某种行为是否有效，且不构成投资建议。

案例分析

0 引　言

2020 年是不平凡的一年。年初，国内新冠疫情暴发。疫情给我国经济带来巨大损失，对股票市场也产生了明显冲击。

2020 年 2 月 3 日，春节后股市开盘第一天，市场出现千股跌停，并且在一个月之内，上证指数跌幅超过 3%。然而，医药行业却逆势而上，行业整体收益上涨 3%，作为医药行业中细分领域 CDMO 中的龙头企业，凯莱英股价更是一路高歌猛涨，从 1 月初的每股 130 元直逼每股 170 元。

新冠疫情暴发背景下，各类投资资本伺机而动，纷纷将目光聚集到与疫情概念相关的医药行业股之上。我国股市春节后开盘仅两周后，素有"中国巴菲特"之称的高瓴资本掌舵者张磊，预告将以市场价不到 8 折的价格战略投资凯莱英 23 亿元人民币，拟获持凯莱英超 8% 的股份，进而将一跃成为凯莱英第二大股东。此消息一经公告，次日开盘，凯莱英股价瞬间涨停。资本的实力不容小觑。在国内整体经济萧条的情况下，现金匮乏也成为阻碍企业发展的绊脚石。此次高瓴资本战略投资凯莱英不仅为凯莱英带来雄厚的资金积累，更赢得了两者之间的双赢局面。引入风险投资（VC）后，凯莱英充足的现金流量使它在国内外医药市场激励竞争中更加脱颖而出，获得了广泛的关注度，为其后续腾飞持续铺路搭桥。

作为 CDMO 行业头部标杆，凯莱英拥有较强的技术生产优势和符合国内外的创新研发平台，更有广泛的全球合作伙伴，因此，凯莱英自身的实力不容小觑，其内在价值也高出行业平均水平的。那么，在新冠疫情暴发的背景下，凯莱英凭借自身独特优势吸引 VC 资本注资实现双向共赢，股价一路飙升，这其中究竟是凯莱英自身内在价值的真实回归，还是双舆情导向下资本助推的力量？本部分首先从凯莱英自身发展背景和优势分析，然后从新冠疫情暴发和高瓴资本战略投资这两大舆情角度进行分析说明，进而运用绝对估值法对凯莱英内在价值进行估计，通过 Python 分析方法对双舆情背景下凯莱英股价走势的分析，最终解开凯莱英股价在近半年的时间里暴涨之谜，即双舆情助推凯莱英股价从内在价值 140. 65 元一路上升至 220 元。

1 高瓴为何投资凯莱英？

1.1 政策背景

"4 +7"药品带量采购①新政落地，使得医药行业供给侧结构发生巨变，带量采购即由多家医院集中进行招标，医药需求量远远高于单家医药招标需求，最终促使医院采购成本大幅度降低。这一政策对于擅长营销、无研发优势的仿药厂来说无疑是致命的打击，但对合同研究组织（CRO）、合同生产组织（CMO）行业来说，将驶入高速发展的快车道，带来质的改变。CRO 主要从事为药企提供研发的外包服务，如"研发 + 制药"型企业，会把研发外包给CRO 企业。CMO 主要为药企提供制药的外包服务，如"营销"型企业，就会把制药外包给 CMO 企业。数据显示，CRO/CMO 行业自 2013 年开始，便保持10% 以上的增速。这一新政，无疑使高速发展的 CRO 企业锦上添花。

CDMO 指提供"研发 + 制造"外包服务，是 CMO 行业中的分支行业，与CMO 相比，在研发和生产中更偏向于生产设计和改进（如图 1.1 所示）。而凯莱英则是 CDMO 的领军企业。凯莱英于 2016 年在深圳证券交易所上市，从事医药研发生产服务外包。范围包含美国食品药品监督管理局（FDA）审批的cGMP 标准原料药、制剂产品、关键中间体、生物产品的研究开发，工艺优化及规模生产。高品质、严标准以及卓越的生产实力和多样化的服务体系为凯莱英带来了广阔的发展前景和优越的中外市场资源。凯莱英拥有国内外最前沿的高新技术，以开发研制国际领先新药技术为宗旨，持之以恒地研发创新以满足客户多样化需求，立志成为对高定位不断突破的医药行业领军者，分别入选"2019 胡润中国 500 强民营企业"和"2020 胡润中国百强大健康民营企业"。

张磊，作为高瓴资本的掌舵者，对于看好的行业往往会坚持长期投资，且投资于该行业的多家龙头公司。此前，高瓴资本在医药行业已经进行了较为广泛的布局，投资凯莱英后，便基本完整地覆盖了综合型的 CRO/CMO 企业（泰格、药明系、康龙化成、凯莱英），形成了创新药与 CRO/CMO 协同的产业生

---

① "4 +7"药品带量采购是中国推动的 11 个城市明确采购量的采购方法，其中"4 +7"指 4 个直辖市和 7 个省会或计划单列市参与的药品集中采购试点。

态，此后高瓴资本无论是在产业的延展性方面还是估值溢价的获取方面都具有了确定性优势。

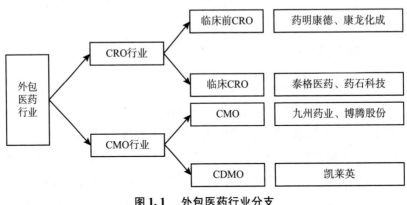

图 1.1　外包医药行业分支

同时，2 月 14 日证监会发布再融资新规，大大降低了上市公司的再融资门槛，明确支持上市公司引入战略投资者，为定增投资者提供了结构性的交易机会。新的非公开发行股票定价和锁定机制将发行价格由不得低于定价基准日前 20 个交易日公司股票均价的九折改为八折，同时非公开发行解禁期有所缩短，这无疑对高瓴资本有着不小吸引力。

另外，从凯莱英对资金的需求来看，它所处领域涉及生产制造，企业的规模和体量取决于产能规模及利用率。因此 CDMO 企业属于重资产模式，这给凯莱英带来不小的压力。凯莱英 2019 年三季度末的期末现金及等价物仅有 2.48 亿元余额，而根据其募资数量和用途说明，它将建设的 3 个新项目共需投入 29 亿元左右。[①] 除上市时募资的 64 亿元之外，凯莱英三年来从未进行再融资。面对行业整合时期激烈的竞争，凯莱英必须借助资本力量，利用再融资手段加快自身发展，高瓴资本的资金可以说是它的"及时雨"。

总之，在带量采购新政与再融资新规发布的政策利好下，想在 CRO 赛道进一步加码的高瓴资本遇上了有资金渴求的凯莱英，获得了 75 折买入的机会，可谓是"天时地利人和"，一拍即合。

---

① 英财商业. 高瓴资本加持，凯莱英能走多远 ［EB/OL］. （2020 - 02 - 17］ （2020 - 04 - 30］. https：//baijiahao. baidu. com/s？ id = 1658785402748595855&wfr = spider&for = pc。

1.2　行业优势

1.2.1　处于 CDMO 行业龙头地位，具备持续增长潜力

作为 CDMO 行业的龙头企业，凯莱英通过 20 多年的经验积累和创新研究，拥有行业领域内的尖端技术。公司多年来致力于全球创新 CDMO 领域，技术力量雄厚，且拥有全球标准化的生产安全质量体系。通过快速响应客户需求、优化研发过程、不断开发和完善产品解决方案，有效缩短新药的研发周期；在确保质量和服务标准的前提下优化生产成本，实现对客户的精准服务，赢得了全球广泛客户持久的信任与合作。与此同时，凯莱英逐年增加研发投入，提高药品合成效率，优化制药成本。目前，凯莱英已经处于医药行业细分领域的龙头地位，市场份额较大，在全球范围内拥有稳定的合作伙伴，研发投入不断增加，与此同时，国家积极出台相应政策措施大力支持鼓励我国原研药、仿制药、CRO/CMO 等医药公司的进一步扩大发展。相比于印度，国内有着更好的专利保护环境。在全球 CMO/CDMO 产能转移的大趋势下，国内日益完善的质量管理体系和良好的专利保护环境有力地保证了订单流入中国。基于这一视角，凯莱英未来具备持续发展潜力。

1.2.2　技术优势构成"护城河"，打造前沿技术创新平台

作为一家生物医药公司，凯莱英专注于制造技术与工艺的不断创新和优化，是世界上为数不多的将连续性反应技术延伸应用在生产制造的公司之一。凯莱英在不断加强自主创新的基础上，抢占绿色制药制高点，通过加大研发支持技术创新，在主流制药工艺上已经与跨国企业并驾齐驱，并在连续性反应和生物转化等绿色制药技术的开发和商业应用上达到世界领先水平，可以满足不同客户多元化的定制需求。作为跨国合作的典范，通过构建自身的技术壁垒形成竞争优势，是凯莱英立于不败之地的根本所在。公司拥有小分子药物、化学大分子、制剂和生物药等服务平台，技术团队服务全球超 400 家客户，凯莱英深耕创新药开发 20 多年，是多家世界前十药厂的战略合作伙伴。公司始终以高要求、高标准、高质量的工作规范执行各项标准，坚持贯彻国际一流标准的 cGMP 质量管理体系、EHS 管理体系，不断提升生产管理与项目管理能力，构筑 CDMO 行业"护城河"，并以广泛和持续的培训作为支撑，为产品研发、开发以及商业化提供强有力的支持，能够充分满足大型跨国制药企业对供应商管理系统能力的严格要求。

1.2.3　客户需求增加，拥有全球稳定合作伙伴

凯莱英多年来始终坚持"以客户为中心"的发展宗旨，能够最大限度地满足客户需求，解决客户问题，为客户提供精准化营销和制定个性化服务，在全球范围内拥有多元化合作伙伴。公司持续更新的具有颠覆性潜能的技术平台、不断提升的配套服务能力、战略性进入 CRO 临床研究服务和生物大分子领域，进一步提升了为需求各异的全球客户协同创造价值的能力。除此之外，企业下游的医药行业的增长总体处于稳定状态，国内人口老龄化问题日益加重，慢性病人群和恶性肿瘤人群数量在逐年增长，全球医药市场规模将会进一步扩大，中国作为全球最大的新兴医药市场，预计到 2021 年市场规模达到 1782 亿美元，2016～2021 的年复合增长率约为 7.5%，将会成为全球医药市场的重要组成部分。[①] 这也会给上游医药相关企业带来更多的需求。作为医药行业供应链体系上的一个环节，凯莱英将会共享这份市场红利。尽管中国医药行业起步较晚，但是发展步伐在不断加快，凯莱英抓住医药行业大发展这一市场机遇，抢占更大的市场份额，在外包制药的基础上加强研发投入，提高制药效率，从而优化生产成本。在全球范围内，各大制药企业纷纷转向将其制药外包生产，因为这不仅可以节约成本，还可以提高上下游协同效率，实现资源的优势互补。在欧美大型药企纷纷选择新药研发生产外包的背景下，凯莱英作为中国市场上这一行业的翘楚，成为较多公司优先考虑的合作对象，这给凯莱英扩大全球伙伴合作圈提供了机会。

2　双舆情背景下股价的持续上涨

2.1　新冠疫情暴发

2020 年 1 月，新冠疫情的暴发，导致大部分企业未能正常开工，全国性的停工停产阶段来临，仅有少数医用产品生产商紧锣密鼓地加快生产。资本市场迅速对此现象产生反应，大盘整体表现不佳，沪深指数在短短一个月内下降超 3%。但医药行业却迎来了爆发式增长。从短期来看，由于市场对护目镜、消毒液、口罩等医疗产品的需求不断攀升，促使医药行业整体股价上涨了

---

① 资料来源：2017 年中国医药行业发展报告。

2.47%，医药行业整体以及其细分子行业股价表现均远远优于大盘。凯莱英作为国内医药行业 CDMO 细分领域的龙头企业，在不到一个月的时间内，从 1 月 3 日到 2 月 14 日高瓴资本宣布战略入股，股价从最初的 126 元一路狂飙，上涨到 160.7 元，总体涨幅超过 27.5%（如图 1.2 所示）。与此同时，公司一季度收入并未受到疫情的冲击，在有 20 日未正常营业的前提下，利润仍然保持着稳定的上升趋势，并且预付款项上涨趋势强劲，一季度企业整体收入高达 4.75 亿元。

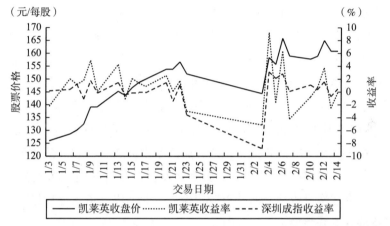

图 1.2 2020 年 1 月 3 日至 2 月 14 日凯莱英收盘价、收益率与深圳成指收益率

2.2 高瓴资本战略入股

19 世纪，"淘金"一词在美国加州迎来新潮，世界各地的人都涌入加州寻找黄金，然而，真正实现"淘金梦"的人却微乎其微，"卖铲子"的人反而实现了"淘金梦"。对于创新医药领域来说，CRO/CMO/CDMO 等则是所谓"卖铲子"的分支行业！高瓴资本这个在资本市场中久仰大名的"金主"，对创新医药行业中"卖铲子"的分支行业早就觊觎已久。

2020 年 2 月 17 日，凯莱英发布股票融资预案，高瓴资本以当前股价近 8 折优惠的金额，采取现金入股的方式战略投资凯莱英，获取超 8% 的公司股份。此前，高瓴资本在资本市场上的一举一动都备受关注，张磊作为高瓴的掌舵者更是有着"中国巴菲特"之称。"高瓴又出手了"一词也能引领投资者投资的方向。2 月 16 日晚，高瓴资本对 CDMO 医药行业所谓"卖铲子的人"凯莱英进行股份认购，并且直接"包干"，成为此次非公开发行股份的唯一认购方。根据预案公告显示，2月14日凯莱英收盘价为160.7元，而高瓴资本仅以不到八折的价格也就是每股123.56元认购凯莱英近2000万股份，一跃成为凯莱英第二大股东，并承诺为凯莱英引入8亿元订单。

高瓴资本与凯莱英的合作可谓珠联璧合之作。国盛证券直言："一级市场明星机构现金认购全部非公开发行股票，高瓴资本和凯莱英实现双赢合作，意义非凡。"凯莱英同高瓴资本在创新药服务领域中建立全方位、多层次战略组合。一方面，从高瓴资本来看，凯莱英凭借自身在CDMO行业中的经验、产能、技术以及平台，可以为客户提供高品质的生产服务和CMC研发。另一方面，从凯莱英来看，高瓴资本除可以为它提供高流动现金之外，还可以推进投资者等其他人士对它的认知度，有利于它在CDMO、核酸等公司新业务分支开展战略合作。2020年5月，高瓴资本承诺为凯莱英新增8亿元订单。高瓴投资的消息一经爆出，凯莱英股价迅速涨停，也即是说，在高瓴资本还未真正"买铲子"，仅仅是达成"买铲子"协议，其预期的盈利便超过40%。如图1.3所示，自2月16日高瓴资本预估入股凯莱英，当时凯莱英股价仅在160元每股，短短4个月，在高瓴资本正式完成战略投资之后，股价已增至220元每股的水平之上，增幅高达37.5%。从凯莱英收益率与深圳成指收益率走势来看，高瓴资本战略投资后，凯莱英股价走势与深圳成分指数走势趋同，而其股价仍保持持续上升趋势。

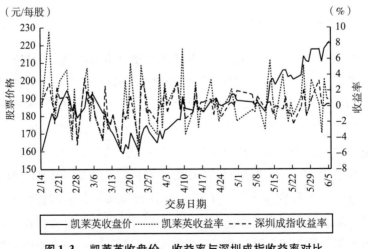

图1.3 凯莱英收盘价、收益率与深圳成指收益率对比

3 舆情助推还是真实价值回归？

3.1 企业内在价值评估

一般而言，投资者对公司股票进行投资时首先会考虑该公司的真实价值即企业内在价值究竟是多少。正如巴菲特的投资理念："寻找市场上被低估的股票，以期获得未来价值回归的报酬。"国内资本市场上的较多投资者亦是如此，他们致力于寻找有成长潜力但被市场低估的股票，通过低价入手此类股票，在将来股票价格回归正常价值时，将股票卖出获利。然而，对于投资者而言，这首先需要对企业内在价值进行估计。一般而言，衡量企业内在价值有绝对估值法和相对估值法两种，绝对估值法有现金流折现模型，即 DCF 模型，可通过运用企业的自由现金流如经营性现金流、股权现金流等方法进行估计。相对估值法有市盈率法、市销率法、市净率法及市研率法等，利用行业平均指标作为参考指标对特定公司进行估值。由于本部分研究的特殊性，为了排除股票市场对凯莱英价值的影响，采取绝对估值法基于经营性现金流对它进行估值。

3.2 凯莱英内在价值

凯莱英自上市以来，股价持续攀升，突破压力线，一直到 220 元每股，深受个人投资者和机构投资者的追捧。然而，其英股价飙升 75% 究竟是新冠疫情和高瓴战略投资两大舆情助推的作用，还是凯莱英的内在价值近年不断增值的原因。本部分运用现金流折现模型对凯莱英股票的内在价值进行了探究。首先利用 2017～2019 年凯莱英经营性现金流的年复合增长率作为预测期增长率水平，进而预测未来五年凯莱英经营性现金流量。根据行业增长情况，预测未来凯莱英永续增长率为 20%，进而计算永续期现金流量折现价值，同时选取我国目前债券市场三年期国债利率作为折现率，采用现金流折现模型来计算凯莱英当前的内在价值。结果如表 1.1 所示。

表 1.1　　　　　　　　　　　**凯莱英内在价值估值**

项目	2019 年	2020 年	2021 年	2022 年	2023 年	2024 年
经营性现金流（百万元）	600.868	871.259	1263.325	1831.821	2656.141	3851.404

续表

项目	2019 年	2020 年	2021 年	2022 年	2023 年	2024 年
永续现金流增长率	假设后期凯莱英现金增长率为 20%					
永续现金流折现（百万元）	$P = \dfrac{3851.404 \times (1 + 20\%)}{(20\% - 4\%)(1 + 4\%)^5} = 23741.800$					
未来五年增长率	45%					
折现率	4.00%					
内在价值（百万元）	$P = \sum\limits_{t=1}^{3} \dfrac{871.259}{1 + 4\%} + \dfrac{1263.325}{(1 + 4\%)^2} + \dfrac{1831.821}{(1 + 4\%)^3} + \dfrac{2656.141}{(1 + 4\%)^4} + \dfrac{3851.404}{(1 + 4\%)^5} = 8812.695$					
总股本（百万）	231.3					
每股内在价值（元）	140.65					

3.3 估值结果分析

根据表 1.1 计算的估值情况，我们运用现金流量模型估计凯莱英的内在价值为 140.65 元每股，较上市时期 30.53 元相比，凯莱英内在价值增长了近 5 倍。而凯莱英资本市场价格为 220 元，较内在真实价值约高出 80 元，而新冠疫情暴发初期，当时凯莱英股价正处于 140~145 元，这正是凯莱英内在价值的估值区间，随后凯莱英股价便开启了腾飞的模式，一路冲刺到 176 元的高度。2 月 16 日，高瓴资本预告以当时股价的八折投资 23 亿元持有凯莱英 8% 股份，成为凯莱英第二大股东。次日，凯莱英股价冲向 178 元，并在几个月内一路向上，直到 6 月 5 日的 222 元，即高瓴投资正式完成。基于以上凯莱英资本市场的走势与舆情事件发生的时间走向，我们可以清晰看出，凯莱英的股价上升是源于新冠疫情的暴发及高瓴资本战略入股两大舆情引导所致。新冠疫情的暴发给医药行业带来了利好，促使身在其中的凯莱英股票从 140 元上升至 170 元，超越大盘。高瓴资本入股给凯莱英带来了利好，进一步激发凯莱英股价走向巅峰，一路直冲 220 元。因此，根据现金流折现模型对凯莱英进行估值的结果来看，凯莱英股价持续增长是双舆情助推的结果。

4 双舆情助推凯莱英股价上涨之因

新冠疫情下医药行业腾飞与高瓴资本 VC 战略投资，促使凯莱英在媒体聚光灯下借势腾飞。在投资者进行决策时，其情绪起着重要的导向作用。传统金融理论认为，投资人是理性人，市场是完全有效的。然而，随着理论的不断发展和完善，以及金融市场上存在的众多无法用传统金融理论解释的现象，众多学者开始探寻新的理论假设，突破传统金融学的禁锢。在这样的背景下，行为金融学应运而生。行为金融学打破传统金融学的假说，认为人是非理性个体，并从"人"自身的角度分析市场中无法解释的现象。非理性投资者的投机行为不可预测，同时套利存在局限性，金融市场中的噪声交易会使股票价格偏离其真实价值。其中，噪声交易者是指投资者在进行交易时，具有较强的主观性，而不参考交易对象基本面等指标。大多数学者将投资者情绪看作市场中的投机者的一种市场情绪，主要分为乐观情绪和悲观情绪两种类型，这些情绪的变化会对投资者的投资偏好和投资行为产生引导作用，进而对股市的收益产生影响。即当投资者情绪为积极时，股价有上升的趋势；相反，当投资者情绪转为悲观时，股价有下降的趋势。

接下来将首先运用 Python 对东方财富网凯莱英 2020 年 1 月 2 日到 6 月 3 日的股评进行爬取，其次对股评文本进行预处理，再次通过分类器的情感分类计算出舆情因子，最后将计算的因子值与股票收益做拟合，探究双舆情背景下，凯莱英股价的波动始末。文本所选的时期基于新冠疫情和高瓴战略投资凯莱英双重舆情背景。

4.1 网络舆情爬取

对东方财富网"凯莱英股吧"中的评论进行爬取，由于文本需求量大，因此采用 Python 进行爬取。爬取股评文本流程如图 1.4 所示。首先，获取凯莱英东方财富股吧的 URL 地址；其次，对所需爬取股评时间、阅读量、评论数等编写正则表达式；再次，对爬取的数据进行清洗；最后，将股评进行存储。

11

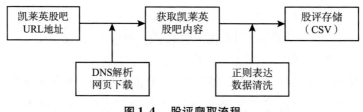

图 1.4 股评爬取流程

通过 Python 对东方财富网中凯莱英股吧评论进行爬取，时间为 2019 年 11 月 1 日至 2020 年 6 月 8 日。共爬取到股评文本数量为 4458 条，剔除机构评论、无效评论后剩余股评文本 4336 条。表 1.2 是凯莱英 2020 年 6 月 8 日的部分股评，可以看出，大部分股评含有投资者的看涨或看跌的情绪。

表 1.2   凯莱英部分股评[①]

股评文本	阅读量	评论数	时间
明年这个时候股价能否超过长春高新	610	5	2020 年 6 月 8 日
今天是不可能再涨回去了	198	0	2020 年 6 月 8 日
215 加仓 200 股，长期持有，价值投资，做时间的朋友	315	2	2020 年 6 月 8 日
又到了加仓的时间	246	1	2020 年 6 月 8 日
下午按在跌停板上！明天开始一字模式	515	3	2020 年 6 月 8 日
哈哈哈哈都说了要亏死里面的散户和机构	317	2	2020 年 6 月 8 日
今天已分 4 次买入部分，均价 216.483 元	633	12	2020 年 6 月 8 日
接盘侠在哪里，我有想法就是不敢上车，怎么办	570	8	2020 年 6 月 8 日
说实话这股真不行	240	1	2020 年 6 月 8 日
这段时间每次高开低走，感觉不好	234	0	2020 年 6 月 8 日

4.2 舆情文本处理

对文本的预处理主要包括三个步骤：文本标注、结巴（Jieba）分词、特征提取和规范处理。

第一，文本标注是指将爬取的所有文本进行筛选部分，对筛选出文本进行看涨、看跌或无情绪标注，在进行标注文本时，为防止主观性，由一名老师与三位同学共同标注，并将结果取众数。部分舆情文本情绪标注如表 1.3 所示。

---

① 资料来源于东方财富网。

表1.3   投资者情绪人工标注（部分）

舆情文本	情绪	舆情文本	情绪
从181加仓到215，回调就加仓，长期拿着，等待千亿市值	积极的	双头，暴跌无疑	消极的
这是要涨停	积极的	说实话这股真不行	消极的
好股！买啊……	积极的	这股可能要闪崩了…大家小心点	消极的
只买不卖、昨天发帖说让大家买	积极的	又竞价跌停！！我怀疑是利益输送	消极的
希望明天继续涨啊	积极的	又是跌停价，还是没法买进	消极的
这股票唱多的这么多，我也买点	积极的	很快坡顶	消极的
再次买入1000股	积极的	快跑	消极的
今天来个涨停	积极的	卖了卖了，清仓了	消极的
利好来了	积极的	外资在卖股！今天赶快逃！	消极的
这股真是顺心，从来没在这亏过	积极的	真够垃圾的，看看昭衍新药	消极的

第二，对文本进行分词处理。主要将爬取股票一句话进行分词，如"又到了加仓的时间"，结巴分词后的结果为："又""到""了""加仓""的""时间"。在结巴进行分词后，对分词文本进行统计，筛选出与股市有关的前20个词汇。分别为：抄底、涨、买、利好、跌停、涨停、跑、卖、跌、跑、持有、加仓、多、利空、亏、抄底、上车、融资、融券、拉。从词频来看大多为看涨积极词汇，可见在2019年11月至2020年6月，凯莱英股价整体走势较好（如图1.5所示）。

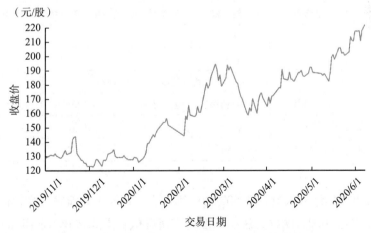

图1.5   2019年11月1日至2020年6月8日股价走势

资料来源：东方财富网，https：//quote.eastmoney.com/sz002821.html。

13

第三，对文本进行特征提取和规范处理。结巴分词后并非所有词都可作为特征项，如"又""到""了""加仓""的""时间"这六个词汇中，仅有"加仓"一词对结果影响较大，将有效的词汇进行情感分类，会增加运算效率和精确度，因此通过特征提取的方式将无效文本进行剔除。本部分选用卡方统计量作为提取特征词方法。即选取卡方值较大的词作为特征词。规范处理是指将特征提取文本转换成数组和字典类型，如"又到了加仓的时间"表达形式如下：

$$\left[\left\{ "加仓": \; True \right\}, \; positive \right] \tag{1.1}$$

4.3 投资者情绪构建

构建投资者情绪模型主要分为训练和测试两阶段。从训练阶段来看，将人工标注方法得到的1800条看涨和看跌的股评数据，随机分配1400条给训练集，其余作为测试集。通过 SVM 和 Logistic 回归两种模型算法分别构建分类器，在500和1000的特征维度下用测试集检验分类器的精确度将标注的文本分为训练和测试两种类型，通过 nu 支持向量机、Logistic 回归两种机器学习方法根据训练文本构造情感分类器，将测试文本用来检验机器学习方法精度，结果如表1.4所示。

表1.4 情感分类结果

特征维度 500 最优分类器：Logistic 回归				
模型	准确率	正类精确率	正类召回率	负类精确率	负类召回率
Logistic 回归	89.94%	0.8	0.96	0.77	0.86
支持向量机	89.91%	0.8	0.95	0.73	0.86
特征维度 1000 最优分类器：Logistic 回归				
模型	准确率	正类精确率	正类召回率	负类精确率	负类召回率
Logistic 回归	84.91%	0.79	0.96	0.76	0.33
支持向量机	84.90%	0.80	0.94	0.72	0.38

从分类器的结果来看，在500特征维度下，Logisti 准确率最高，但随着特征维度递增到1000，两种方法准确度均有所降低，因此选择 Logistic 回归作为本文股评情感分类器。对测试阶段的股评进行情感分类，计算出每日舆情因子值，如公式（1.2）所示。

$$SENTI_i = \ln \frac{1 + 看涨评论}{1 + 看跌评论} \quad\quad (1.2)$$

其中 i 表示时间。若因子值为正数，则表示对凯莱英股票整体看涨，反之看跌。表 1.5 是所构建凯莱英 2020 年 2~3 月的部分舆情因子值。

表 1.5　　　　　　　凯莱英文本舆情因子值（2020 年 2~3 月）

日期	因子值	日期	因子值	日期	因子值
2020/2/3	− 0.205	2020/2/21	0.940	2020/3/12	− 0.349
2020/2/4	1.835	2020/2/24	2.462	2020/3/13	− 0.135
2020/2/5	0.397	2020/2/25	0.921	2020/3/16	− 0.153
2020/2/6	1.223	2020/2/26	0.886	2020/3/17	− 0.349
2020/2/7	− 0.095	2020/2/27	0.799	2020/3/18	− 0.118
2020/2/10	− 0.146	2020/2/28	− 0.082	2020/3/19	0.466
2020/2/11	0.679	2020/3/2	1.079	2020/3/20	0.435
2020/2/12	0.886	2020/3/3	0.946	2020/3/23	− 0.440
2020/2/13	0.288	2020/3/4	0.292	2020/3/24	0.194
2020/2/14	− 0.288	2020/3/5	0.435	2020/3/25	0.427
2020/2/17	1.474	2020/3/6	0.144	2020/3/26	− 0.307
2020/2/18	1.372	2020/3/9	0.097	2020/3/27	− 0.253
2020/2/19	0.690	2020/3/10	− 0.344	2020/3/30	− 0.394
2020/2/20	1.410	2020/3/11	− 0.440	2020/3/31	− 0.084

资料来源：作者计算所得。

4.4　股价走势预测

根据投资者情绪因子值，探究凯莱英股价的波动始末。图 1.6 描述的是所构建投资者情绪因子值 2019 年 11 月 1 日至 2020 年 6 月 8 日与凯莱英股票收益率的组合图。可以看出，投资者情绪因子值与凯莱英股价收益率走势拟合程度较高，相关性高达 79.9%。即舆情导向可以对股价产生影响，在新冠疫情下医药行业的看涨趋势与高瓴资本的 VC 战略投资双舆情背景下，凯莱英股价借势腾飞。并且运用舆情因子采用 SVM 支持向量机，通过凯莱英 2019 年 11 月至 2020 年 5 月的股价为测试集，对 5 月 8 日至 6 月 8 日股价做预测，预测精度也高达 81%，可见舆情导向和凯莱英股价走势具有较强的相关性。

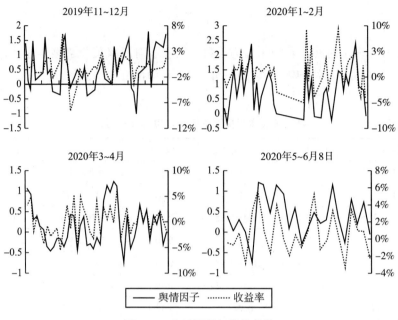

图 1.6 舆情因子与股价趋势

投资者进行投资决策时,投资者情绪起着重要的导向作用。我国大部分投资者为个人投资者,并且这些个人投资者中大部分为非理性个体,交易具有较强的主观性和投机行为。在新冠疫情大背景下,医药行业走势跑赢大盘,凯莱英作为 CDMO 细分行业的龙头企业,更是赢得投资者的关注。同时高瓴资本掌舵人张磊,有"中国巴菲特"之名,所投资企业均有较高成长性和发展前景,通过此次战略投资一跃成为凯莱英第二大股东。在如此利好舆情背景下,凯莱英更加脱颖而出,获得了充分的媒体关注度,股价从 2020 年初的 126 元,到 6 月的 220 元,总体上浮近 75%,在纷杂的资本市场上脱颖而出,再加上凯莱英处于 CDMO 龙头企业、技术优势"护城河"、全球稳定合作伙伴等自身的发展优势,仍有望继续腾飞。

4.5 舆情传导机制

我国证券市场并非完全有效市场,当信息不充分、信息不对称或因为有限注意力而导致的信息层叠时,人们会放弃自己对信息的收集、分析与处理,倾向于省略复杂而痛苦的判断与选择过程,直接投资于他人所看好的股票。新冠疫情暴发,生物医药行业股票受到了市场广泛关注,在整体大盘低迷的情况下，依旧保持强劲的上涨趋势。凯莱英作为医药行业 CDMO 细分领域的龙头企业，更是引起投资者关注。并且，融资新规发布次日，凯莱英宣布高瓴资本战略投资 23 亿元，成为其第二大股东。在双利好舆情背景下，各种信息载体，如互联网、电视、报纸、股评人士的意见、朋友的建议、内幕消息等总体上对凯莱英股票价格的趋势持有乐观的心态。由于世界不是一个简单的线性模型，人们存在节省认知能量的"认知齐啬鬼"倾向。于是在复杂的、不确定的条件下，人们采用把复杂问题简化的战略，简单地听从包括朋友、媒体、证券分析师等他人的推荐，或简单地采取跟从他人的羊群行为。在如此利好的舆情背景下，并且周围人均从凯莱英股价中获取收益，投资者情绪上涨，对风险敏感度下降，增加对凯莱英股票的投资，投资者的买入行为，促进凯莱英股价上升（如图 1.7 所示）。

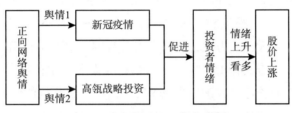

图 1.7 凯莱英股价上涨传导机制

5 结论与展望

作为 CDMO 行业龙头企业，凯莱英拥有雄厚的技术实力和资本实力，不仅在生产技术上拥有成本优势，其盈利水平也在行业平均水平之上。本文通过绝对估值法对其内在价值进行估计，凯莱英的内在价值高达 140.65 元。企业实力不容小觑。而在新冠疫情大暴发的背景下，高瓴资本战略入股凯莱英，正是看中了凯莱英企业的发展优势与发展潜力。这一举动引发资本市场上股民的激烈讨论，凯莱英股价顺势实现爆发式增长，突破历史高位。

针对这一现象，本文旨在剖析凯莱英股价一路猛涨的原因究竟是双舆情助推所致还是其真实的内在价值回归所致。首先，本文针对高瓴资本入股凯莱英的政策背景及行业优势进行相关分析。其次，对新冠疫情和高瓴资本战略入股凯莱英这两大舆情事件进行剖析。再次，本文在对凯莱英的内在价值进行估值后，探讨凯莱英内在价值是否就是引发其股价不断攀升的原因。最后，研究发现双舆情引导才是引发凯莱英在近半年时间里股价高涨的原因。于是在此基础上，本文又继续探讨双舆情是如何影响凯莱英股价波动增长的。首先运用 Python 软件在东方财富网股评中心爬取投资者关于凯莱英资本市场变动的相关评论，进而对这类评论数据进行预处理，通过结巴分词等手段筛选代表投资者积极情绪的评论和消极情绪的评论，构建了基于股评所蕴含的投资者情绪的舆情因子，分析正向舆情因子对凯莱英股价变动的影响。结果表明，基于新冠疫情背景和高瓴投资的双舆情背景对凯莱英股价产生正向影响。并基于舆情因子及凯莱英股价势趋预测未来它在资本市场的表现。

凯莱英股价水平在新冠疫情以及高瓴资本战略投资的影响下从 2020 年初的 130 元左右一路飙升至 220 元附近，势如破竹，一路向上。这背后反映的是双舆情引导下，凯莱英商业价值的不断上升，是市场在新形势下给予凯莱英的正确估值。从舆情所反映的投资者情绪来看，大多数个人投资者及机构投资者都坚定相信凯莱英未来必将不断升值，其内在价值仍有上升空间。在此背景下，凯莱英 2020 年一季度利润可观，净利润净增 17.43%，医药板块全线复苏，上升幅度超越大盘。万联证券研究报告表明，凯莱英在引入高瓴资本后 6 个月将持续增长强于大盘 15% 以上。医药行业未来整体看好。

尽管凯莱英股价已经冲破 220 元每股。但是，凯莱英作为 CDMO 行业龙头企业，其研发投入逐年增加，拥有较强的创新实力和技术优势，为其发展奠定良好的技术优势。而且，在新冠疫情的影响下，国外医药巨头纷纷将其生产基地迁移或是关停，更多使用外包生产的方式。凯莱英作为这一领域龙头企业，在中国"带量采购"医疗政策辅助下，国外订单数将会大幅增加。除此之外，高瓴资本的战略入股，VC 投资不仅给凯莱英带来了雄厚的资金，其资源网络将会助力凯莱英扩大市场份额，提升生产效率，同时也提高了企业商誉，从而引发一波投资热潮，进而助力凯莱英股价达到新高。

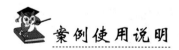

案例使用说明

一、教学目的与用途

1. 适用课程：

本案例主要适用于"投资学""公司金融""行为金融学""量化投资"

等课程，主要涉及企业价值投资、上市公司股票估值、投资者非理性行为以及量化选股等教学内容。

2. 适用对象：

本案例适用教学对象为金融专业硕士（MF）以及工商管理硕士（MBA），也可用于高年级金融专业本科生的教学。

3. 教学目标：

（1）了解风险投资的基本概念、作用、运作过程、组织形式，熟悉资本市场运作机制和实践流程。

（2）掌握企业价值的相关估值方法——绝对估值法和相对估值法，并能单独选择两种方法对某家企业股票内在价值进行估算。

（3）熟悉主流金融理论的缺陷与不足，掌握投资者在实际决策过程中的信息的作用，心理偏差的形成过程。掌握金融市场中的羊群效应、噪声理论、投资者情绪。

（4）了解 Python 基本运用方法、数据获取与分析。将软件运用与金融理论知识相结合，善于用大数据分析金融事件和金融市场，了解机器学习方法进行量化选股的机制。

（5）关注资本市场动向，熟悉资本市场产品和服务，提升金融风险意识，培养金融专业素养。

（6）掌握投资学及行为金融学课程基本理论，并在实践中学会运用这些理论分析实际问题。

4. 教学目的：

本案例旨在通过引导学生关注资本市场上公司股价水平，分析网络舆情对投资者投资行为的导向作用，运用绝对估值模型或相对估值模型对企业内在价值进行估计，使得学生能够学会运用相关理论模型分析资本市场公司股价变动的具体原因，分析投资者情绪在股价波动中的影响机制。

二、启发思考题

1. 凯莱英和高瓴资本是否可以优势互补？与高瓴资本战略合作，是否可酝酿一个极具想象空间的故事？

2. 在新冠疫情和高瓴资本战略投资双舆情背景下，您对凯莱英的内在价值如何估计？

3. 结合羊群效应和噪声交易理论，分析在双舆情背景下凯莱英股价持续上涨的原因。

4. 如果你是投资者，对于凯莱英目前 221 元的股价，你会观望还是买入？

三、分析思路

教师可以根据教学目标（目的）灵活使用本案例。以下分析思路仅供参考。

1. 结合政策背景和医药行业优势，以及凯莱英自身因素，分析高瓴资本 VC 战略投资凯莱英的原因。

2. 在新冠疫情暴发和高瓴资本 VC 战略投资 23 亿元舆情背景下，设想凯莱英股价持续上涨是否与舆情助推有关。

3. 通过绝对估值法对凯莱英股价进行估计，判断凯莱英股价持续上涨是舆情助推还是真实价值回归。以理论分析和构建舆情因子两种方法相结合，分析舆情对凯莱英股价的影响机制。

4. 归纳助推凯莱英股价持续上涨原因，并对凯莱英企业现状和优势进行分析，对凯莱英未来股价走势和发展进行展望。

本案例的分析思路及课堂讨论的引导问题如表 1.6 所示。

表 1.6　　　　　　　　案例分析思路及课堂讨论引导问题

案例呈现情境	教学目标	知识点	课堂讨论的引导问题
投资背景	了解高瓴资本投资动因	政策对市场的影响 选择投资行业影响的因素 共生理论	凯莱英与高瓴资本战略合作，如何实现双赢
舆情事件	了解噪声交易背景	股价上涨的驱动因素	利好舆情事件下，是否会刺激凯莱英股价上涨
价值估值	掌握企业估值方法	绝对估值模型 相对估值模型	凯莱英股价持续上涨，是舆情导向还是真实价值回归
舆情导向	掌握噪声交易原因 掌握投资者情绪对股价的影响机制	噪声交易理论 羊群效应理论 投资者情绪	网络舆情对股价的影响机制
未来展望	了解凯莱英未来发展前景	市场预期理论	未来凯莱英能否有望继续腾飞

图1.8描述了本案例的逻辑框架。首先对高瓴资本投资凯莱英事件发生的背景进行分析，包括凯莱英自身强有力的行业优势，以及融资新规和带量采购政策优势；其次介绍双舆情事件，即新冠疫情暴发和高瓴资本VC战略投资凯莱英。设想凯莱英2020年1~6月股价持续上涨是否与舆情有关；再次，对凯莱英股价内在价值进行计算，分析股价上涨是舆情助推还是真实价值回归；再次，通过对网络舆情进行量化处理，构造投资者情绪指数，与股票收益做拟合，判断投资者情绪与股票收益之间的联系，并运用理论分析投资者情绪与股价波动的影响机制。图1.8详尽描述了本案例的研究框架，以供读者参考。

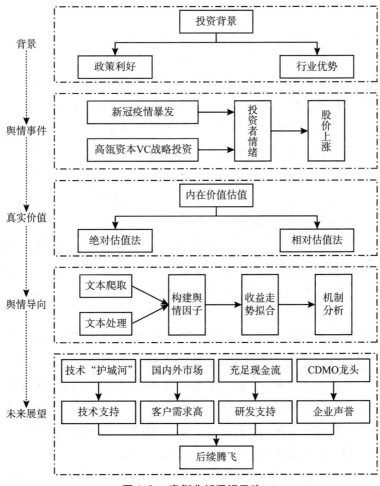

图1.8 案例分析逻辑思路

四、理论依据与分析

1. 凯莱英和高瓴资本是否可以优势互补？与高瓴资本战略合作，是否可酝酿一个极具想象空间的故事？

（1）相关理论。

本案例的主要理论依据为共生理论。

共生现象是自然界普遍存在的一种现象，"共生"概念最早由一个生物学家提出，共生理论认为：共生是生物长期进化过程中，为适应复杂多变的环境，逐步与其他生物联合、彼此互利的一种生物与生物间的相互关系。现在，共生理论被广泛运用到社会、经济等各个领域的研究中，为解释某些经济现象和经济行为、研究各组织间关系等提供了新的思路。

共生理论的基本原理包括质参量兼容原理和共生能量生成原理。质参量是能够决定共生单元性质和变化的因素。质参量兼容是指共生体或共生系统中各共生单元的质参量之间可以相互表达，彼此联系。共生能量是共生最基本的特征之一。它是指共生关系的形成给共生体或共生系统带来的新能量。共生关系要想建立、维持、发展，必须要有新能量的产生。共生能量的产生是影响共生关系稳定性的重要因素。共生能量的范围广泛，共生单元的功能改进、数量增长、成长等均属于共生能量的范畴。共生由三个基本要素构成：共生单元、共生环境和共生模式。共生单元是组成共生体的基本单位，是共生关系的"主体"，是构成共生系统的基础。共生环境是共生单元之外的所有因素的总和。共生模式，又称共生关系，是共生单元间相互作用或相互联系、依存的形式。

（2）具体分析。

高瓴资本投资凯莱英后，二者建立起一种共生关系，凯莱英和高瓴资本以及高瓴资本合作的其他 CRO/CMO 企业（泰格、药明系、康龙化成等）便形成了一种共生系统，凯莱英、高瓴资本以及高瓴投资的其他 CRO/CMO 企业，都是共生单元，它们相互合作，彼此联系，而这种合作既能帮助高瓴资本投资的企业更好地发展，企业的发展反过来也为高瓴资本带来了投资收益，这便是这种共生系统的形成给各个共生单元带来的新能量。

具体地，对于凯莱英来说，引入 VC 资本后，不仅满足了自身的资金需求，以投资建设新项目，加快自身发展；同时，它也凭借充足的现金流量在国内外医药市场激励竞争中脱颖而出，获得了充分的媒体关注，股价从 2020

年初的 126 元，到 6 月的 220 元，总体上浮近 75 元，就是最好的证明。对于高瓴资本来说，它在医药行业已经进行了较为广泛的布局，投资凯莱英后，便基本完整地覆盖了综合型的 CRO/CMO 企业，形成了创新药与 CRO/CMO 协同的产业生态，此后高瓴资本无论是在产业的延展性还是估值溢价的获取方面都具有了确定性优势。另外，凯莱英作为 CDMO 行业头部标杆，其核心竞争力连续性反应技术和生物酶催化技术被视为药物制造行业最尖端的技术解决方案，并且凯莱英对质量的严苛要求获得了世界主流制药企业的认可，为自身构筑了"护城河"，同时它还持续加大研发投入，自上市以来其研发投入始终保持高速增长。这样一家有实力又有发展潜力的公司，获得了资本力量后必将实现更快速的成长，而高瓴资本自然也能分享公司的红利，因此可以说凯莱英和高瓴资本的战略合作已经取得了双赢，在未来将会更上一层楼，并且必将写就一个非凡的故事。

2. 在新冠疫情和高瓴资本战略投资双舆情背景下，您对凯莱英的内在价值如何估计？

（1）相关理论与背景知识——企业估值模型。

公司估值方法是上市公司基本面分析的必要过程，通过比较用估值方法计算出的公司理论股价与市场实际股价之间的差异，可以指导投资者进行具体的投资行为。通常有以下几种估值方法：

第一，绝对估值法。

绝对估值法主要是以现金流折现模型为代表，即 DCF 法。该方法最初是由莫迪利安尼和米勒在 1955 年提出的。它首先根据基期估计出未来每期现金流，再根据市场折现率对未来每年的现金流进行折现并加总求和，从而得到当前股票内在价值。一般而言，主要分为未来五年现金流折现模型加上永续现金流折现模型。

绝对估值法的优点：通过实际财务数据对未来进行预测，更有说服力和可信度，是上市公司估值的基础，有完整的理论模型；通过公司财务报表获得所需的现金流，可以直接反映公司的成长性和营运能力；可以帮助分析者发现企业价值的核心驱动因素；可对关键参数，如折现率和增长率，作敏感性分析，以便得到合理的估值区间；因为评估的是公司的内在价值，所以受市场短期变化和非经济因素影响较小。

绝对估值法的缺点：所需数据比较多，模型操作比较复杂，需要分析者对公司未来发展情况有较好的分析能力；主观假设的因素对最终结果影响较大；

未来股利、现金流、贴现率的确定大多较难，影响估值的精确性；不能及时反映市场的变化，对短期交易价格的指导意义很小。

第二，相对估值法。

相对估值法又称可比公司法，是指对公司估值时将目标公司与可比公司对比，用可比公司的价值衡量目标公司的价值。主要包括市盈率法、市销率法、市净率法、市研率法、净利润成长率法、价格营收比例法、企业价值法等。本文以常见的市盈率法为例。首先，根据注册会计师审校后的盈利预测计算出发行人的每股收益（E）；其次，根据二级市场的平均市盈率、同类行业公司股票的市盈率、发行人的经营状况及其成长类型等拟定发行市盈率（P/E）；最后两者相乘得到公司每股市价，调整后得到整个估值公司的价值。

市盈率法的优点：它是一个将股票价格与当前公司盈利状况联系在一起的一种直观的统计比率；市盈率比较容易得到和计算，也能够反映公司的风险和成长性。

市盈率法的缺点：当每股收益价值为负值时市盈率没有意义；经济周期会引起公司收益的波动从而引起市盈率的变动，因此市盈率不大适合周期性强的企业。

（2）本案例采用的估值方法。

本案例采用绝对估值法中的现金流折现模型对凯莱英的内在价值进行估计。本文采用二阶段模型，第一阶段增长率为45%，第二阶段为永续增长现金流折现模型。首先利用2017～2019年凯莱英经营性现金流的年复合增长率作为预测期增长率水平，进而预测未来五年的凯莱英经营性现金流量，并根据行业增长情况来预测未来凯莱英永续增长率为20%，进而计算永续期现金流量折现价值，同时选取我国目前债券市场三年期国债利率作为折现率，采用现金流折现模型来计算凯莱英当前的内在价值。模型如公式（1.3）所示。

$$P = \sum_{t=1}^{i} \frac{FCFE_t}{(1+r)^t} + \sum_{t=i+1}^{n} \frac{FCFE_t}{(r-g)(1+r)^i} \tag{1.3}$$

其中，*FCFE* 表示每一期的自由现金流，*r* 表示折现率，*g* 表示永续增长率。

因为绝对估值模型中的 DCF 模型可以通过实际财务数据对未来进行预测，更有说服力和可信度，是上市公司估值的基础。并且通过公司财务报表获得所需的现金流，可以直接反映公司的成长性和营运能力。具体操作如下：

①通过查询凯莱英2019年年报获取2017～2019年其净经营现金流，通过计算这三年该公司净经营性现金流的年复合增长率作为未来五年的预计增长率。

②计算未来五年的净经营现金流量。假设五年后凯莱英的净经营现金流以20%的水平实现永续增长。

③计算永续增长部分的现值。以当前我国三年期同期国债利率水平4%为折现率进行折算，均折现到当期，得到永续增长部分的净现值。

④计算未来五年净经营现金流量的净现值之和并加上永续增长部分净现值，然后将总市值除以凯莱英总股本231.3百万股，最终算得凯莱英股票内在价值为140.65元。

3. 网络舆情量化分析。

（1）相关理论。

第一，卡方统计量。卡方统计量是指数据的分布与所选择的预期或假设分布之间的差异的度量。在1900年由英国统计学家皮尔森提出，是用于卡方检验中的一个统计量。它可用于检验类别变量之间的独立性或确定关联性，也可用于确定某个统计模型是否能够充分拟合数据。

$$\chi^2(t, c) = \frac{N \times (AD - CB)^2}{(A + C) \times (B + D) \times (A + B) \times (C + D)} \quad (1.4)$$

其中，N表示训练集中的文档数量；t表示特征项；c表示类别；A表示训练集中有多少文档既属于c类别又包含特征项t；B表示训练集中有多少文档不属于c类别但包含特征项t；C表示训练集中有多少文档属于c类别但不包含特征项t；D表示训练集中有多少文档既不属于c类别又不包含特征项t。假设有m个分类，那么每个特征项会计算出m个值，一般取其平均值作为该特征项的卡方统计量。

第二，Logistic回归。Logistic回归是一种广义的线性回归分析模型，常用于数据挖掘、疾病自动诊断、经济预测等领域。Logistic回归的因变量可以是二分类的，也可以是多分类的，但是二分类的更为常用，也更加容易解释，多类可以使用softmax方法进行处理。实际中最为常用的就是二分类的Logistic回归。可以用来做股价预测、判别及寻找可能的危险因素。

（2）具体分析。

首先，通过Python对凯莱英2019年11月1日至2020年6月8日舆情文本进行爬取。本文选择东方财富网凯莱英股吧评论文本为舆情信息，主要是东方财富股吧是我国最大的财经网站之一，包含股票、期货等模块，日均浏览量在行业中遥遥领先。对该网站股吧评论进行爬取，可以在较大程度上反映投资者对凯莱英股价的总体看法。通过东方财富网股吧评论文本爬取，共爬取数据文本数量为 4458 条，剔除机构评论、无效评论后剩余股评文本 4336 条。

其次，将爬取的文本进行情感分类。主要分为三个步骤：文本标注、结巴分词、特征提取和文本处理。

第一，需要将爬取的文本舆情进行人工标注，人工标注是指将爬取的所有文本进行筛选部分，对筛选出文本进行看涨、看跌标注。本文从所用股评文本中随机筛选 1900 条进行标注投资者情绪。对股价积极的评论，定义标签为"积极的"，对股价走势持消极态度的文本定义为"消极的"。在进行标注文本时，为防止主观性，该过程由一名老师与三位同学共同标注，并将结果取众数。

第二，对文本进行分词处理。主要将爬取股票一句话进行分词，本文采用的是结巴分词，如"又到了加仓的时间"，结巴分词后的结果为："又""到""了""加仓""的""时间"。在结巴进行分词后，对分词文本进行统计，筛选出与股市有关的前二十名词汇。分别为：抄底、涨、买、利好、跌停、涨停、跑、融资、卖、跌、跑、持有、加仓、多、利空、亏、抄底、上车、融券、拉。从词频来看大多为看涨积极词汇，可见在 2019 年 11 月至 2020 年 6 月，凯莱英股价整体走势较好。

第三，对分词后的文本进行特征选择和规范处理。特征选择是指将分词后的词汇进行筛选，剔除意义不大的词句。如"又到了加仓的时间"这句话，进行分词后的结果为"又""到""了""加仓""的""时间"，其中"又""到""了""的"这几个词对于情感分类意义不大。特征选择方法有信息增益（IG）、互信息（MI）、文档频率（DF）、卡方统计量等方法。本文所采用的是卡方统计量进行特征选择。采用该方法，选择卡方统计量较大的词（N）作为特征。词的数量 N 由模型测算而得。特征选择后的文本进行规范处理。即将特征提取文本转换成数组和字典类型，如"又到了加仓的时间"表达形式如下：

$$[\{"加仓": True\}, positive] \tag{1.5}$$

第四，构建投资者情绪。模型主要分为训练和测试两个阶段。从训练阶段来看，将人工标注的方法得到 1800 条看涨和看跌的股评数据。随机分配 1400 条给训练集，其余作为测试集。通过 SVM 和 Logistic 回归两种模型算法分别构建分类器，在 500 和 1000 的特征维度下用测试集检验分类器的精确度，将标注的文本分为训练和测试两种类型，通过 nu 支持向量机、Logistic 回归两种机器学习方法根据训练文本构造情感分类器，将测试文本用来检验机器学习方法精度。

从分类器的结果来看，在 500 特征维度下，Logisti 准确率最高，但随着特征维度递增到 1000，两种方法准确度均有所降低，因此选择 Logistic 回归作为本文股评情感分类器。对测试阶段的股评进行情感分类，计算出每日舆情因子值，如式（1.6）所示。

$$SENTI_i = \ln \frac{1 + 看涨评论}{1 + 看跌评论} \tag{1.6}$$

其中 i 表示时间。若因子值为正数，则表示对凯莱英股票整体看涨，反之看跌。

4. 结合羊群效应和噪声交易理论，分析在双舆情背景下凯莱英股价上升的原因。

（1）相关理论。

第一，羊群效应理论。

羊群效应是指在一个投资群体中，单个投资者总是根据其他同类投资者的行动而行动，在他人买入时买入，在他人卖出时卖出。导致出现"羊群效应"还有其他一些因素，比如，一些投资者可能会认为同一群体中的其他人更具有信息优势。"羊群效应"也可能由系统机制引发。例如，当资产价格突然下跌造成亏损时，为了满足追加保证金的要求或者遵守交易规则的限制，一些投资者不得不将其持有的资产割仓卖出。

第二，噪声交易理论。

在有效市场假说中，证券价格与价值之间存在着一个偏差，这个偏差就是噪声，由于证券市场中的交易者依靠信息对交易品种的价值作出判断，尽管价值是先于价格的产生而客观存在的，但在实际交易过程中对价值的判断表现为一种"共识"，"价值发现"就是对价值的"共识"达成一致的行为，共识的达成受到众多的投资者行为的影响，所以这种一致的认识即价值判断的标准无法实现静态的均衡，同时无法先验地判断哪些信息与价值有关，哪些信息与价值无关。于是价格与价值之间就会出现偏差，噪声由此产生。

第三，投资者情绪。

投资者情绪是指投资者对未来预期的系统性偏差（Stein，1996）。它反映了市场参与者的投资意愿或者预期。投资者情绪具有不确定性，它影响到投资者对未来收益的主观判断，进而影响到其投资行为，形成合力后，对市场会形成很大的影响。投资者情绪对未来市场波动的影响逻辑在于对正面消息、负面消息的逐级正反馈放大。

（2）具体分析。

我国证券市场并非完全有效市场，当信息不充分、不对称或因为有限注意力而导致的信息层叠时，人们会放弃自己对信息的收集、分析与处理，倾向于省略复杂而痛苦的判断与选择过程，直接投资于他人所看好的股票。新冠疫情暴发，生物医药行业股票受到了市场广泛关注，在整体大盘低迷的情况下，依旧保持强劲的上涨趋势。凯莱英作为医药行业 CDMO 细分领域的龙头企业，更是引起投资者关注。并且，融资新规发布次日，凯莱英宣布高瓴资本战略投资 23 亿元，成为其第二大股东。在双利好舆情背景下，各种信息载体如互联网、电视、报纸、股评人士的意见、朋友的建议、内幕消息等总体上对凯莱英股票价格的趋势持有乐观的心态。由于世界不是一个简单的线性模型，人们存在节省认知能量的"认知齐啬鬼"（cognitive misers）倾向。于是在复杂的、不确定的条件下，在节约认知能量的思想指导，人们采用把复杂问题简化的战略，即简单地听从包括朋友、媒体、证券分析师等他人的推荐，或简单地采取跟从他人的羊群行为。在如此利好的舆情背景下，并且周围人均从凯莱英股价中获取收益，投资者情绪上涨，增加对凯莱英股票的投资，投资者的买入行为，促进了凯莱英股价的上升。而股价的上升，又引起噪声交易者的羊群行为，由此形成循环，凯莱英股价持续上涨（如图 1.9 所示）。

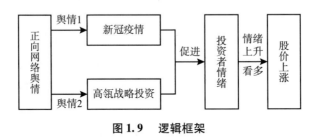

图 1.9　逻辑框架

5. 如果你是投资者，对于目前 221 元的股价，你会观望还是买入？

启发学生思考。

五、关 键 要 点

1. 关键点：本案例强化学生对行为金融学理论的理解，感知市场舆情对公司股价的影响，特别是公司发生重大舆情事件时市场的反应将对公司股价产生的影响。

2. 关键知识点：基于行为金融学相关理论，分析投资者情绪对投资者作出投资决策的导向作用；根据估值理论，选择合适的估值方法对企业内在价值进行估值；理论方法上，围绕舆情对股价的影响这一问题，分析舆情的获取、舆情因子的构建方法，及如何分析其对股价的影响。现实意义上，分析重大事件或某种时代背景下，投资者情绪对公司股价走势与长远发展的影响。

3. 能力点：本案例旨在启迪学生对行为金融学理论的认知与重视，提高学生对公司内在价值、舆情事件、市场波动与公司股价之间关系的分析能力，培养学生利用将行为金融学理论与机器学习方法相结合分析投资者情绪与股价波动内在联系的能力。

六、建议课堂计划

本案例可以作为专门的案例讨论课来进行，整个案例课的课堂时间控制在3个课时以内（120～180分钟）。

1. 课前准备：

（1）将学生按照3～5人分成多个讨论组，确定各个讨论组的组织人。

（2）打印下发案例，各讨论组自由安排课余时间，在上课前通读案例，熟悉投资者情绪波动对股价产生影响所用到的相关理论知识和方法，如噪声交易、风险投资、构建投资者情绪因子方法、股票价值估值方法等，确定案例分析思路，抓住关键思想。

2. 课中计划：

（1）教师导入案例涉及的理论知识与方法原理，通过课堂提问了解学生对案例内容的掌握情况（30分钟）；

（2）明确主要思考问题，分组讨论（40～60分钟）。发言注意：小组推选代表进行发言（每组10～15分钟）。发言时可以采用幻灯片或板书等方式辅助。每个小组发言后，老师进行点评，其他小组成员对不明白的地方进行提问，发言的小组要对同学的疑问进行补充回答。对于小组成员无法回答的疑难问题，老师进行深入讲解。各小组安排一位同学对本小组的讨论结果进行记录。老师要启发全班同学对案例的关键内容充分讨论，各小组评选出其他小组中表现积极的小组组员，老师收集整理（计入平时分）。最后填写案例教学评价表。

3. 课后计划：

请学生上网搜索该企业的相关信息资料和最新评论，关注公司股价信息，自行探究市场情绪与公司股价的关系。建议学生选择自己感兴趣的公司，按照本案例思路对它进行分析，从而对本案例的理论知识有更深入的理解。

七、其他教学支持

1. 教学材料：

案例正文电子版、纸质版，教学 PPT（包括案例内容和相关理论知识）。

2. 教学设备：

多媒体教学设备（包括投影仪、投影、多媒体计算机、扩音器等），每位同学自备电脑，传统教学设备（包括粉笔或白板笔，板擦等）。

3. 教学场地：

多媒体教室（有足够的插座），能上网。

八、参 考 文 献

［1］邓翔. 负面舆情、股价异动与舆情应对措施——以中国 A 股市场食品医药类上市公司为例［J］. 统计与信息论坛，2015，30（11）：78 - 83.

［2］田高良，司毅，秦岭，于忠泊. 网络舆情及其应对与上市公司的信息效率［J］. 系统工程理论与实践，2018，38（1）：46 - 66.

［3］史青春，徐露莹. 负面舆情对上市公司股价波动影响的实证研究［J］. 中央财经大学学报，2014（10）：54 - 62.

［4］朱昶胜，孙欣，冯文芳. 基于 R 语言的网络舆情对股市影响研究［J］. 兰州理工大学学报，2018，44（4）：103 - 108.

［5］张世军，程国胜，蔡吉花，杨建伟. 基于网络舆情支持向量机的股票价格预测研究［J］. 数学的实践与认识，2013，43（24）：33 - 40.

［6］吴璇，田高良，司毅，于忠泊. 网络舆情管理与股票流动性［J］. 管理科学，2017，30（6）：51 - 64.

［7］Shiller R J. Do stock prices move too much to be justified by subsequent changes in dividends?：Reply［J］. Nber Working Papers，1981，71（3）：421 -

436.

[8] Bollen J, Mao H, Zeng A. Twitter mood predicts the stock market [J]. Computer Science, 2010, 2（1）: 1 - 8.

[9] Shynkevich Y, Mcginnity T M, Clieman S A, et al. Forecasting movements of health-care stock prices based on different categories if news articles using multiple kernal learning [J]. Decision Support Systems, 2016, 85（C）74 - 83.

[10] Sun L, Najand M, Shen J. Stock return predictability and investor sentiment: A high-erequency perspective [J]. Journal of Banking & Finance, 2016, 73: 147 - 164.

[11] Jinke Li. Stock price trend analysis based on BP neural network [J]. Proceedings of the 2nd International Symposium on Social Science and Management Innovation, 2019: 245 - 253.

[12] E W K, & Yang, Y. Market sentiment dispersion and its effects on stock return and volatility [J]. Electronic Markets, 2020, 27（3）, 283 - 296.

案例二 东方财富：互联网金融龙头的长尾市场创新扩张之路[*]

案例摘要

成立于 2004 年的东方财富信息股份有限公司（以下简称："东方财富"），从财经资讯网站发展到互联网金融服务平台综合运营商，是它始终服务于互联网金融市场长尾客户发展战略的彰显。本案例基于长尾理论框架，探究东方财富在互联网金融市场中如何运用长尾策略，不断升级其服务品质和扩张业务运行模式，并利用 SWOT 方法分析东方财富在长尾市场中的核心竞争力与未来发展的机遇和威胁。最后对东方财富未来发展提出合理建议。

案例分析

0 引 言

2020 年 4 月 18 日东方财富发布的 2020 年第一季度业绩公告显示（如表 2.1 所示），其一季度手续费与佣金净收入 7.27 亿元，同比增长 66.36%，增速远高于同期市场交易量的增长；营业收入为 16.9 亿元，同比增长 82.21%；

* 本案例获得全国金融硕士教学案例大赛优秀案例奖，本案例由苏州科技大学商学院赵扬、钱燕、蔡晶晶、朱舜卿、汪雨建撰写，作者拥有著作权中的署名权、修改权、改编权。本案例只供课堂讨论之用，并无意暗示或说明某种行为是否有效，且不构成投资建议。

实现净利润 8.7 亿元，同比增长 126.48%，东方财富的 2020 年着实迎来了一个令人羡慕的"开门红"。

表 2.1　　　　　　　　　　东方财富 2020 年第一季度公告

项目	报告期末	上年同期	变动比例	主要变动原因
结算备付金	66.55 亿元	33.68 亿元	+97.59%	证券业务结算备付金增加
应付债券	74.50 亿元	12.23 亿元	+509.01%	公司发行可转债
营业收入	16.89 亿元	9.27 亿元	+82.21%	金融电子商务服务业服务收入增加
利息净收入	3.12 亿元	1.68 亿元	+85.04%	融资融券利息收入同比增加
手续费及佣金净收入	7.27 亿元	4.37 亿元	+66.36%	证券经纪业务净收入同比增加

资料来源：东方财富网官网，http：//money. finance. sina. com. cn/corp/view/vCB_AllBulletinDetail. php？stockid＝300059&id＝6052218。

东方财富自 2004 年成立以来，从一个以广告收入为主的媒体服务商成长为综合金融的一站式平台，旗下业务涵盖证券业务板块、金融电商板块、金融数据服务板块、互联网板块，与其他业务组成互联网金融的生态闭环。

作为互联网金融的龙头之一，东方财富发展战略始终坚持三大原则：第一是社会需求，符合时代潮流；第二客户喜欢，注重用户体验；第三顺应市场发展规律。东方财富用 15 年的时间，以互联网用户金融需求为中心，从天天基金代销牌照到东方财富证券收购，以及东财基金获批，围绕业务战略稳健布局，充分利用我国互联网行业快速发展带来的流量红利，结合导流、变现、挖掘，充分抓住了互联网金融市场的长尾客户。客户需要的资讯、交易、理财、数据、社交、贷款、海外投资等功能均可通过其一站式平台实现。

作为国内互联网证券的代表，东方财富的转型成功依赖于其战略端的有效布局和业务模式的创新，相比传统券商更具互联网思维与创新活力，故本文以东方财富作为案例，对国内互联网证券以及金融科技企业的发展策略均具有良好的借鉴意义。

1 长尾理论在互联网金融中的运用

1.1 互联网金融发展概述

互联网金融是在互联网技术高速发展、信息的传播趋于扁平化的大背景下，为了满足人们对金融优质、便捷、低成本的需求，将金融与互联网有机融合而产生的一个新领域。21世纪以来，随着我国经济的快速发展，人们生活水平的不断提高，投资理财观念也不断增强。在此背景下，金融市场的服务对象越来越多，服务范围越来越广，行业本身也在不断专业化、成熟化。纵观互联网金融在我国的发展历程，大致可分为以下五个阶段。

1.1.1 初始阶段

2005年以前，互联网金融主要体现为金融机构提供网络技术服务。1997年招商银行开通自己的网站；1998年"一网通"推出"网上企业银行"；2003～2004年淘宝和支付宝相继出现，电子商务与第三方支付相结合作为全新的商业模式出现，预示着互联网金融时代全面到来。

1.1.2 萌芽阶段

2005～2012年互联网发展刚刚起步。2007年国内第一家网络借贷平台"拍拍贷"成立——互联网金融的一个标志性业务形态；2011年中国人民银行正式发布第三方支付牌照，标志着互联网与金融正式结合。

1.1.3 高速发展阶段

2013～2015年6月，我国互联网金融快速发展。2013年被称为"互联网金融元年"，余额宝横空出世，降低了投资门槛，也引起了普通大众对互联网金融的关注。随后，第三方支付有了更多的应用场景，互联网借贷平台（P2P）快速增长，国内首家互联网保险"众安保险"和互联网银行"微众银行"相继出现；信托、债券、基金等金融机构也开始布局互联网金融。互联网金融发展呈井喷之势，2014年首次出现在政府工作报告中，从此打开了互联网金融创新的新局面。

1.1.4 波动发展阶段

2015年7月至2016年，是互联网金融发展、风险与监管并存阶段。第三方支付、P2P 平台、众筹、互联网理财等成为互联网金融的典型模式，快速成长的同时风险也如影随形。野蛮生长模式下，风险事件频发。P2P 跑路、裸贷、校园贷等恶性事件频发，造成较大的社会影响。互联网金融何去何从，如何规范互联网金融的发展成为各界关注的焦点。互联网金融监管进入密集期，整个行业进行大洗牌。

1.1.5 规范发展阶段

2017 年至今，互联网金融进入规范发展阶段。监管重拳下行业出清，政府陆续出台了《互联网金融风险专项整治工作实施方案》《关于加大通过互联网开展资产管理业务整治力度及开展验收工作的通知》《关于规范金融机构资产管理业务的指导意见》，随着"一委一行两会"的金融监管体制的改革，互联网金融监管迈入新的里程。从图 2.1 可知，我国互联网已处于稳步发展阶段，互联网用户规模扩大的同时，理财用户规模也随之稳步增长，且速度基本同步。

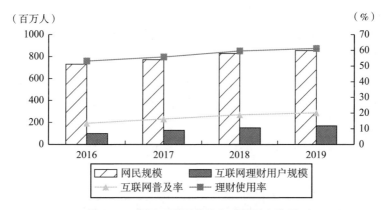

图 2.1 我国互联网普及和理财用户发展

资料来源：线上数据整理，http：//www. uszjly. com/news_view. aspx? typeid =5&id =692&fid =t2；5；2。

未来，互联网金融随着人工智能、大数据、区块链等新兴技术的发展，依然有着巨大的市场潜力。其一，互联网金融能大幅度降低交易成本。在互联网金融模式下，交易双方能够通过互联网直接进行沟通，突破时空局限，实现多对多交易。其二，互联网金融能在一定程度上解决信息不对称问题，信息不对称往往是传统银行存在的重要问题之一。而在互联网金融模式下，可实现客户信息充分化、交易透明化，定价市场化，风险管理和信任评级数据化。其三，互联网金融公司可通过大数据分析客户信用等级及风险管理，提供更为精准的风控措施。

1.2　互联网金融中的长尾理论基础

美国经济学家克里斯·安德森（Chris Anderson，2004）首次详细阐述了长尾理论，颠覆了传统"二八定律"的认识。"二八定律"是指20%产品带来80%的利润的原则，而长尾理论是指需求较小但基数庞大的尾部产品所占据的市场份额完全可以达到需求较大但基数较小的头部热门产品市场。

而要实现长尾，一般认为需要满足以下三个条件：第一，冷门但基数庞大的产品数量要远远大于热门的头部产品；第二，尾部产品的获取成本和交易成本要处于超低水平；第三，当市场中所有尾部产品形成一个整体时，其市场份额要与头部产品相当。

传统金融机构偏向"二八定律"，20%的高端客户给银行带来80%的利润，而互联网金融则主要服务于另外80%的客户，即互联网金融的长尾。互联网金融恰好能够利用互联网连接技术和信息处理技术，使其产品赋予数字特征并实现网络化销售，这种策略能够有效降低投资者的交易成本和搜寻成本。虽然互联网金融普通个体用户交易规模较小，与头部"高端"客户的交易规模无法相比，但交易成本占比极低，依靠庞大的用户规模依然能为互联网金融公司创造收益，形成如图2.2所示的互联网金融市场的长尾。

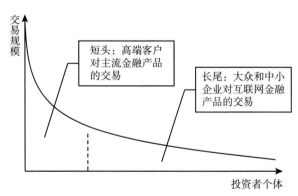

图 2.2　互联网金融的长尾

图2.2中，横轴表示每个投资者个体，纵轴表示金融产品交易规模。虚线代表传统金融与互联网金融的边界，左边对应的是在传统金融交易中规模大的

高端客户；右边代表的是低收入人群和中小企业投资者，因信息不对称性、违约风险高等因素被传统金融市场拒之门外，长尾向横轴无限接近。换言之，长尾意味着：即使每个交易者交易数量低且频率低，但是由于客户数量庞大，同样能为互联网金融公司创造收益，促使互联网金融持续发展。

同时，从图 2.2 可推断出：首先，投资者规模、投资者交易规模和交易频率的变化会引起互联网金融市场的长尾改变。互联网金融产品的投资者规模越庞大，其长尾越长；投资者的投资频率越高或交易规模越大，其长尾越"肥厚"。其次，互联网金融产品收益越高、风险越小，也会不断吸引传统金融市场的投资者将目光转向互联网金融市场进行交易，促使互联网金融市场需求曲线向下移动，甚至"长尾"不断蚕食"头部"，互联网金融市场转变为主流市场。

1.3 互联网金融发展的策略选择

通过上述分析可知，用户规模、交易意愿、交易风险、大数据应用这四个因素影响着互联网金融市场的"长尾"变动。互联网金融具有互联网和金融的双重属性，一方面要注重互联网在金融中的技术创新应用，另一方面要提高金融服务和产品质量，来降低投资者的搜寻成本和交易风险，从而提高产品收益和吸引更多的潜在投资者在互联网平台进行交易。

1.3.1 延长长尾策略

大规模的用户交易量是互联网金融企业获得可持续收益的关键因素，而互联网金融企业的持续发展推动着互联网金融行业的健康发展。因此，互联网金融发展导向是以长尾客户为服务对象，以满足客户需求为动力，扩大服务范围、实现规模经济。而用户规模和交易意愿相辅相成，用户规模的上升必然带来交易意愿的螺旋式上升。因此，互联网金融发展的核心是基于互联网技术，优化客户体验，提升用户规模和增强交易频率，延长互联网金融市场的长尾（如图 2.3 所示）。

例如，支付宝在 2013 年底仅有 4306 万用户数，但是 2014 年 7 月激增到 3 亿实名用户[①]。其原因就是 2014 年天弘基金在支付宝中嵌入了余额宝，这不仅增加了投资者的收益还显著提高了支付宝的利润。同时使用户规模呈裂变式增

---

① 资料来源：https：//www.sohu.com/a/83976232_115239。

长，顺利延长客户长尾。

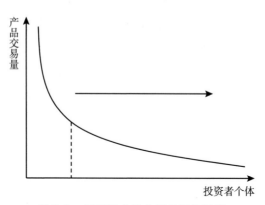

图 2.3　互联网金融市场长尾的延长

1.3.2　加厚长尾策略

加厚长尾策略是指互联网金融利用自身优势为客户创造更高水平的价值，从而提高投资者交易意愿的积极性，而这依赖于互联网金融企业发现和缔造业务之间的相关性和作用机制。如公司可以对用户采取分级管理，提供合适的工具和平台、不同的服务，从而减少投资者的交易成本；或者可以基于大数据，进行深度挖掘设计更具差异化的新产品。如果采取有效措施，投资者的交易意愿得到提升，这意味着每个投资者的交易数量和频率都会增加，从而导致互联网金融市场的需求长尾向上移动，使得曲线尾部更加肥厚（如图 2.4 所示）。

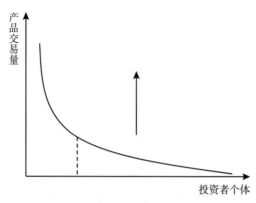

图 2.4　互联网金融市场长尾的加厚

1.3.3 驱动长尾向下策略

驱动长尾向下策略是指互联网金融企业能够凭借网络平台提供高效的支付体系、完善的信息披露制度和独立客观的第三方信用评级等，有效降低投资者的风险，提高收益率，达到吸引更多投资者在互联网金融市场中进行交易的目的，使得传统金融市场上的大量资金转向互联网金融市场，驱动互联网金融市场的客户需求曲线长尾向下（如图2.5所示）。

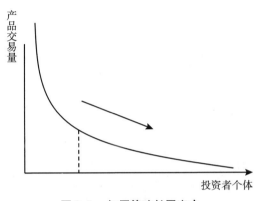

图2.5　加厚策略长尾客户

2　东方财富基于长尾市场的创新发展

东方财富于2004年成立，定位于提供金融资讯服务，经过两年的时间，完成了财经资讯门户"东方财富网"、互动社区"股吧"和资金资讯频道"天天基金网"的成立，形成了"门户网站＋垂直财经频道＋互动社区"的三大流量入口，为互联网金融市场中的长尾用户提供综合性的财经资讯和金融信息服务，完成了用户的原始积累。随后从2012年开始，围绕投资者的资讯、社交、理财、交易和决策需求进行全方位业务布局，不断延伸业务链，渗透在投资过程中的各个场景，包括基金代销、证券、保险等业务，经过16年的发展，公司俨然成为互联网券商领域的龙头，实现了从财经资讯网站到互联网金融服务平台综合运行商的完美转型。东方财富发展历程如表2.2所示。

表 2.2　　　　　　　　　　　　　东方财富发展重要事件

时间	重要事件	意义
2004 年 3 月	创建东方财富股吧	公司正式亮相，免费发布财经讯息收取广告费
2006 年 1 月	上线股吧社区	社区化的股民互动交流平台，重要流量入口
2007 年 3 月	天天基金网上线	为线下客户提供基金筛选的平台，重要流量入口
2010 年 3 月	公司登陆资本市场	直接融资渠道打通，知名度与影响力提升
2012 年 2 月	获得基金代销牌照	流量变现第一个入口
2013 年 7 月	Choice 金融终端上线	金融数据服务能力的提现
2014 年 12 月	收购宝华世纪证券	获得香港一号金融牌照
2015 年 12 月	收购西藏同信证券	流量变现又一通道
2016 年 7 月	东方财富征信成立	征信领域布局
2016 年 12 月	发起设立中证信用云	消费金融征信
2017 年 7 月	东财小贷完成工商注册	个人小贷资格
2017 年 11 月	东财国际期货资格获批	香港二号金融牌照
2017 年 12 月	发行可转债46.5 亿元	为信用业务及线下网点开设提供大力支持
2018 年 10 月	东财基金获批	进军财富管理领域
2019 年 8 月	收购众心保险	获得保险经纪牌照

资料来源：东方财富网官网数据整理。

2019 年主要业务的服务内容：（1）证券业务，主要依托互联网服务平台及全国主要中心城市的分支机构，通过拥有相关业务牌照的东方财富证券、东方财富期货、东财国际证券等公司，为海量用户提供证券、期货经纪等服务。（2）金融电子商务服务业务，主要通过天天基金，为用户提供基金第三方销售服务。天天基金依托以"东方财富网"为核心的互联网服务大平台积累的海量用户资源和良好的品牌形象，通过金融电子商务平台向用户提供一站式互联网自助基金交易服务。（3）金融数据服务业务，主要以金融数据终端服务平台为载体，通过 PC 端、移动端平台，向海量用户提供专业化金融数据服务。（4）互联网广告服务业务，主要为客户在"东方财富网"及各专业频道、互动社区等页面上通过文字链、图片、多媒体等表现形式，提供互联网广告服务。

2.1　定位长尾客户：金融门户的成立

随着我国经济的增长，居民可投资资产稳步增加，股票市场的稳健发展，越来越多的投资者将目光转向资本市场。但长期以来，我国资本市场投资者以中小型投资者为主，如图 2.6 所示，从 2007 年至今，我国中小型投资者占比基本在 80% 以上，而 2015 年以前，我国中型投资者投资规模为 10 万 ~ 30 万元。由于经济的发展，人民可投资资产规模显著增加，2016 年开始衡量中型投资者交易规模变为 10 万 ~ 50 万元，2017 年 50 万元以下投资者持股账户数占自然人投资比例的 85.5%，互联网金融市场呈现明显的长尾特征。

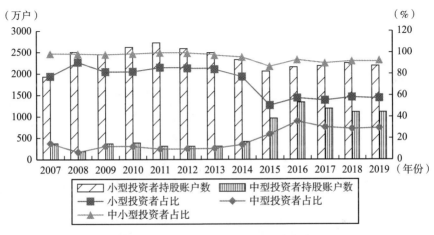

图 2.6　2007 ~ 2019 年中小型投资者占比

资料来源：上交所统计年鉴。

传统证券机构一直以来受制于成本的压力，对长尾客户服务受限是其行业痛点。典型的长尾客户往往具有低资产、高周转率的特点，但传统证券机构由于成本原因，无法为客户提供满意的服务，这就为互联网金融平台的发展提供了机遇。东方财富自成立以来一直致力于巩固和发展长尾客户，无论是东方财富门户网、股吧、天天基金网，还是基金代销和公募基金管理，以长尾市场为中心的互联网营销思维使东方财富成为长尾客户更好的选择。

2004 年是中国互联网金融发展处于起步阶段，东方财富抓住这一时机，于 2005 年 1 月，选择并卡位互联网金融资讯，定位长尾客户，推出"东方财富网"网站，为广大互联网和投资用户，提供专业、及时的金融资讯服务。

2005 年 6 月至 2007 年 10 月，我国 A 股市场经历了史上最大一波牛市，东方财富借势迅速成长，至今未被超越。而以新浪财经为代表的机构由于 2000 ~ 2004 年的市场行情低迷并未形成先发优势，东方财富则成为了牛市最大的受益者，成功地成为 PC 端财经资讯的龙头和互联网金融市场中的长尾投资者首选网站。如图 2.7 所示，截至 2020 年 2 月，东方财富月度覆盖人数达 6313 万人，仅次于新浪财经，在前十名同类财经平台中市场占比高达 17%，大幅领先同类型财经网站同花顺、和讯财经和金融界等，互联网金融长尾市场中有了东方财富的一席之地。

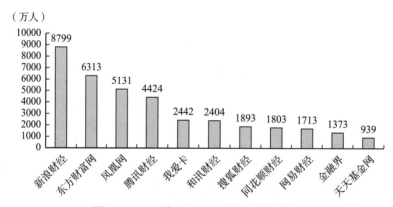

图 2.7　2020 年 2 月 PC 端月度覆盖人数

资料来源：东吴证券研究所。

2006 年，国内最早的财经交流社区平台"股吧"上线，是东方财富为股民们创立的社区化交流平台，标志着网站从单向点击走向双向交流。与早期的大部分财经网站注重技术和内容的提供不同，东方财富另辟蹊径，始终注重长尾客户的挖掘，客户在股吧既能进行内容创造和输出，也可以进行反馈讨论，用户的参与感与成就感获得极大提升。社区化的交流平台正潜移默化地将众多股民转化为东方财富的客户，延长了互联网金融市场的长尾。

部分股民习惯在市场发生热点话题时优先参考股吧的信息。如图 2.8 所示，热门话题"5G 换机潮刺激 OLED 需求"在股吧参与讨论数破 4 万，浏览量甚至破 2000 万。东方财富通过股吧这一分享交流平台，将互联网金融市场的长尾投资者集聚起来，同时也提升了股吧的活跃度和人气。股吧成为东方财富流量导入的一个重要入口，这为公司后续发展的基金代销、证券业务创造了巨大的流量优势。

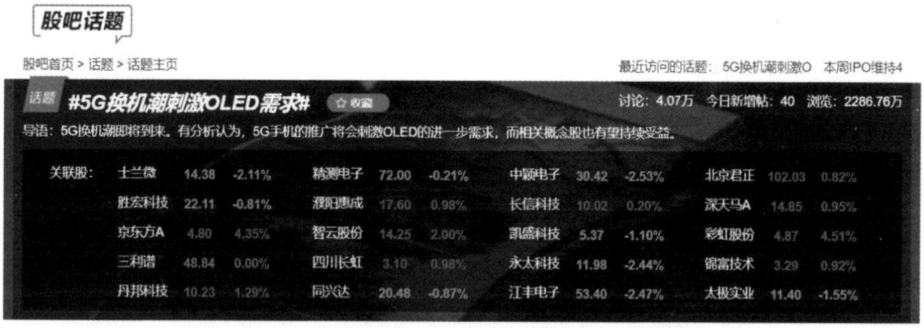

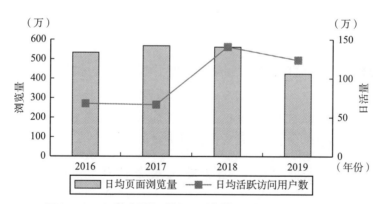

图 2.8 股吧热点讨论

资料来源：东方财富网官网股吧页面 http://gubatopic.eastmoney.com/。

2007 年是我国公募基金快速扩张时期，东方财富始终注重长尾客户的需求，火速推出天天基金网，专门为投资者提供全面的基金信息、筛选对比工具，吸引了大批基民。如图 2.9 所示，2019 年天天基金网网站日均页面浏览量为 424.98 万，日活数为 123.62 万，交易活跃时天天基金网浏览量相比其他网站具有更高的弹性。但是相比 2018 年的流量情况，2019 年日均页面浏览量和活跃访问用户数均有一定下降，其中一部分原因可能是东方财富在移动端转型相对缓慢，没有及时抓住市场长尾客户的需求，导致流量规模被竞争对手反超。

图 2.9 天天基金网日均页面浏览量和日活跃访问用户数

资料来源：东北证券。

同时东方财富及时关注到长尾客户需求，针对不同客户的不同理财需求和风险厌恶程度，推出了相应灵活的理财工具（如表 2.3 所示），从一开始的活期宝，发展出了定期宝、指数宝、组合宝和私募宝等多种理财工具，理财产品日益丰富且费率低，高质量客户也不断吸引着长尾用户。活期宝、定期宝和指数宝等产品的起购门槛低，仅 100 元，并且其交易成本呈阶梯式变化，满足了长尾客户不同的投资需求。组合宝和私募宝则更多的是面对互联网金融市场中头部客户的需求。

表 2.3   天天基金网各理财产品信息

活期宝	定期宝	指数宝	组合宝	私募宝
通过活期宝，用户可充值任一优选货币资金，历史七日年化收益率高达 2%~6%	定期宝是一款针对投资者不同的资金流动性需求的短期理财工具	买入指数宝，即投资指数型基金	以公募基金作为投资标的，由专业投资机构依据各自的投资策略构建的基金投资组合	为高净值客户打造的私募基金交易平台
活期宝关联货币基金已多达 34 只	可购买指定精选理财产品，门槛低，可随时购买	指数宝目前包含三大指数：沪深指数、行业指数和全球指数	目前入驻机构有公募机构、私募机构及券商化信托机构	精选业绩长期稳定，综合实力强的理财产品，为高端理财用户提供理财服务
100 元起购，充值取现零费用	100 元起购，存取零手续费	100 元起购，申诉费一折	1000 元起购，组合不额外收费，仅收取组合内各基金交易费用	只向特定对象宣传推介私募基金

资料来源：天天基金网官网，https：//fund. eastmoney. com/。

总的来说，东方财富通过互联网金融门户的成立，利用互联网信息的高效、及时、全面、比对的传播特点，将各金融机构的金融产品或服务放在门户网站上，极大程度地满足了互联网金融市场长尾客户的需求，并且对接金融机构和用户的供需，减少了供需双方的信息不对称。

2.2   延长长尾策略：强势进入基金销售

东方财富成立五年后，已积累了大量用户，如何实现长尾客户流量变现开始成为企业发展战略的首要问题。2010 年是不平凡的一年，这一年东方财富成功登陆深交所，股票代码 300059。2010 年公司实现营业收入 18，496.14 万元，比上年同期增长 12.01%；实现营业利润 7032.47 万元[①]。随后，2012 年

---

① 资料来源：https：//xueqiu. com/9342778732/220635367。

东方财富旗下的天天基金获得证监会颁发的首批第三方基金代销牌照，这不仅意味着东方财富获得正规基金销售资质，同时也标志着东方财富正式开启长尾客户流量变现之路。由于此时东方财富在互联网金融资讯已耕耘了 7 年，使得公司无论是入口还是场景，在同类型的垂直财经网站中都处于领先地位，这就使东方财富在用户粘性、场景、流量方面都拥有巨大优势，直接促进了在基金代销领域的爆发。

2013 年 7 月，国务院发布《关于金融支持经济结构调整和转型升级的指导意见》，表示将"逐步推进信贷资产证券化常规化发展，盘活资金支持小微企业发展和经济结构转型"，理财观念开始深入人心。2014 年央行开始实行宽松的货币政策，通过降息推动经济发展。在这些因素的共同推动下，互联网金融市场投资者数量增加，2015 年，天天基金一战成名。如图 2.10 所示，2015年东方财富金融电子服务收入达到了 24 亿元，同比增长 557%，营收占比达83%，成为当年业绩爆发的核心动能。仅仅三年，天天基金网就在公司从无足轻重的地位成长为中流砥柱。

图 2.10　东方财富金融电子服务收入及占比

资料来源：东方财富公司年报。

东方财富抓住了 2014 年下半年启动的牛市行情，同时也是海量数据和极高的长尾用户粘性带来的行业竞争力。尽管从 2016 年开始，东方财富由于业务多元化，电子商务服务收入及占营业收入的比重下跌，但天天基金代销基金数量依然居行业之首（如图 2.11 所示）。好买基金、盈米基金、蚂蚁基金和同花顺分流了一部分市场。在激烈的市场竞争下，东方财富通过降低佣金率吸引客户。截至 2019 年底，公司的平均佣金率为 2.4 元/万元，远远低于行业 2.8 元/万元的平均佣金率，一定程度上降低了长尾客户的流失率。

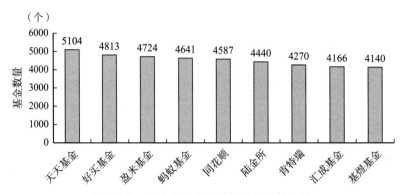

图 2.11　2020 年 3 月代销机构代销基金数

资料来源：东吴证券研究所公司年报。

2.3　加厚长尾向下策略：互联网券商领域的先行者

随着公司大平台用户的资讯、决策和社交需求被充分满足，交易和理财需求逐步进入大众视野。东方财富是第一批拥有证券业务牌照的互联网公司，2014 年 12 月东方财富收购香港宝华世纪证券（后更名"东财国际证券"），这标志着东方财富取得跨地区代理证券交易资质；2015 年 4 月，东方财富收购西藏同信证券（后更名为"东方财富证券"），这标志着东方财富正式取得证券经营资质。互联网证券公司的出现，一举打破了传统证券业务的格局，业务模式以客户驱动为主，服务对象也以长尾客户为主，根据客户的需求提供零售服务，具体差异如表 2.4 所示。

表 2.4　　　　　传统证券与互联网证券差别

类型	业务模式	获客渠道	服务对象	提供的产品	典型代表
传统证券	业务驱动	线下网点	高净值客户为重点	多提供通道类业务	中信证券　招商证券
互联网证券	客户驱动	线上获客	长尾客户为主	根据客户需求提供标准化零售服务	东方财富　嘉信理财

很显然，东方财富证券公司的成立对于投资者来说，不仅有利于投资信息的获取和交易的便捷，也有效地降低了投资者的风险，提高了收益率。对于东方财富而言，既实现了原始积累流量的变现，也获得了收益。如图 2.12 所示，东方财富证券普通经济业务客户资产规模从 2015～2019 年大幅上升，尤其是2019 年其规模达到 165 亿元，东方财富趁互联网证券强势起步之势，成功利用驱动长尾向下策略，收割了一大波客户进行互联网证券交易，降低了边际成本，促进规模效应的实现。

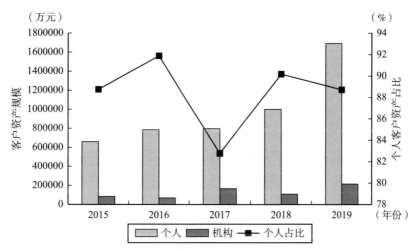

图 2.12　2015～2019 年东财证券普通经纪业务客户资产规模变化

资料来源：东方财富证券公司年报。

如图 2.13 所示，2015 年证券服务收入达 13.58 亿元，2016 年由于证券市场的不景气，其收入为 11.49 亿元，下降了 15.40%。但是在 2017～2019 年随着经济的复苏和稳中向好，东方财富证券业的收入不断增长，在 2018 年和2019 年其占总营业收入的比例分别达 58.5% 和 65%，同比增长 35.48% 和51.71%。2016～2019 年公司证券经纪业务净收入的年复合增速 30.16%，一方面是因为随着金融市场的繁荣发展，越来越多的长尾投资者将目光转向证券市场；另一方面则是互联网金融的快捷、便利、安全等特点深入人心，且东方财富成为互联网证券中的"老字号"，长尾客户选择信赖它。

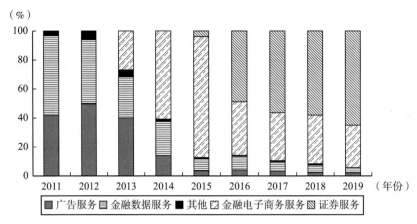

图 2.13　东方财富各个板块收入分布

资料来源：东方财富公司年报。

2018 年 10 月东方财富获批设立西藏东财基金，同年旗下同信久恒期货更名为"东方财富期货"，2019 年，东方财富获得公募基金管理牌照和保险经纪业务牌照，取得保险销售代理资质。同年 6 月，东方财富在中国证券投资基金业协会登记了一家私募——上海优优财富投资管理有限公司，随后备案了 3 只私募基金，是继 2012 年拓展基金代销、2015 年收购券商后的又一战略级业务扩张，标志着公司拿到了进入财富生态圈第三阶段的钥匙，正式开启财富管理新时代，未来发展空间更为广阔。通过设立公募基金管理公司，东方财富业务将逐步从下游销售渠道向上游产品开发环节延伸，实现基金产销一体、完善金融服务链条，同时获得基金管理费等增量收入源，有望成为又一业绩增长引擎。

2.4　驱动长尾向下策略：两融业务市占率上行

东方财富针对长尾客户主打低利息率策略，互联网基因带来的低成本优势和长尾流量资源推动经纪两融业务高速发展。2019 年末，以两融为主的利息净收入同比增长 31.63%，至 8.14 亿元，如图 2.14 所示，两融业务规模连年稳步上升，2020 第一季度市东财证券融出资金 170 亿元，占率达到 1.60%（融出资金/市场两融余额），发展趋势迅猛。两融业务成为东方财富证券业务业绩的另一主要来源。两融业务主体包括东方财富证券和东财国际证券，以前者为主，业务主要以融资为主，融券占比较小。

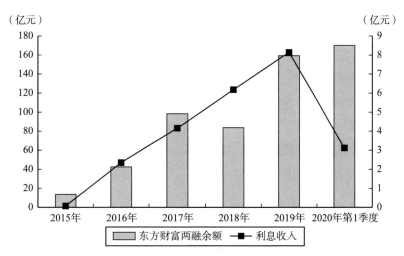

图 2.14　2015～2019 年东方财富两融余额和利息收入

资料来源：东方财富公司年报。

但是信用业务受制于严格的开户条件（20 天日均资产 50 万元 + 交易满 6 个月）且只能指定一家券商，东方财富的优势并不明显，因此两融业务对于东方财富更多是吸引市场新进融资需求者，即驱动市场上的长尾客户需求向下，并且通过"低费率 + 充足资金"优势，进一步撬动存量两融市场，延长并且加厚长尾客户。综上所述，东方财富以长尾客户为服务重点的理念，有望推动公司在未来交易资产端通过沉淀形成量到质的飞跃，为公司进一步地转型做好优质客户积累。

3　基于长尾市场 SWOT 分析的战略选择

SWOT 分析是一种综合考虑企业内部条件和外部环境的各种因素，进行系统评价，从而选择最佳经营战略的方法。本部分对东方财富内、外部条件各方面内容进行综合和概括，分析其优势、劣势、面临的机会和威胁，进而帮助东方财富进行战略选择。具体如表 2.5 所示。

表 2.5 东方财富 SWOT 分析

	优势（S）	劣势（W）
内部能力	（1）品牌价值与长尾市场客户粘性相辅相成； （2）以技术领先为"护城河"，研发契合长尾客户需求产品； （3）闭合的互联网金融生态，绑定长尾客户	（1）金融数据服务不丰富，长尾有待进一步延长； （2）金融数据产品竞争力有待提高，长尾市场被瓜分
	机会（O）	威胁（T）
外部因素	（1）对标嘉信：从互联网券商转向专业化理财平台； （2）借鉴理财魔方：布局智能投顾规划	（1）金融资讯与数据服务竞争激烈，长尾流量抢占； （2）互联网巨头涌入，重塑基金代销行业长尾格局； （3）互联网券商多模式并行，长尾市场分流

3.1 优势分析：长尾客户贯穿整个业务理念

3.1.1 品牌价值与长尾市场客户粘性相辅相成

经过多年的发展，东方财富凭借"东方财富网"，不仅成为我国访问量最大、用户粘性最高的互联网平台之一，同时也获得了投资者的高度认可，具有强大的品牌优势。市场认可的品牌优势与庞大的用户接入相辅相成，为企业在拓展平台的服务范围和提高服务质量奠定了坚实的基础。

东方财富一直致力于巩固和提升访问指标和长尾用户方面的优势，并且始终高度重视品牌推广和宣传，促使其品牌影响力和知名度进一步提高。这为公司未来实现战略转型和各项业务的发展起到积极的推动作用。

3.1.2 以技术领先为"护城河"，研发契合长尾客户需求产品

2019 年东方财富新获得注册的商标 30 项、软件著作权 18 项，新增非专利技术 20 项。技术领先依赖研发高投入，公司高度重视科技赋能。如表 2.6 所示，首先，2017～2019 年东方财富研发支出一直呈现上升趋势，从 1.82 亿元增加至 3 亿元。其次，其研发人员数量占比始终保持在 38% 左右，显著高于其他传统券商。并且对比其他券商，东方财富的研发投入占营业总收入的比例也是较高的，2018 年达到 8.01%。连续多年的高研发投入促使东方财富各类软件、终端、平台不断优化升级，从而更好契合长尾客户的使用需求。

表 2.6 2017～2019 年东方财富研发投入

项目	2017 年	2018 年	2019 年
研发人员数量（人）	1664	1690	1726
研发人员数量占比（%）	38.82	39.08	37.91
研发投入金额（万元）	18204.2674	25038.0590	30540.8028
研发投入占营业总收入比例（%）	7.15	8.01	7.22

资料来源：东方财富官网数据整理。

就东方财富而言，通过开发新产品、新工具，满足用户的需求，方便用户的使用，增强客户的粘性，让公司的"护城河"更加宽阔，这是永恒的真理。而技术研发的投入需要耗费大量的人力、物力、资本。根据《2019 全球创新企业 1000 强》中报告，阿里巴巴连续三年位居中国上市公司研发支出首位，它在 2018 年研发支出近 25 亿美元，研发强度 10.8%。东方财富作为相对轻资产的互联网金融企业，能够常年保持大力度的研发投入，既体现了企业的高瞻远瞩，也是它始终以客户需求为导向的直接体现。

3.1.3 闭合的互联网金融生态，绑定长尾客户

东方财富现阶段的战略以天天基金网、东方财富证券和东财基金管理公司为核心，是公司发展不可小觑的主体，同时也积极探索征信、小额贷款、期货、三方支付、私募投资、海外投资、保险代理等业务领域，并且均进行了业务布局。若将东方财富现阶段的金融生态圈进行板块划分，可分为以下三个部分，如表 2.7 所示。

表 2.7 东方财富金融生态圈划分

板块	具体布局
内容	东方财富网、天天基金网
社区	基金吧、股吧、私募社区
数据	Choice、东方财富通、投资大师
交易	东方财富证券、东方财富期货、东财国际

可以看出，东方财富目前正在向"一站式"金融平台战略递进，投资闭环是公司业务生态链的重要部分，从注册用户变为证券客户后，又继续推出港

股、每股投资、期货投资、私募理财等产品。东方财富期货软件可以提供云条件单功能,在证券市场之外引流部分期货客户。港股、美股投资手续费昂贵,2018年初东方财富在其官网宣传0佣金港股交易,平台费合单收取,高级行情等全部免费,快速将现有的客户可导流至港股平台。而对于私募客户更加多样化、专业化、定制化的需求,东方财富推出优优私募以满足私募机构的客户对接及现有客群中合格投资者优质私募的需求,再次绑定客户群。此外,东财基金的成立,使东方财富在基金客户中实现了从生产到销售的布局,很大一部分证券客户的资金需求可以直接满足。由此可见,东方财富始终以长尾用户为中心,旨在满足长尾用户的需求,最大限度地提高用户对客户的转化效率。毫无疑问,东方财富未来的战略目标是打造一个可重用、可持续、闭环的金融生态系统,实现各行业协同、各渠道互联互通,占领长尾市场需求,深度绑定客户。

3.2 劣势分析:金融数据服务端竞争力不足

3.2.1 金融数据服务不丰富,长尾有待进一步延长

东方财富金融数据服务的收入从2016年开始出现下滑的趋势,2019年金融数据服务收入仅略高于2014年。金融电子商务收入的下降与竞争对手的追赶、用户粘性的下滑、市场的低迷和同类产品的不断涌入紧密相关。互联网金融快速发展,市场竞争带来不同产品趋向同质化,如东方财富有Choice产品,同花顺、大智慧等皆有level-2产品,这导致不同程度上瓜分了互联网金融市场的长尾客户。

虽然东方财富金融数据服务在行业内一直保持较快的发展速度,但是与国外成熟的金融信息服务商相比,在产品和服务方面还有较大差距。产品线尚不丰富,无法有效覆盖各个类别的用户群。

3.2.2 金融数据产品竞争力有待提高,长尾市场被瓜分

如表2.8所示,东方财富金融数据服务大部分收入来源于增值支付产品,而其竞争对手都有类似产品,且价格更具竞争力。对于互联网金融市场中的长尾客户而言,低费用往往是首要考虑因素。从表2.8中可见,在与东方财富相似的产品中,除IFind金融数据终端外,同花顺价格低于东方财富,大智慧高于东方财富。显然,在价格方面,东方财富的金融数据服务并不是最具竞争力的公司。

表 2.8 各机构金融终端服务费对比

东方财富产品	价格（元）	同花顺产品	价格（元/年）	大智慧产品	价格（元/年）
投资大师领航版	39800	财富先锋主力版	16800		
Choice 金融终端	5800	IFind 金融数据终端	29800	大数据终端	7600

另外，同花顺公司之所以能提供更低的产品定价，与它近年来对研发的投入和对技术的重视密切相关。同花顺接连推出了与新兴技术紧密相连的产品"金融大师"和"大战略"。如表 2.9 所示，由于其独特性和稀缺性，同花顺分别确定了金融大师 80000 元/年、大战略 78000 元/年的高定价。东方财富既在产品价格上不具备优势，在产品性能上与同类产品相比也稍显逊色。

表 2.9 同花顺特殊产品价格

同花顺特殊产品	价格（元/年）	特别之处
金融大师	80000	AI + 大数据
大战略	78000	智能投顾

随着技术的不断进步，市场上出现了许多新形式的增值产品和付费产品。如果东方财富不能及时跟上技术进步的步伐，抓住新的机遇，就会面临来自其他竞争对手的巨大压力。

3.3 机遇分析：借鉴嘉信和理财魔方发展战略

3.3.1 对标嘉信：从互联网券商转向专业化理财平台

总部位于美国旧金山的嘉信理财成立于 1971 年，它从佣金折扣证券经纪商起步，通过低佣经济业务作为流量入口吸引海量客户，延长互联网金融市场长尾。20 世纪 90 年代中期互联网时代到来，嘉信抓住契机发展互联网平台。1999 年，68% 的客户业务通过在线交易系统完成，占总交易量的 24%，实现了加厚互联网金融市场的长尾[①]。21 世纪初，嘉信又抓住美国金融混业发展机遇，积极并购扩张，实现财富管理转型，很大程度上提升了用户的粘性，驱动互联网金融市场长尾的向下，已成为美国财富管理巨头之一。

一直以来，东方财富都有"中国嘉信理财"之称。与嘉信理财相比，东

---

① 资料来源：https：//baike. baidu. com/item/% E5% 98% 89% E4% BF% A1% E7% 90% 86% E8% B4% A2/6184532。

方财富在发展历程和战略历程上较为相似（如表 2.10 所示）。第一，都是采用低佣金策略聚焦长尾用户，提升客户资产规模；第二，打造全方位的资管平台，力图创建产品闭环，延长、加厚互联网金融市场的长尾客户；第三，在兼顾线上客户的同时，寻求线下高净值客户，驱动市场长尾的向下。

表 2.10 东方财富与嘉信理财的对比

券商	引流卖点	产品类别	服务层次
嘉信理财	在行业佣金率放开之时，率先推出经纪费折扣	基金超市——One source；统一交易账户 Schwab One；全方位资管产品	由线上转入线下，对不同分层的客户提供差异化的投顾服务
东方财富	通过低佣金促使平台用户转化为证券经纪业务客户	基金代销平台——天天基金；逐步补充股票、期货等产品，打造资管平台	由线上转入线下，积极拓展营业网点，壮大经纪人团队

对比嘉信理财和东方财富的业务布局，主要在息差业务和财富管理业务存在差异，而这其中的原因则是中美两国相关政策的差异：一是我国限制证券公司对于经济客户资金的使用权限，不得进行债券投资、银行贷款等，证券公司无法从中赚取利息差；二是东方财富尚未取得买方投顾业务的相关资格，导致目前的财务管理业务相对单一。

根据东方财富 2019 年年报显示，东方财富一方面提升证券、期货、公募基金业务服务能力，另一方面也逐步开始布局征信、第三方支付、保险行业。东方财富未来发展显然要从互联网券商转型到综合财富管理平台，只待证券公司盘活客户资金相关政策落地，买方投顾基金销售业务模式兴起。

3.3.2 借鉴理财魔方：布局智能投顾规划

广发证券已经开发出面向小净值客户的智能投顾系统贝塔牛机器人投顾，是券商在金融科技领域发展的先行者。而东方财富虽有布局智能投顾市场的意图，但是还未采取行动。而理财魔方目前是我国智能财富管理市场中唯一拥有三年实盘经验的公司，对东方财富具有借鉴意义。

理财魔方于 2014 年成立，持有基金销售牌照、全国保险代理牌照，以其在人工智能领域深厚的积累为市场所认可。基于领先的人工智能技术和独具优势的主动全天候投资策略，理财魔方 2019 年交出了 98.45% 盈利率的高分答卷①。数据显示，持有理财魔方公募基金智能组合用户平均收益 16.23%，是

---

① 资料来源：https://xueqiu.com/4350058591/159679871。

银行理财收益的 4 倍。

理财魔方的全 AI 智投系统分为两个系统，分别是"智能客户分析与管理系统"和"智能投资管理系统"，对应着"顾"和"投"。理财魔方的智能投资管理系统（如图 2.15 所示），主要是根据市场及各类资产的具体情况，为用户配置资产，并进行适时调整，以确保投资组合的风险在用户可承受范围内。平台配置的底层资产为公募基金，通过构建多因子模型来选取合适的基金。

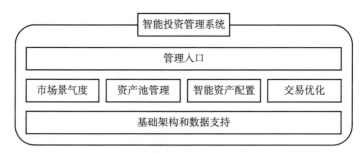

图 2.15   理财魔方智能投资管理系统

资料来源：理财魔方数据整理，https：//m. licaimofang. com/。

而智能客户分析与管理系统（如图 2.16 所示），主要通过问卷和分析客户行为，得出客户心理承受底线，量化为客户可承受的最大回撤比例这一指标。根据用户心理承受底线匹配的个性化资产组合，客户没有主动调整组合内资产比例和类别的权利，客户只能决定"投"或"不投"，是否调整，以及投多大金额。

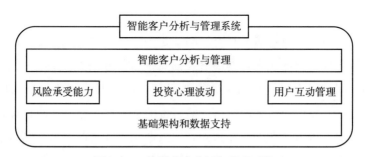

图 2.16   智能客户分析与管理系统

资料来源：理财魔方数据整理，https：//m. licaimofang. com/。

理财魔方的数据覆盖了国内 391662 个理财产品和 1947 个理财销售平台，

是国内理财数据收录最全的平台。依靠这些数据，理财魔方为用户提供了全网各种理财品类的收益排行榜，并且记录跟踪跨平台购买理财产品的收益，帮助提升用户的理财收益。

东方财富和理财魔方都是借助互联网快速发展而崛起的互联网金融机构，拥有相似的客户群体，客户具有低费率、便捷和优质服务的需求。东方财富的投资服务主要形式是线上理财师服务和线下网点，属于传统的服务模式，与理财魔方有很大不同。

首先，我国互联网机构嫁接智能投资行业的市场非常广阔，例如，嘉信理财也提供半智能投资咨询服务。东方财富一直保持高研发投入优化终端，尚未集中布局智能投资咨询终端，落后于国内多家银行和证券公司。但是，我国可供选择的 ETF 数量较少，而智能投顾往往需要大量 ETF 搭配，倘若只通过股票或公募基金进行配置，成本偏高，风险分散效果差，很难取得较好的被动投资效果。

其次，东方财富目前的客户群体的交易习惯尚未养成被动投资理念，这与智能投顾发展理念背道而驰。理财魔方主要通过问卷调查和智能算法获得客户的投资风险偏好，并且我国监管规定金融数据不得交由第三方使用，所以东方财富具有大数据交易优势。

综合来看，国内智能投顾行业目前不具备做大的基础，但是东方财富布局智能投顾可以作为未来的规划。

3.4 威胁分析：长尾市场格局改变

3.4.1 金融资讯与数据服务竞争激烈，长尾流量抢占

目前东方财富能够稳居垂直财经网站龙头的原因之一就是强悍的长尾流量和客户粘性，作为国内领先的网络财经信息平台"东方财富网"，其用户访问量和日均访问时间均居互联网金融行业之首。但是其也面临着巨大的竞争威胁，众多金融资讯公司平地而起，其最直接的竞争对手包括三类：综合网络金融信息运营商、垂直金融网站平台和金融数据服务运营商。综合网络金融信息运营商包括腾讯金融、新浪金融等大型综合门户网站；垂直金融网站平台包括和讯和第一财经垂直金融网站；金融数据服务运营商包括金融圈、同花顺等运营商。因此，东方财富具有一定的可替代性，如股吧的替代品是雪球网的雪球社区，东方财富的替代品是同花顺和大智慧提供的市场交易终端。

3.4.2 互联网巨头涌入，重塑基金代销行业长尾格局

随着互联网巨头纷纷涌入基金营销行业，重塑行业格局势在必行。特别是互联网巨头凭借金融科技和长尾用户流量等优势，开发共享云平台，抢占包括基金销售行业在内的普惠金融市场，这已经成为金融业不可忽视的现象。如表2.11所示，截至2019年末，腾讯的好买基金、平安银行的陆金所、同花顺、京东的肯特锐、百度百盈基金已取得基金代销许可证，并加入了基金代销的红海战役。其中，百度、阿里巴巴、腾讯、京东四大互联网巨头旗下的移动端应用月活跃度超过2亿，远远超过东方财富App、天天基金等其他竞争产品[1]。

表 2.11 基金代销行业主要公司信息

公司信息	天天基金	好买基金	陆金所	同花顺	肯特锐	百盈基金
股东背景	东方财富	腾讯	平安银行	同花顺	京东	百度
成立时间	2008年12月	2011年8月	2011年9月	2011年9月	2015年8月	2016年8月
取得牌照时间	2012年12月	2012年2月	2015年8月	2012年4月	2016年1月	2018年8月
代基数量	4700	4407	4148	4118	3883	2309
代基公司数量	136	133	117	117	107	43

资料来源：东方财富，腾讯，平安银行，同花顺，京东，百度网站数据整理。

从长期来看，天天基金的市场份额会受到互联网巨头的影响，但影响相对可控。参照阿里巴巴集团对蚂蚁金服管理的成功经验和腾讯的成功经验，我们认为互联网巨头可能对垂直细分领域的参与者造成降维攻击，而天天基金的市场份额也将受到影响。

3.4.3 互联网券商多模式并行，长尾市场分流

目前大量的互联网证券公司涌入金融市场，加快了证券行业的转型，特别是其经济业务受到多方面的影响：一是随着计算机与互联网的快速发展、交易制度的改革、分业经营的突破共同推动互联网证券公司的崛起；其次，互联网证券公司不需要像传统证券公司那样设置密集的营业厅，因此运营成本低于传

---

[1] 资料来源：https://xueqiu.com/9508834377/137466204。

统证券公司，通过向客户提供低成本佣金，为客户节省资金；再次，便捷的交易方式和低佣金激发了投资者的积极性，对于网上交易而言，这促使互联网证券公司的交易量迅速增加；最后，传统证券公司的经纪业务收入面临压力，开始向网络转型，但此时互联网流量红利已不多，而监管机构也在同步收紧交易体系，这最终会导致传统证券业务无法重获市场份额。

目前国内主要有三种互联网券商模式（如表 2.12 所示）：第一种模式是以大中型传统证券公司为代表，通过 IT 系统的自主开发和建设，实现"网上交易"。第二种模式以小型证券公司为代表，由于自身的客户规模和研发能力的限制，往往它们需要依靠第三方平台搭建的信息系统进行分流，开展互联网证券业务。以个别第三方平台为代表的第三种模式，具有相当的技术储备和流量规模，通过取得证券公司牌照实现流量实现。总体而言，第三方平台在第二、第三种模式中发挥着重要作用。

表 2.12 互联网券商模式对比

分类	主要机构
大中券商自建平台	华泰、广发、国信、长江等券商自主开发和建设 IT 系统，研发费用率居行业前列；华泰、方正等券商宣布切断第三方客户端交易
小券商从第三方平台导流	同花顺与多家券商开展 A 股开户合作和股票交易合作；大智慧长期稳定的客户涵盖国内 70% 以上券商
第三方平台收购券商	东方财富收购西藏同信证券和东方财富国际证券；大智慧收购湘财证券事项一度获批，后因大智慧财务造假曝光而落空

尽管面临重重外部威胁，东方财富互联网金融生态圈的构建还是为它今后的发展奠定了基础，其商业模式也难以被竞争对手完全复制。以其持有的证券牌照为例，阿里巴巴自 2014 年以来也多次争取，但传闻的收购长江证券被否，收购德邦证券、通过《内地与香港关于建立更紧密经贸关系安排》成立合资证券公司等，都陷入了困境。云峰基金计划于 2015 年 9 月成立云峰证券，也未成功获批。2015 年 11 月蚂蚁金融计划持有德邦证券，最终"流产"；2018 年 8 月成功入驻华泰证券，持股 3.25%，位列第六大股东[①]；2019 年 2 月成为

---

① 资料来源：https://www.c114.com.cn/news/52/a1061111.html。

中金公司股东，持股 4.84%，位列第四大股东①。因此，自 2018 年起蚂蚁金融转变思路，重点参与龙头证券公司，实现科技金融的最终目标。但与此同时，随着国家持有证券公司牌照的互联网巨头监管的收紧，意味着东方财富证券面临的潜在进入者威胁大大降低。

4　结论与建议

本文分析了东方财富公司基于长尾市场的发展战略，并进行了 SWOT 分析，东方财富为保持在互联网金融行业的优势，以长尾市场为特定目标群体。本文对东方财富的进一步发展提出如下建议。

4.1　产品长尾营销，增强长尾客户粘性

长尾效应强调"个性""消费者需求"和利基市场，即一个产品可以低价出售，但它需要赚取多个产品的利润。当市场被细分到极致时，利基市场利润的积累就会产生意想不到的效果。在金融信息和数据服务领域，虽然东方财富在用户流量和粘性方面保持领先地位，但东方财富的东方财富网和 Choice 在金融数据服务业务上并没有表现出更大的竞争优势，公司的产品和服务质量还需进一步提高，未来应尽可能地拉长产品线，提升产品的价值，为此可以通过构建金融产品评价体系、定制产品、个性化服务等将合适的产品送达每位有需求的长尾顾客。

东方财富还可将业务拓展至保险、信托、证券、资产管理公司等领域，提供"一站式"金融超市服务，扩大产品服务的范围，全面地为客户提供投资、财富管理、保险保障等产品和服务。

4.2　广告长尾营销，打造长尾市场中的品牌

产品之间的细微差异以及与个人宣传的互动，促使小众媒介在不同的圈子里发挥其影响力，因此企业可以增加信息与消费者的接触，提高信息的有效传递。不同的人群对广告有不同的感知力度，这就需要多种广告。东方财富可以尝试在三大流量门户的基础上主动增加曝光量，将产品信息通过各种信息渠道传播给潜在长尾客户。例如，通过微博、论坛社区、BBS、搜索引擎、广告推

---

① 资料来源：https://finance.eastmoney.com/a2/201902201047768555.html。

送、邮件推送等方式获取大量的用户资源。另外，增加研发互联网技术方面的投入，不断降低业务成本，增加对客户的吸引力，优化客户体验，提升用户规模和增加交易频率，发展巩固零售客户群，从而延展互联网金融市场的长尾。

同时，还可以发展战略联盟，与同行业或跨行业的龙头企业开展战略合作，实现流量共享、能力建设，获取超额利润。东方财富已与工商银行签订了业务合作框架协议，可以与银行系统股东或金融控股集团合作，实现资本端、资产端等多重协同；与领先科技公司合作，共同发展智能投资咨询业务；利用股东的行业背景进行产业赋能和资源整合等，同时可以考虑进入战略联盟中的第三方服务类别，引入场景分流策略（如携程、途虎养车等），全面打通第三方搭建场景，在拓展客户来源渠道的同时，帮助客户感受投资产品的氛围，激发客户的投资兴趣，成功打造平台、商户、用户、第三方合作伙伴的四方共赢。

4.3 客户长尾营销，增加长尾客户流量

任何企业的发展战略必须以客户需求为导向，了解客户的所知所想，从而细分和创新多层次的产品线，满足不同类型的客户需求。因此，东方财富未来应注意精准营销，使信息得以有效传播，与顾客沟通，更深入地了解客户需求。可借助发达的互联网技术、大数据和人工智能，进行在线调研，分析长尾中的顾客偏好和品位，开发冷门市场的商机。

同时，东方财富可以根据用户的交易规模、交易频率建立多层次的收费标准，也可以通过定期举办优惠活动、推送相关产品服务，刺激用户选择更多的产品服务，增加用户交易频率；还可以通过降低平台佣金支出刺激用户的重复消费，从而达到加厚互联网金融市场长尾的目的。

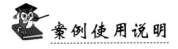

案例使用说明

一、教学目的与用途

1. 适用课程：

本案例适用于"金融学""管理学"等课程，主要涉及互联网金融、长尾

理论、流量变现逻辑以及企业发展策略等教学内容。

2. 使用对象：

本案例适用教学对象为金融专业硕士（MF）以及工商管理硕士（MBA），也适用于 EMBA 学生和电子商务类专业的硕士生。

3. 本案例的教学目的：

（1）通过本案例教学，使学生理解和掌握互联网金融概念、我国互联网金融发展演变及互联网金融企业发展战略思路。

（2）通过本案例教学，使学生更深入理解长尾理论及其应用，及其如何为互联网金融的发展提供理论基础和普适性发展策略，推动我国互联网金融的理性发展。

（3）通过本案例教学，引导学生分析互联网金融龙头企业东方财富如何为用户创造价值并据此获取收益，从而得到快速发展扩张。

二、启发思考题

本案例的启发思考题主要对应的是案例教学目标的知识传递，启发思考题与案例同时布置，另外要让学生尽量在课前阅读熟悉相关知识点。以下几个思考题可以预先布置给学生，让学生在阅读案例中进行思考：

1. 东方财富如何完成用户的引流布局，从而抢占长尾用户？

2. 东方财富如何从单纯的财经资讯服务商起步，逐步构筑起自己的互联网金融生态圈？

3. 在业务板块的扩张过程中，立足长尾客户给公司战略带来了哪些竞争力？

4. 在后续的竞争中，东方财富如何进一步强化自身竞争力，抓住长尾用户群？

5. 东方财富持续发展的内在机制和逻辑思维是什么？

6. 东方财富未来可能会面临什么样的风险？

三、分析思路

教师可以根据教学目标（目的）灵活使用本案例。这里提出参考的案例分析思路，主要依照思考题的顺序进行。

首先，互联网金融是 21 世纪以来互联网与金融结合而成的新产物，它具有独特的优势：一方面有效降低了交易成本，另一方面能够提供更多元化的服务。东方财富从金融资讯切入，充分利用互联网优势，紧紧抓住长尾用户群，先后进入基金代销、互联网券商等领域，形成自己的互联网金融生态圈。

其次，综合考虑东方财富在成长过程中的优势和劣势。既要守住已有的阵地，不断优化老用户的使用体验，提升用户粘度，又要不断扩展业务范围，攻掠新的城池。通过给用户提供更多的服务，增加用户粘性，进一步发掘长尾用户群的价值，增加公司收益，强化公司的竞争力。

最后，在立足长尾客户建立互联网金融生态圈的基础上，积极探索如何进一步挖掘长尾客户价值，增强公司的竞争力。

四、理论依据与分析

（一）理论依据

1. 长尾理论。

美国经济学家安德森（Chris Anderson，2005）首次详细阐述了长尾理论，颠覆了传统"二八定律"的认识。"二八定律"认为20%的产品带来80%的利润，而长尾理论认为，需求较小但基数庞大的尾部产品所占据的市场份额完全可以达到需求较大但基数较小的头部热门产品市场份额水平（如图2.17所示）。

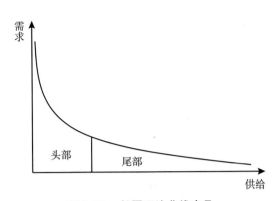

图2.17　长尾理论曲线产品

传统金融机构偏向"二八定律"，20%的高端客户给银行带来80%的利润，而互联网金融则主要服务于剩余80%的客户，即互联网金融的长尾。互联网金融恰好能够利用互联网连接技术和信息处理技术，使其产品具有数字特征并能网络化销售，这种策略能够有效降低投资者的交易成本和搜寻成本。虽然互联网金融普通个体用户交易规模较小，与头部"高端"客户的交易规模无法相比，但交易成本极低，依靠庞大的用户规模依然能为互联网金融公司创造收益，形成如图 2.18 所示的互联网金融市场的长尾。

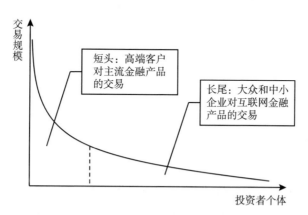

图 2.18　互联网金融的长尾

图 2.18 中，横轴表示投资者个体，纵轴表示金融产品交易规模。虚线代表传统金融与互联网金融的边界，左边对应的是在传统金融交易规模大的高端客户；右边代表的是大众和中小企业投资者，因信息不对称性、违约风险高等因素被传统金融市场拒之门外，长尾向横轴无限接近。换言之，长尾意味着：即使每个交易者交易数量小且频率低，但是互联网金融由于其客户过于庞大，同样能为其创造收益，促使互联网金融持续发展。

2. 场景金融理论。

场景理论中的"场景"是指人与周围景物关系的总和。场景主要包括两个部分：一是地理场所与周边景物设施等自然要素；二是与人在空间中产生的互动、关系等社会要素。"场景"的内涵随着各学科对相关研究的不断延伸和深入，最终发展成为"场景理论"。

移动互联网时代的到来，"场景"成为移动媒体时代的又一核心新要素。肯尼和马歇尔（Kenny and Marshall，2010）提出了经济学领域的场景概念：泛指用户产生消费的特定情境，并在其中发生厂商与用户连接的商业模式。其目的是建立起以金融产品应用场景为基础的集合生态，力求通过金融产品与场景的融合而提升用户粘性，拓宽竞争壁垒，进而实现资金、信息等的内循环。简单地说，场景金融指的是将以往复杂的金融需求变得更加自然——将金融需求与各种场景进行融合，实现信息流的场景化、动态化，使风险定价变得更加精确，现金流处于可视或可控状态。

具体可以从以下四个方面来理解新的"场景"定义：

产品即场景：场景赋予产品意义。未来的产品，不再是静态的概念，而是人们愿意为一个具体场景下的方案买单。

分享即获取：以往的渠道已经被逐渐打破，用户更多基于场景进行各种分享。例如，通过朋友圈分享推荐物品，这个过程也带来了更多信任的溢价。

跨界即连接：跨界能够创造一些比较强势、多变和最为实控场景的案例。

流行即流量：通过一个故事化的入口，用户会主动的搜索，形成一个新的流量增加点。

本质上，金融是一种工具，具有服务、杠杆、效率三大属性，金融服务能在多大程度上提升一个行业，便决定了其发展前景，而要将金融的属性发挥到极致，必然需要结合消费场景，未来真正想象力巨大的空间还在于消费金融。

3. SWOT 分析。

SWOT 中，S（strengths）是优势、W（weaknesses）是劣势、O（opportunities）是机会、T（threats）是威胁。SWOT 分析即基于内外部竞争环境和竞争条件下的态势分析，就是将与研究对象密切相关的各种主要内部优势、劣势和外部的机会和威胁等，通过调查列举出来，并按照矩阵形式排列，然后用系统分析思想，将各种因素相互匹配起来加以分析，从中得出一系列相应的结论，而结论通常带有一定的决策性。

运用这种方法，可以对研究对象所处的情景进行全面、系统、准确的研究，从而根据研究结果制定相应的发展战略、计划以及对策等。

从整体上看，SWOT 可以分为两部分：第一部分为 SW，主要用来分析内部条件；第二部分为 OT，主要用来分析外部条件。利用这种方法可以从中找出对自身有利的、值得发扬的因素，以及对自身不利的、要避免的情况，发现存在的问题，找出解决办法，并明确以后的发展方向。根据这个分析，可以将问题按轻重缓急分类，明确哪些是重要紧急的问题，哪些是不重要不紧急的问题，哪些属于战略目标上的障碍，哪些属于战术上的问题，并将这些研究对象列举出来，依照矩阵形式排列，然后用系统分析的思想匹配起来加以分析，从中得出一系列相应的结论，且这些结论通常带有一定的决策性，有利于领导者和管理者作出较正确的决策和规划。

（二）具体分析

1. 东方财富如何完成用户的引流布局，从而抢占长尾用户？

东方财富成立于2004年，在PC互联网时代，依托天时、地利和人和等有利因素，其在两年时间内以定位长尾客户为目标，成立财经资讯门户"东方财富网"、互动社区"股吧"和资金资讯频道"天天基金网"，形成了"门户网站＋垂直财经频道＋互动社区"的三大流量入口，成功打造国内用户访问量最大的互联网金融服务平台，为互联网金融市场中的长尾用户提供综合性的财经资讯和金融信息服务，完成了用户的原始积累。

2. 东方财富如何从单纯的财经资讯服务商起步，逐步构筑起自己的互联网金融生态圈？

东方财富区别于其他财经网站的核心优势，在于长尾客户流量的变现。面对财经类线上用户在财经资讯、决策工具、交易平台和社交分享等方面的需求，公司构建一站式金融服务平台（见图2.19），提供信息门户和数据终端，并构建股票基金细分论坛社区供用户交流分享心得经验，完成了流量的原始积累。紧接着通过广告服务、金融电子商务服务进行初步变现。之后，依托庞大的线上流量，公司通过金融电子商务业务和互联网证券业务完成最终变现，并实现进一步的导流。

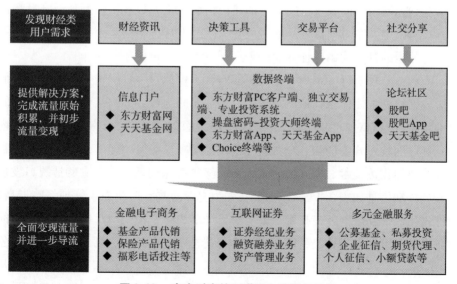

图 2.19　东方财富的互联网金融服务平台

在 PC 互联网时代，以"东方财富网"为核心的金融服务平台是我国用户访问量最大、粘性最高的互联网金融服务平台。公司的流量优势，离不开天时、地利、人和三重有利因素的支撑。

天时：借助牛市行情催化，与新浪财经 2000 年入局低迷的市场不同，东方财富网于 2004 年入局，正好赶上 2005 年 6 月到 2007 年 10 月 A 股历史上最大的一波牛市，A 股估值达到顶峰 6124 点①，至今未曾超越。在万众炒股阶段，作为提供财经信息东方财富网，成为牛市最大的受益者，成功成为 PC 端的龙头企业。而当东方财富 2012 年底开始布局基金代销时，又巧遇 2013 年互联网金融的元年，2013 年 6 月，国务院明确表示要"逐步推进信贷资产证券化常规化发展，盘活资金支持小微企业发展和经济结构调整"。余额宝等线上理财产品遍地开花，理财观念开始深入人心；2014～2015 年，央行又实行宽松的货币政策，通过降息来推动经济发展，中国证券登记结算有限责任公司允许"一人多户"，在这些因素的共同催化下，基金的线上销售疯狂扩张，东方财富再度收割牛市红利，巩固 PC 端龙头地位。

地利：与早期的大部分财经网站注重技术和内容的提供不同，东方财富另辟蹊径，注重客户的挖掘，成立国内最早的财经交流社区平台——股吧，以接地气的社交属性吸引了一大批具有粘性的用户，与传统财经网站不同，股吧中不仅公司人员可以发布信息观点，每一位用户也可以交流分享。而且股吧中按照不同的股票划分为不同的社区，既方便用户了解自己所关注的股票信息，也可以找到志同道合的股友。一周内的热门话题讨论人数轻松破万，浏览量都在千万级别以上。东方财富正是通过股吧、基金吧这种平台汇聚了大量粘性的用户，为公司的基金代销、证券业务创造了巨大的流量优势。

人和：公司实行一系列人才吸引战略，不仅通过外部引进人才，公司内部也形成完整的人才体系，最终形成了以创业团队为核心、高级管理人为骨干的管理团队，他们对股民、基民的需求有较为深刻的了解，具有丰富的管理经验、互联网技术开发经验、金融研究工作经验和市场营销经验，对互联网金融服务行业的相关技术、发展历程及未来趋势具有深刻理解。东方财富的高级管理人员详细信息如表 2.13 所示。其实先生总领全局，陈凯先生管理经验丰富，史佳先生深谙互联网开发技术，财务总监陆威先生是高级会计师，拥有丰富的财务经验，以他们为核心的团队必将为公司在市场中抢占一席之地。同时，公

① 资料来源：https：//baijiahao. baidu. com/s？ id = 1744221147605401737&wfr = spider&for = pc。

司不断完善考核激励制度，先后推出两期股权激励计划，激励和稳定核心团队，共有 354 人获得股票期权的奖励，充分调动了骨干人员的积极性。

表 2.13 东方财富高级管理人员

姓名	职务	个人简历
其实	董事长、总经理	复旦大学博士研究生学历、博士学位。第十三届全国政协委员、中国民主建国会中央委员、中国证券投资基金业协会副会长、上海市信息化青年人才协会会长等社会职务
陈凯	副董事长、副总经理	工学博士，全国政协第十一届委员，全国青联第十一届常委。1997 年进入长江计算机集团公司工作，曾任集团二级企业部门经理、副总经理、长江计算机集团公司副总工程师兼下属上海长江科技发展有限公司总经理
史佳	董事、副总经理	复旦大学计算机及应用专业本科学历。曾任上海美宁计算机软件有限公司高级软件工程师、项目经理、产品经理
陆威	副总经理、财务总监	复旦大学高级工商管理硕士，高级会计师。曾任中国外运江苏集团出纳、海运、陆运结算，空运公司财务经理，中外运集装箱运输有限公司财务部资金计划科经理、财务部总经理助理、副总经理、总经理。有十多年大型中央集团企业财务管理经验以及公司上市经验，是中国会计学会会员、中国总会计师协会会员、上海市总会计师工作研究会会员

3. 在业务板块的扩张过程中，立足长尾客户给公司战略带来了哪些竞争力？

品牌价值与长尾市场客户粘性相辅相成。首先，经过多年的发展，东方财富凭借"东方财富网"这一互联网大平台不仅成为我国访问量最大、用户粘性最高的互联网平台之一，而且获得了投资者的高度认可，具有强大的品牌优势。市场认可的品牌优势与庞大的用户接入相辅相成，为企业拓展平台的服务范围和提高服务质量奠定了坚实的基础。其次，公司一直致力于巩固和提升访问指标和长尾用户方面的优势，并且始终高度重视品牌推广和宣传，促使品牌影响力和知名度进一步提高。这为公司未来实现战略转型和各项业务的发展起到积极的推动作用。

以技术领先为护城河，研发契合长尾客户需求产品。2019 年，公司新获得注册的商标 30 项，软件著作权 18 项，新增非专利技术 20 项。技术领先依赖研发高投入，公司高度重视科技赋能。2017～2019 年公司研发支出一直呈现上升趋势，从 1.82 亿元增加至 3 亿元。而且，其研发人员数量占比始终保持在 38% 左右，显著高于其他传统券商。对比其他券商，东方财富的研发投入占营业收入的比重也是较高的，2018 年达到 8.01%①。连续多年的高研发投入为东方财富各类软件、终端、平台的不断优化升级提供强有力的支撑，从而更好契合长尾客户的使用需求。

就东方财富而言，通过开发新产品、新工具，满足用户的需求，方便用户的使用，增强客户粘性，让公司的"护城河"更加宽阔。而技术研发的投入需要耗费大量的人力、物力、资本。根据《2019 全球创新企业 1000 强》中报告，阿里巴巴连续三年位居中国上市公司研发支出首位，其在 2018 年研发支出近 25 亿美元，研发强度 10.8%②。东方财富作为相对轻资产的互联网金融企业，能够常年保持大力度的投入研发，既体现了企业的高瞻远瞩，也是其始终以客户需求为导向的直接体现。

闭合的互联网金融生态，满足长尾市场需求。东方财富现阶段的战略以天天基金网、东方财富证券和东财基金管理公司为核心，是公司发展不可小觑的主体，同时也积极探索征信、小额贷款、期货、三方支付、私募投资、海外投资、保险代理等领域，并且进行了业务布局。若将东方财富现阶段的金融生态圈进行板块划分，可分为以下三个部分（如表 2.14 所示）。

表 2.14 东方财富金融生态圈划分

板块	具体布局
内容	东方财富网、天天基金网
社区	基金吧、股吧、私募社区
数据	Choice、东方财富通、投资大师
交易	东方财富证券、东方财富期货、东财国际
小额贷款、征信、理财	天天基金、优优私募

可以看出，东方财富正在往"一站式"金融平台战略递进，以长尾用户为中心，以满足长尾用户需求为目标，最大化用户转客户效率。毫无疑问，东方财富未来的战略目标就是打造一个流量可复用、可持续且闭环的金融生态圈，从而实现各板块协同，各渠道互通，占领长尾市场需求，将流量彻底变现。

---

① 资料来源：https：//www. eastmoney. com/。

② 资料来源：https：//baijiahao. baidu. com/s？ id = 1601053273490484060&wfr = spider&for = pc。

4. 在后续的竞争中，东方财富如何进一步强化自身竞争力，抓住长尾用户群？

产品长尾营销。在金融信息和数据服务领域，虽然东方财富在用户流量和粘性方面保持领先地位，但东方财富的东方财富网和 Choice 在金融数据服务业务上并没有表现出更大的竞争优势，公司的产品和服务质量还需进一步提高，未来应尽可能地拉长产品线，可将业务拓展至保险、信托、证券、资产管理公司等领域，提供"一站式"金融超市服务，扩大产品服务范围，全面地为客户提供投资、财富管理、保险保障等产品和服务。

广告长尾营销。东方财富可以尝试在三大流量门户的基础上主动增加曝光量，将产品信息通过各种信息渠道传播给潜在长尾客户。例如，通过微博、论坛社区、BBS、搜索引擎、广告推送、邮件推送等方式获取大量的用户资源。另外，增加研发互联网技术方面的投入，不断降低业务成本，增加对客户的吸引力，优化客户体验，提升用户规模和增加交易频率，发展巩固零售客户群，从而延展互联网金融市场的长尾。同时，还可以发展战略联盟，与同行业或跨行业的龙头企业开展战略合作，实现流量共享、能力建设，获取超额利润。东方财富已与工商银行签订的业务合作框架协议，可以与银行系统股东或金融控股集团合作，实现资本端、资产端等多重协同；与领先科技公司合作，共同发展智能投资咨询业务；利用股东的行业背景进行产业赋能和资源整合等，同时可以考虑进入战略联盟中的第三方服务类别，引入场景分流策略（如携程、途虎养车等），全面打通第三方搭建场景，在拓展客户来源渠道的同时，帮助客户感受投资产品的氛围，激发客户的投资兴趣，成功打造平台、商户、用户、第三方合作伙伴的四方共赢。

客户长尾营销。东方财富可以根据用户的交易规模、交易频率建立多层次的收费标准，也可以通过定期举办优惠活动、推送相关产品服务，刺激用户选择更多的产品服务，增加用户交易频率；还可以通过降低平台佣金支出刺激用户的重复消费，从而达到加厚互联网金融市场长尾的目的。

5. 东方财富持续发展的内在机制和逻辑思维是什么？

基于长尾理论，东方财富始终定位长尾客户，占据互联网金融长尾市场，实现自身的规模扩张。创立之初，东方财富卡位互联网金融资讯端口，完成长尾用户流量的原始积累。然后依托核心庞大客户流量，公司不断延伸业务链，满足长尾客户不同需求，实现流量变现。通过流量变现手段的迭代，公司营业收入结构持续升级，业绩成长性得以保障。公司各项业务均围绕"互联网金融服务平台综合运营商"的定位展开，使得业绩与金融市场行情高度相关（如图 2.20 所示）。

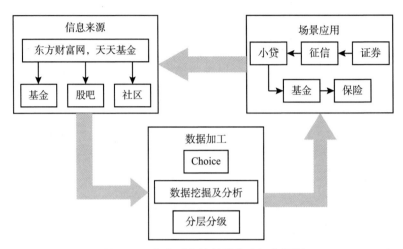

图 2.20 东方财富的长尾战略运作逻辑

流量变现之一：基金代销业务是东方财富变现流量的重要一步，也是打造互联网金融生态圈的关键之举。东方财富旗下的天天基金网，依托东方财富网积累的海量用户资源和良好的品牌形象，提供"一站式"互联网自助基金交易服务。2007 年成立之初，天天基金网首创"开放式基金盘中估算净值"功能，为基金投资者提供最及时的收益信息，以此奠定了品牌知名度和流量先发优势。2012 年 2 月，天天基金网获得首批基金销售业务资格，正式开展基金第三方销售服务业务。2013 年 6 月，天天基金网推出"活期宝"账户，方便投资人自主优选货币基金产品，从而在货币基金销售市场占据一席之地。

流量变现之二：证券业务市场占有率提升是大势所趋。互联网券商的兴起加快了证券行业的转型，尤其是经纪业务的转型。互联网券商对于证券业经纪业务的冲击过程主要分为四步：（1）计算机及互联网发展、交易制度改革、分业经营突破，共同促使互联网券商兴起；（2）互联网券商无须像传统券商那样设立密集的营业厅，因而营业成本低于传统券商，进而通过低佣金将节约的成本回馈给客户；（3）便捷的交易方式和低廉的佣金刺激了投资者的线上交易热情，促使互联网券商的交易量迅速提升；（4）传统券商的经纪业务收入承压，开始向线上转型，但此时互联网流量红利已所剩不多，监管层也在同步收紧交易制度，最终导致传统券商无法夺回市场份额。

受此影响，行业佣金率长期下行，长尾客户需求引发更多的关注。为此，券商经纪业务线将加速由交易通道向财富管理服务提供者转型，通过代销金融产品、提供理财服务来拓宽收入来源，以弥补经纪业务收入增长乏力带来的业绩压力。

流量变现之三：构建金融生态圈，探索新的优质赛道。东方财富积极布局新业务，延伸和完善业务链条，探索新的流量变现机会。具体来看，其在征信服务、保险代理、视频直播、网络技术等业务上均有所发展：已参股易真股份获第三方支付牌照；设立东方财富征信有限公司发展征信服务业务；设立保险代理公司涉足保险领域；通过浪客网络科技有限公司布局视频直播平台运营业务；设立南京东方财富信息技术有限公司提供计算机软件及网络系统技术。2019年5月，公司完成了对众心保险经纪100%股权收购及增资工作，间接获得保险牌照；2019年6月，公司旗下的上海优优财富完成私募基金管理人备案登记，进军私募基金管理行业。未来公司将进一步兑现综合金融服务平台的定位，持续获取新的流量变现渠道。

6. 东方财富未来可能会面临什么样的风险？

东方财富收入来源受市场波动影响较大。一方面，由于互联网金融信息服务业是随着经济与技术的发展，使人们投资热情得到了提升，由此金融资讯、信息与数据的需求也随之提升而诞生的行业，后期拓展出的基金代销与证券业务依然与市场环境、人们的投资热情息息相关，所以互联网金融信息服务公司的收入天然对市场变动的敏感性较高。东方财富也具有这样的特点，其净利润在2016年股市寒冬的这一年出现了大幅度的下滑，下滑的幅度达到了61.5%，2017年也依然没有扭转下跌的趋势，净利润下跌了10.9%。

互联网金融信息服务领域中的大部分企业在2016年都遇到了不同程度的发展问题。如何在市场环境不好、消费者投资热情减弱的背景下依然维持公司的稳定发展，是互联网金融信息服务公司非常关心的问题，这与公司盈利模式息息相关。具有合理的盈利模式，对于公司发现长尾用户并刺激其需求以及提高营业收入的抗风险能力是非常重要的。

移动互联网时代，表现不理想。当前已经进入了移动互联网时代，人们与互联网接触的时间中相当一部分从电脑转移到了移动设备上，随之各大公司都展开了对于移动市场的激烈争夺，并且不断有新的创业公司加入竞争。在苹果应用市场下载排名与评分排名数据中，东方财富并不靠前，已经被竞争对手赶超，甚至一些新兴的创业公司在某些方面已经超过了东方财富。对于移动市场的占有不足，直接表现在自身移动产品的下载量与用户的使用时长上，而这两个指标又直接影响到有多少用户购买自身的增值付费产品。在当前的市场环境下，在移动市场的表现会直接影响到公司金融数据服务收入与广告收入。

五、关键要点

1. 关键点：本案例强化学生对互联网企业商业模式创新的理解，与传统企业认为的"二八"定律不同，互联网的快速发展促使产品种类指数型增长，省去的中间环节节省了交易成本，长尾理论应运而生，需求较小但基数庞大的尾部产品所占据的市场份额完全可以达到需求较大但基数较小的头部热门产品市场份额水平。本文以东方财富为例，分析了其在从垂直的金融信息服务网站到一体式平台的飞跃式发展过程中关注长尾用户所起的作用，使学生更加准确地理解长尾理论。

2. 关键知识点：长尾理论；长尾的三种改进方式；长尾理论在互联网金融中的运用；基于长尾市场 SWOT 分析的战略选择。

3. 能力点：分析上市公司财务报表和统计图表的能力；逻辑思维判断能力；多维度批判性思维的能力；运用所学专业理论知识分析和解决问题的能力；基于内部发展情况和外部环境预测未来可能产生的风险及解决策略。

六、建议课堂计划

本案例可以作为专门的讨论课来进行，课堂时间为 90 分钟。

1. 课前准备：课前将相关资料传输给学生，让学生对长尾理论和东方财富有大致的了解，资料为《互联网金融发展的驱动因素和策略——基于长尾理论视角》和东方财富 2015～2019 年年报。

2. 课中计划：

（1）案例回顾（20 分钟）：介绍东方财富的发展历程及其现状。

（2）小组讨论（20 分钟）：从东方财富的发展历程中得到的启示。

（3）知识点梳理（30 分钟）：分析其不断壮大过程中长尾理论的应用。

（4）问答与机动（20 分钟）：学生答疑。

（5）模拟创业沙盘（120 分钟）：学生根据市场情况分析，模拟创建类似公司发展战略计划书。

3. 课后计划：请学生运用理论或者某一方法对某一企业的某事件进行分析，完成一篇案例分析报告，论点明确、论据充分、论证有力，报告和结论要有价值，字数不限。

七、其他教学支持

1. 教学材料：

案例正文电子版、纸质版，教学 PPT（包括案例内容和相关理论知识）。

2. 教学设备：

多媒体教学设备（包括投影仪、投影、多媒体计算机、扩音器等），每位同学自备电脑，传统教学设备（包括粉笔或白板笔、板擦等）。

3. 教学场地：

多媒体教室（有足够电源插座），能上网。

八、参 考 文 献

［1］霍兵，张延良. 互联网金融发展的驱动因素和策略——基于长尾理论视角［J］. 宏观经济研究，2015（2）：86 – 93 + 108.

［2］卜华白，高阳. 互联网背景下的商业运营模式研究——"长尾理论"对传统商业运营模式的革命［J］. 生产力研究，2008（13）：58 – 60.

［3］许晓婷. 场景理论：移动互联网时代的连接变革［J］. 今传媒，2016，24（8）：85 – 86.

［4］李巧明，李文军. 金融信息服务上市公司运营分析［J］. 江苏商论，2020（5）：69 – 74.

［5］东方财富：流量龙头地位巩固［J］. 股市动态分析，2019（19）：45.

［6］王开洁，王明. 电子商务市场长尾现象研究述评与展望［J］. 技术经济与管理研究，2020（4）：60 – 66.

［7］Altman E I，Marco G and Varetto F. Corporate distress diagnosis：Comparisons using linear discriminate analysis and neural networks（the italian experience）［J］. Journal of Banking and Finance，1994，18：505 – 529.

［8］Huang X，Li X L，Yu Y，Zheng X R. Integration of bricolage and institutional entrepreneurship for internet finance：Alibaba's yu'e bao［J］. Journal of

Global Information Management, 2019, 27 (2): 1 – 23.

［9］ Li S P, Liu X H, Wang C R. The influence of internet finance on the sustainable development of the financial ecosystem in China ［J］. Sustainability, 2020, 12 (6): 2365.

［10］ Hornuf L, Schwien bacher A. Internet-based entrepreneurial finance: Lessons from Germany ［J］. California Management Review, 2018, 2 (60): 150 – 175.

案例三 "碳"何容易?

——揭秘碳市场背后的
复杂金融逻辑[*]

案例摘要

"碳达峰""碳中和"引发了社会对于绿色发展和可持续发展的关注。碳市场的建设也正如火如荼地开展。碳市场是基于经济外部性理论、科斯定理和帕累托最优等经济学原理,运用市场制度解决资源配置,以期实现节能减排目标的绿色金融市场。本案例以一家控排企业老板的视角,回顾了中国碳市场的发展历程、讲述了碳市场的运作模式、介绍了碳市场的原生产品和衍生产品、分析了影响碳价的因素,最后借鉴国际碳市场发展的经验,为我国碳市场的建设提供了相应建议。

案例分析

0 引 言

"中国将加强生态文明建设,加快调整优化产业结构、能源结构,倡导绿

---

  * 本案例获得全国金融硕士教学案例大赛优秀案例奖,本案例由苏州科技大学商学院的刘霞、段姝、赵扬、李俏、程玉佳、何文涵、姚江涛撰写,作者拥有著作权中的署名权、修改权、改编权。本案例只供课堂讨论之用,并无意暗示或说明某种行为是否有效,且不构成投资建议。

色低碳的生产生活方式。我已经宣布，中国力争于 2030 年前二氧化碳排放达到峰值、2060 年前实现碳中和。实现这个目标，中国需要付出极其艰巨的努力。我们认为，只要是对全人类有益的事情，中国就应该义不容辞地做，并且做好……"

这是习近平主席在 2021 年 1 月 25 日世界经济论坛"达沃斯议程"对话会上的特别致辞，北京某钢铁公司老板老黄打开窗户，深吸了一口气，情不自禁道："少了点二氧化碳，空气确实有点甜啊！"

随后 2021 年的两会政府工作报告中提到的"碳达峰""碳中和"迅速成为高频热词，何谓"碳达峰""碳中和"？为什么突然就"火了"？碳中和、碳达峰两个概念中的"碳"，实际上都是指二氧化碳，特别是人类生产活动产生的二氧化碳。碳达峰是指二氧化碳排放总量在某一个时间点达到历史峰值，这个时间点并非一个特定的时间点，而是一个平台期，其间碳排放总量依然会有波动，但总体趋势平缓，之后碳排放总量会逐渐稳步回落。碳中和则是指企业、团体或个人在一定时期内直接或间接产生的二氧化碳排放总量，通过二氧化碳去除手段，如植树造林、节能减排、产业调整等，抵消掉这部分碳排放，达到"净零排放"的目的。科学数据证明，当前严重威胁人类生存与发展的气候变化主要是工业革命以来人类活动造成的二氧化碳排放所致。应对气候变化的关键在于"控碳"，其必由之路是先实现碳达峰，而后实现碳中和。但是由于各国经济发展与二氧化碳排放密切相关，限制碳排放必然对经济发展产生重大影响。那么如何才能实现经济的可持续发展，变绿水青山为"金山银山"呢？

从 2013 年被纳入北京碳市场控排企业，老黄的企业从当初的满头雾水，再到过程的随波逐流，最后经过艰难转型后拥有首屈一指的减排技术。老黄很感激碳市场的建立，碳市场一方面让老黄的企业技术革新、转型成功，另一方面让作为普通企业家的老黄为国家减排目标贡献了自己的一份力量。那么碳市场到底是什么？碳市场是如何促进老黄的企业技术创新、节能减排的？碳市场为什么能助力实现"碳达峰""碳中和"？又是怎么促进这些目标实现的？目前世界各国碳市场发展如何？中国的碳市场发展现状怎样？还有哪些问题亟待解决？作为企业家的老黄，又该如何同碳市场一起面对未来的挑战？

让我们跟随老黄走进碳市场的世界，揭秘碳市场背后复杂的金融逻辑，探索可持续发展新路径。思绪飘回 2013 年，那时的环境……

1 风起云涌

工作日，老黄的钢铁企业排放着滚滚浓烟，外面冷风飕飕。"大家加油干，年末给大家多发奖金。"老黄的鼓舞让企业内部热火朝天。

老黄的钢铁企业从成立至 2013 年，规模不断扩大，效益不断上升，而代价是大量资源的消耗以及温室气体尤其是二氧化碳的过量排放。世界各国经济在不断发展，但是发展的背后是环境的恶化（见图 3.1）。温室气体带来的全球气候异常，使人们开始关注二氧化碳的过度排放问题，并寻求解决办法。

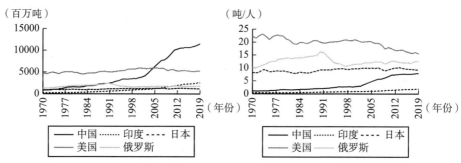

图 3.1 全球重点国家的碳排放总量情况（左）和人均碳排放情况（右）

资料来源：EDGAR。

1992 年的《联合国气候变化框架公约》标志着碳排放权交易体系的开端；随后，1997 年签订的《京都议定书》，首次以法规的形式限制温室气体的排放，构建了应对气候变化的国际制度框架，由此开启了碳交易的大门。

随着国际碳市场的日趋成熟，我国也于 2012 年起开始搭建自己的碳排放权交易体系。2009 年我国政府向国际社会承诺，到 2020 年我国单位国内生产总值的二氧化碳排放要比 2005 年下降 40% ~ 45%。在此背景下，2011 年 11 月，北京、天津、上海、重庆、广东、深圳及湖北七个省（市）开展碳排放交易试点工作，并且这七个碳交易试点市场均于 2014 年启动。

相比于国外，我国碳市场的发展进度相对落后，碳定价机制不成熟，碳市场制度有待完善，也没有碳税的介入，因此在未来还有很大发展的空间。

2 卷入风浪

2013 年 12 月 27 日下午 2 点，外面的天气虽冷，但阳光甚好，老黄同往常一样，端着杯茶仔细审阅公司最近的文件。

"大事不好了，老板！"一声惊呼打破了这宁静，老黄微微皱了下眉头，看着慌慌张张闯进门的秘书，不禁开口"遇到万事不要慌！先平复好心态！"

深谙老板性情的秘书，努力调整好呼吸后，将政府刚下达的文件交给老黄，语速适中却依旧微微颤抖："老板，我们企业被纳入控排企业了，国家马上要分发碳配额了。"

云彩微微遮住了太阳，刺眼的阳光一时间消失。老黄仅仅失神了 1 秒钟，便恢复常态。"我知道了，我来解决。"待秘书退出办公室，老黄打开电脑，输入了三个大字——碳配额。

2.1 碳配额来了：配额分配机制

所谓碳排放配额（简称"碳配额"），是政府基于总量控制原则，依据配额分配方法，免费或有偿分配给重点排放单位的排放权益标的，属于重点排放单位的资产，具有很强的稀缺性。老黄不禁产生疑问：政府分配碳配额的原则是什么？政府用什么方式分配碳配额呢？我能得到多少碳配额呢？

政府分配碳配额主要基于三个原则：有效、公平及效率。有效指的是实现减排目标，避免排放的泄漏或转移；公平指的是坚持共同但有区别的原则，防止出现"鞭打快牛"等不公平现象发生；效率原则强调实施碳配额分配的国家或地区所能实现的最小成本和最大收益。

碳配额初始分配主要包括两类：一是免费分配；二是拍卖分配。

免费分配包括历史法和基准线法。其中历史法是免费分配中最常用的一种方法，是基于历史排放量分配配额的一种方式，即先设定一段时间或某一年为基准期，然后根据受规制的各行业在历史基准期的排放情况来决定它们的配额分配数量。基准线法是先设定一个基准，然后根据受规制的各个企业实际排放量和该基准相乘之积来决定配额分配量，该基准可以是行业内的平均排放量、燃料消耗量或者是单位生产产量。

拍卖分配法是指根据"污染者付费"的原则，受规制的各个企业要对配额的取得支付相应的对价，承担减排费用；同时，政府在获取拍卖收入之后，将拍卖所得投入相关部门，实现良性的循环发展。

如表 3.1 所示，老黄所处的北京目前是免费分配和拍卖分配相结合，年度预留 5% 的额度来拍卖，而免费分配中采用历史法和基准线法相结合，其中供热及火力发电企业采用基准线法，其他企业采用历史法。由于采取历史法，老黄的钢铁公司拥有的碳配额虽然不少，但考虑到今年要扩大生产需要多排放二氧化碳，必然远超配额，老黄忍不住揉了揉太阳穴，微微有点头痛。配额不足怎么办呢？碳排放权可以购买吗？交易市场又是什么样的呢？

表 3.1   试点市场碳排放权分配机制

方式	北京	天津	上海	重庆	湖北	广东	深圳
免费分配	历史法＋基准线法	历史法＋基准线法	历史法＋基准线法	历史法	历史法＋基准线法	历史法＋基准线法	基准线法
拍卖分配	年度预留5%拍卖	价格波动明显时执行拍卖或固定价格出售	适时推行履约期拍卖	未实施	年度预留30%拍卖	电力5%，其他行业3%	年度预留3%用于履约期拍卖

2.2 初识碳市场：市场交易机制

碳市场就是以二氧化碳排放权为主的交易市场。在《京都议定书》的法律约束条件下，碳排放权成为一种稀缺资源，具备了商品的价值以及交易的可能性。

碳市场作为一个新兴的市场，其特殊性在于同时具有"人为性""金融性""基础性"。一方面，碳市场是一个完全由人为规定而形成的市场。大气层吸收二氧化碳一直是一种天然的免费资源，而碳市场将这种资源转变成付费资源，并通过市场机制来配置。作为一种"人为市场"，碳市场始终是自上而下的制度设计，有效的碳市场离不开国家顶层的制度设计。交易制度设计包括减排目标及范围、配额确定及分配、灵活机制和成本控制、机制运行管理制度等，核心是温室气体排放的总量控制和排放者的强制减排约束，否则排放权就不具有稀缺性，碳交易便也不存在。另一方面，碳交易的标的物是碳排放权，属于虚拟资产，类似于信用货币。排放权的商品属性和信用属性是建立在国内外法律强制力的基础上，不像原油等商品不需要任何政府背书就天然拥有稳定的价值基础。所以，排放权具有货币属性，碳市场的本质是一个金融市场，具有"金融性"。更重要的是，由于目前经济体系对化石能源的依赖，减排直接影响着几乎所有经济主体的成本结构，涉及整个价格体系，因而碳交易机制是市场经济制度的重要组成，是配置资源的基础制度，具有很强的"基础性"。

碳市场也有其一般性，同股票和债券市场一样，包括一级市场和二级市场，一级市场是发行市场，二级市场是交易市场。其中一级市场创造两类基础碳资产，即碳排放权配额和项目减排量。碳配额主要通过政府免费分配和拍卖分配两种途径产生；项目减排量的产生则需根据相应方法学完成项目审定、监测核证、项目备案和减排量签发等一系列复杂的程序。当碳配额或项目减排量完成在注册登记簿的注册程序后，就变成了其持有机构能正式交易、履约和使用的碳资产。二级市场是碳资产及相关衍生产品交易流通的市场，提供整个市场的流动性。二级市场又分为场内交易市场和场外交易市场两部分。场内交易是指在集中的交易场所（如经认可的交易所或电子交易平台）进行的碳资产交易，这种交易具有固定的交易场所和交易时间，公开透明的交易规则，是一种规范化、有组织的交易形式，交易价格主要通过竞价等方式确定；场外交易又称为柜台交易，指在交易场所以外进行的各种碳资产交易活动，采取非竞价的交易方式，价格由交易双方协商确定。二级市场通过场内或场外的交易，能够汇聚相关市场主体和各类资产，从而发现交易对手、发现价格，以及完成货银的交付清算等。此外，二级市场还可以通过引入各类碳金融交易产品及服务，提高市场流动性，为参与者提供对冲风险和套期保值的途径。

浏览了很长时间，老黄对整个碳市场有了大致的了解。

3 随波逐流

不懂就问，老黄不仅向身边的同行学习，还与同在试点的广东同行交流关于碳市场的看法。

为暂时解决企业的需求，老黄准备进入碳市场购买碳配额。进入碳排放权交易中心，老黄看着目前北京的碳价为 50 元，朋友谈起广东的碳价仅仅 11 元，老黄不禁产生疑惑，不同的试点价格竟相差这么大？

3.1 再识碳市场之一：不一样的碳价

老黄通过互联网首先了解了自己所在北京的碳市场交易规则，北京的交易方式有公开交易和协议转让两种，公开交易的每日涨跌限制为正负20%。同时，如果企业在年末的排放量超过了手中的碳配额，需缴纳超额排放量乘以市场均价 3～5 倍的罚款。老黄又进入广东碳排放交易所的官方网站，发现广东的碳市场交易方式为挂牌点选和协议转让，挂牌点选的每日涨跌限制正负 10%，同时广东的惩罚制度为下一年度扣除未足额清缴部分的 2 倍配额并处 5 万元罚款（七个试点市场交易制度和惩罚制度如表 3.2 和表 3.3 所示）。惩罚制度不同，会导致碳价不一样吗？

表 3.2 七个试点市场交易制度汇总

省（市）	交易主体	交易方式	碳金融工具	涨跌限制	结算模式
北京	减排单位、投资机构，2014 年起允许自然人交易	公开交易、协议转让	碳配额场外期权、远期、结构化产品	公开交易：20%	T+3
天津	减排单位、国内外机构、其他组织和个人	拍卖交易、协议交易	碳排放权现货交易、CCER 交易	10%	—
上海	减排单位、其他组织和个人	挂牌交易、协议转让	配额远期、碳交易、CCER 质押	最初 30%，随后变更为 10%	T+1
重庆	减排单位、其他组织和个人	协议转让	碳排放权现货交易	20%	T+1
广东	减排单位、投资机构、其他组织和个人	挂牌点选、协议转让	配额抵押融资、法人账户透支	挂牌竞价，挂牌点选：10%	T+1
湖北	国内外机构、企业、组织和个人	协商议价转让、定价转让	碳配额托管、碳排放权现货交易、远期	协商议价：10%；定价转让：30%	—
深圳	减排机构，投资机构，自然人	电子竞价、定价点选、大宗交易	碳债券、碳减排项目投资基金	一般交易：10%；大宗交易：30%	T+5

表 3.3 七个试点市场惩罚制度汇总

省（市）	对未履约行为的惩罚	对违反其他规定行为的惩罚
北京	超额排放量乘以市场均价 3～5 倍的罚款	违规处 5 万元以下罚款
天津	责令整改，3 年内不得享受政府优惠政策	责令整改

续表

省（市）	对未履约行为的惩罚	对违反其他规定行为的惩罚
上海	5 万元以上 10 万元以下罚款	违规行为纳入信用记录，取消相关专项支持
重庆	超额排放量乘以市场均价 3 倍的罚款，3 年内不得享受节能环保及应对气候变化等方面的财政补助资金以及相关评先评优活动	未按规定报告或核查处 2 万～5 万元罚款，虚报处 3 万～5 万元罚款
广东	下一年度扣除未足额清缴部分的 2 倍配额，处 5 万元罚款	未按规定报告或核查处 1 万～3 万元罚款，其他违规行为处 1 万～5 万元罚款
湖北	超额排放量处 1 倍以上 3 倍以下，但最高不超过 15 万元的罚款，并在下一年度配额分配中双倍扣除	违规处 1 万～15 万元罚款
深圳	超额排放量乘以履约当月前六个月市场平均价格 3 倍的罚款，下一年度扣除未足额清缴部分	违规处 5 万～10 万元罚款

市场惩罚制度对碳价是有一定影响的，惩罚严格的市场碳价会更高，惩罚不严格的市场碳价会相对较低。如果北京碳市场惩罚制度不够严格，老黄会想，即使最后不按政府分配的碳配额履约，也不会有很大的损失，所以没必要去市场购买碳配额来填补差额。但北京的惩罚制度严格，所以老黄考虑到不履约的成本太大，还是老老实实购买配额吧。

老黄带着疑问继续对北京和广东两地碳市场的相关规则进行了解，却发现一个意外惊喜，那就是 CCER。CCER 是指中国核证自愿减排量，由中国境内的碳减排项目经政府批准备案后所产生的自愿减排量，纳入的试点企业可以通过在市场购买 CCER 来抵消超额排放的二氧化碳，1 个 CCER 等同于 1 个配额，可以抵消 1 吨二氧化碳的排放，这又是解决碳配额不足的一个方法。

不同的试点市场，CCER 可以抵消配额的比例不同，如表 3.4 所示，北京的抵消比例不能超过 5%，而广东不能超过 10%。是不同的抵消制度造成碳价有如此差异吗？

表 3.4   七个试点市场抵消制度汇总

省（市）	CCER 的抵消比例	CCER 的区域限制	CCER 的项目限制
北京	不高于 5%，且京外项目目不超过当年核发配额量的 2.5%	本市 CCER 占比 50% 以上；优先使用河北、天津的 CCER	水电、工业气体项目；林业碳汇；CCER 须在 2013 年 1 月 1 日后产生
天津	不高于 10%	无	CCER 须在 2013 年 1 月 1 日后产生
上海	2013～2015 年，抵消比例不高于 5%；2016 年后不超过 1%	无	2016 年以后，CCER 须为非水电项目且产生于 2013 年 1 月 1 日后
重庆	不高于 8%	无强制，但鼓励本地 CCER	清洁能源；非水可再生能源；碳汇；工业、农业、废物处理行业等减排项目；2010 年 12 月 31 日后的 CCER
广东	不高于 10%	省外 CCER 比例不高于 30%	林业碳汇
湖北	不高于 10%	全部 CCER 须为本省小型水电项目；优先使用农林类	项目产生的 CCER
深圳	不高于 10%	本市产生的 CCER 不可用	新能源；可再生能源；林业碳汇；清洁交通、海洋固碳以及农业减排项目

抵消比例的大小确实也会影响碳价，同时也关系到企业减排成本和减排积极性问题。从国内外碳交易实践来看，自愿减排量的成交价格往往低于配额价格。因此，如果抵消比例过大，企业就偏向于购买 CCER 以抵消其超额排放，对碳配额的需求就会减少，碳价就会降低，并且减排的积极性也会降低；如果抵消比例过小，企业就要购买配额，导致配额需求增加，碳价升高；或者企业也可以选择加大减排，从而企业减排成本或压力更大。所以，抵消比例的设置应当均衡考量各种因素。此外，抵消条件越严格，纳入碳交易的企业的减排成本就越大，减排效果就越明显。相较于抵消条件严格的试点而言，抵消条件不作限制的试点内企业的减排成本相对较低、减排效果相对较差。

随着老黄进一步了解，除了市场的惩罚制度和抵消制度对碳价有影响外，分配制度以及储存制度也会对碳价有一定的影响。免费分配方式会使碳价较为低迷，而拍卖分配会使碳价更接近其价值；可储存制度能够促使企业更灵活地使用碳配额，使碳价相对降低。

3.2 再识碳市场之二：影响碳价的因素

随后的几年里老黄一直在市场上购买碳配额，但发现碳配额价格波动很大（七大试点市场碳价波动如图3.2所示），这增加了老黄企业成本的不确定性，增大了风险。碳价波动为什么这么大？还有哪些因素导致了如此的波动？老黄急切地想弄清楚。

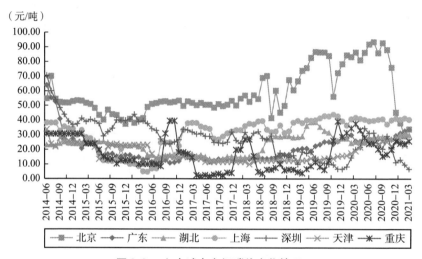

图3.2 七个试点市场碳价变化情况

资料来源：Wind 数据库。

碳价的波动影响因素主要分供给侧因素、需求侧因素和政策因素（如图3.3所示）。

供给侧因素主要是通过影响碳配额的供给进而对碳排放权价格产生影响，其中包括碳配额机制、跨期储备机制和减排技术。政府制定的碳配额的总额度及碳配额的分配方式，直接影响了碳排放权配额的供给水平，从而影响了碳排放权交易市场的交易价格。如果碳配额分配总量小，各企业获得的碳配额量减少，导致分配量不能够满足企业的生产实际排放量，企业会进入碳排放权交易二级市场，购买不足的碳排放权配额，从而引起碳价格的波动。同时，碳配额分配方式的不同，会影响不同企业的碳配额的供给量，从而间接影响碳配额供给的合理度以及企业减排的积极性，从而影响交易价格。跨期储备制度的设定

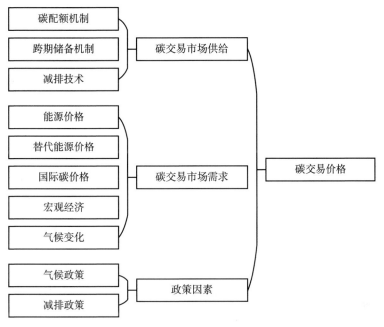

图 3.3　造成碳价波动的因素

影响了前一期多余碳排放额的处理方式，如果允许进行跨期储备，则企业将多余的碳排放额进行储备，不会对碳市场价格产生较大的冲击；如果不允许进行跨期储备，则导致各个企业纷纷将多余的碳排放额在二级市场上销售，碳配额供给量的增加，会引起碳配额市场供给与需求失衡，导致价格剧烈下降。例如，欧盟在 2006 年规定不允许进行跨期储备，导致 2007 年未使用的碳配额大量兜售，碳交易价格急剧下降，下跌了将近 50%。企业进行减排技术改进，会影响碳配额的供给水平。如果企业采取了减排技术，自身企业排放量降低，会将多余的碳排放权配额进行交易，从而增加碳排放权的供应量，导致碳价下降。但是减排技术与企业的减排成本息息相关，只有在减排技术成本低于进行碳排放权交易获取的利润时，企业才会选择改进减排技术。如果改进碳减排的技术成本比进行碳排放额卖出获得利润低，企业会选择在市场上买入碳配额，而不进行碳减排技术改进。因此，一方面，碳减排技术的改进会影响市场上碳价格的波动；另一方面，碳价格的波动，又会影响企业进行技术创新的积极性。

而需求侧因素主要有：能源价格因素、宏观经济因素、气候变化因素。

能源价格的变化对碳排放权的需求起着关键作用。当石油、煤炭、天然气等能源价格上升时，各行业对这些能源的需求量降低，从而导致对碳排放权需求量的降低，碳排放权价格下降；当石油、煤炭、天然气等能源价格下降时，各行业对这些能源的需求量增加，导致二氧化碳排放量增加，从而对碳排放权需求增加，碳排放权价格上升。同时，风能、水能、太阳能等清洁能源的使用与推广，对化石能源的使用具有高度替代作用，其价格的变化会导致对碳排放权需求的剧烈变动，从而影响碳排放权的价格波动。国际碳价格的变化以及国际能源价格的波动，会导致中国能源及相关产品的进出口变动，从而影响国内碳排放权的需求量变化，导致碳价格剧烈波动。

宏观经济因素也会影响碳排放权的交易。当经济处于上行期，企业会扩大再生产，加大对化石能源的需求量，导致一些重化工业等行业企业对碳排放额的需求急剧加大，碳排放权配额的需求大于供给，导致碳排放权价格剧烈波动，不断上升；当经济处于下行期，企业会缩减生产规模，对化石能源、碳排放权的需求减少，导致碳排放权配额供给大于需求，碳交易价格急剧下降。同时，参与碳市场交易的金融机构、投资者等，会根据经济的发展作出对碳价格的预期，从而进行投资活动，巨额资金的进入与退出碳市场，对碳交易价格会产生巨大的冲击，导致碳交易价格剧烈波动。

气候变化会影响碳价格波动。一方面，全球变暖导致世界各国纷纷进行国际环境合作，规定了碳减排量的任务，并纷纷采取减排措施，导致碳排放权价格产生剧烈波动；另一方面，气温、雨量、风速等气候变化会间接影响碳价格波动。当温度降低或升高，居民对电力、取暖的需求会发生变化，从而影响发电企业对化石能源的需求，导致对碳排放权配额的需求变化，引起碳排放权价格的波动；雨量、风速的变化，会影响水能、风能发电，间接影响化石能源的需求量，影响碳价格波动。

碳市场由政府建立并主导，相关政策制度的颁布或调整都将从根本上影响碳排放价格。一方面，气候政策的改变是影响碳价变化的最重要外部因素之一，另一方面，与低碳技术相关的减排政策也会对碳价产生影响，例如，政府向升级减排技术的企业发放补贴、减免税收等政策的出台，使得企业更倾向于更新技术设备，进而降低了企业的碳排放量和碳排放权需求，从而影响碳价。然而，这种影响是一个长期且间接的过程。

4 直面风波

碳配额现货的价格波动让老黄很头疼：如何锁定价格，降低不确定性呢？

一次偶然的机会，老黄在新闻上看到上海碳配额远期合约已经开始交易了。

4.1 适应碳市场：套期保值定碳价

上海碳配额远期是以上海碳排放配额为标的、以人民币计价和交易的、在约定的未来某一日期清算、结算的远期协议。远期合约按照标的资产分类有三种，分别是无收益资产远期合约、支付已知现金收益资产远期合约和支付已知收益率资产远期合约。碳配额与黄金、股票、债券不同，它属于无收益资产，所以碳配额远期合约定价遵循无收益资产远期合约定价的原理。

碳配额远期的主要作用在于帮助控排企业规避现货价格波动风险，将价格风险降低到最低限度，实现套期保值。老黄如果认为今年企业履约缺口较大，预计需购入碳配额现货 10 万吨进行清缴履约，但由于担心价格波动较大，老黄可以先买入 1000 个碳配额远期（一个碳配额远期有 100 吨碳配额），假设约定价格为 36 元/吨。那么等交割的时候，现货价格可能高于 36 元/吨，也可能低于 36 元/吨，表 3.5 假设了两种不同的情况。

表 3.5　　　　　　　　不同情况下套期保值效果比较　　　　　　　单位：元

每吨现货价格	现货市场支出	远期市场盈余	实际支出
38	3800000	＋200000	3600000
34	3400000	－200000	3600000

因此，无论现货市场价格是上涨还是下跌，通过碳配额远期进行套期保值，老黄都能成功锁定 36 元/吨的成本，从而消除价格变动的不利影响。

除了锁定成本，碳配额远期还可以进行套利交易，套利交易是指同时买进或卖出两个期限不同的远期协议，控排企业从两个协议价格间的变动关系中获利。套利交易分跨期套利和跨品种套利。目前，在上海碳配额远期交易中主要是跨期套利，即利用碳配额远期不同交割月份之间正常价格差距出现异常变化时进行对冲获利。未来随着 CCER 远期的推出，老黄可以尝试跨品种套利。当远期市场看涨时，买入近期交割月份的远期协议，同时卖出远期交割月份的远期协议，希望近期协议价格上涨幅度大于远期协议价格的上涨幅度；而当远期价格看跌时则相反，即卖出近期交割月份协议，买入远期交割月份协议，并期望远期协议价格下跌幅度小于近期协议的价格下跌幅度。表 3.6、表 3.7 分别是看涨和看跌情况下的套利情况。

表 3.6　　　　　　　　　　　　市场看涨情形下盈利分析

看涨情形		价差
7月1日	买入 10 个 8 月份到期的碳配额远期：价格 28 元/吨	卖出另外 10 个 11 月份到期的碳配额远期：价格 36 元/吨	8 元/吨
8月1日	卖出 10 个 8 月份到期的碳配额远期：价格 38 元/吨	买入 10 个 11 月份到期的碳配额远期：价格 40 元/吨	2 元/吨
套利结果	盈利 10 元/吨	亏损 4 元/吨	
净盈利 =（10 元/吨 – 4 元/吨）×1000 = 6000 元		

表 3.7　　　　　　　　　　　　市场看跌情形下盈利分析

看跌情形		价差
9月1日	卖出 10 个 11 月到期的碳配额远期：价格 34 元/吨	买入 10 个 12 月到期的碳配额远期：价格 36 元/吨	2 元/吨
10月1日	买入 10 个 11 月到期的碳配额远期：价格 31 元/吨	卖出 10 个 12 月到期的碳配额远期：价格 34 元/吨	3 元/吨
套利结果	盈利 3 元/吨	亏损 2 元/吨	
净盈利 =（3 元/吨 – 1 元/吨）×1000 = 1000 元		

　　因此，在市场看涨的情形下，卖出远期交割协议的同时，买入近期月交割份协议可以获利，且价差越大，风险越小，获利空间越大；在市场看跌的情形下，卖出近期交割月份协议，买入远期交割月份协议。

　　老黄在了解碳远期合约的原理后，终于知道如何利用它进行套期保值交易或者套利交易。但是生产过程中碳配额的多少不可能总是估计得很准确，这时，借碳交易进入了老黄的视野……

　　借碳交易是符合条件的配额借入方存入一定比例的初始保证金后，向符合条件的配额借出方借入配额并在交易所进行交易，待双方约定的借碳期限届满后，由借入方向借出方返还配额并支付约定收益的行为。其中，初始保证金为借碳金额的30%，计算公式为：初始保证金 = $\sum$（借碳数量×借碳价格）× 30%，交易所认为必要时，也可以调整初始保证金和保证金比例的标准，并向市场公布。借碳价格指借入方缴纳初始保证金当日的前一日收盘价。交易所借碳交易业务是对借碳双方的借碳交易提供交易权限管理。

就这样，老黄通过碳远期合约套期保值或者套利交易。当碳配额现货价格过高的时候，并且当时没有到期的远期合约可以交割，老黄同样可以采用借碳交易的方式，通过支付部分保证金以缓解不时之需，大大节约了成本。通过深入研究以及多次尝试，合理地利用好这些碳交易衍生工具后，碳价的波动影响在老黄面前也不过如此。

4.2　搏击碳市场：转型谋高质量发展

老黄虽然可以通过相关碳产品进行套期保值锁定成本或者套利交易赚取相关收益，但这不是解决问题的根本，基于企业长远的发展，以及国家对节能减排的重视程度，老黄知道要想在市场站稳脚跟，必须进行技术创新，加快转型。

从减排角度来看，碳市场是为了促使企业减少二氧化碳排放量的一种手段；从经济学角度看，碳市场是为了解决公共产品的外部性而采取的一种手段。科斯定理指出，外部不经济或者非效率等情形可以通过双方谈判而得到解决，最终达到帕累托最优。波特假说进一步提出，适当的环境管制将刺激技术革新，最终提高生产率。碳市场促使控排单位技术创新的机理具体如图 3.4 所示。

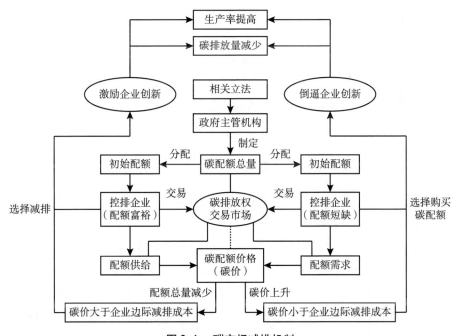

图 3.4　碳市场减排机制

为控制减排指标，主管机构会对投入市场的配额总量进行阶段性下调，以保证减排活动的进行。随着配额的减少，市场中碳权的稀缺性会越来越大，从而导致碳价的升高。而碳价的上涨会导致控排企业的生产成本上升，由此促使控排企业进行绿色技术创新与改造。在此基础上，碳配额又进一步下降，从而形成良性循环。当政府确定的碳配额减少时，控排企业在碳市场中可获得的配额也有所下降。由于配额供给的下降导致碳价的上涨，对于边际减排成本低于碳配额价格的控排单位来说，通过卖出多余的配额能够在碳市场获取利润，因此会激励控排企业减排；而对于边际减排成本高于碳配额价格的企业来说，为实现控排指标，可以在市场中购买配额。虽然购买配额比自身减排所造成的损失要小，但仍然会降低其自身的利润，从而对其有约束碳排放的作用。总体来说，配额供求双方的生产成本上升，配额供给方为获取利润，需求方为降低成本，都会寻求更优的减排技术，以改善自身经营与减排现状，使控排企业的绿色技术需求上升，在控排企业绿色技术创新与发展的基础上，碳排放量获得进一步的降低。由此政府能够再次降低碳配额总量，进而形成减排的循环机制。同时，在这一过程中，一方面，企业根据自己的具体需求，将碳排放权进行交易买卖，从而达到对资源的合理利用；另一方面，更多的创新活动提高了企业的生产力。

5 后记：乘风破浪的碳市场

随着老黄对中国碳市场的了解逐步深入，他对碳市场交易也越来越得心应手，随后他将目光移到了国外的碳市场，又发现了许多新鲜事物……

5.1 展望碳产品的新世界

国外基于碳排放权这一原生产品，还衍生出很多其他关于碳的金融产品工具，如碳配额期货、碳配额期权等。

期货是指由期货交易所统一制定的、规定在将来某一特定的时间和地点交割一定数量标的物的标准化合约。碳期货交易是公开进行的对远期交割二氧化碳的一种合约交易，在这个市场中集中了大量的市场供求信息，不同的人、在不同的地域以及对各种信息的不同理解，通过公开竞价形式形成对远期价格的不同看法。碳期货交易过程实际上就是综合反映供求双方对未来某个时间供求关系变化和价格走势的预期。这种价格信息具有连续性、公开性和预期性的特点，有利于增加市场透明度，提高资源配置效率。碳期货与一般商品期货同样具备风险规避和价格发现双重功能。但与传统期货相比，碳期货有三个特征：首先，碳期货价格与碳现货价格的波动周期高度相符；其次，碳期货交易手续费较高，除保证金外还需支付管理费、交易费、清算费等；最后，碳期货是目前碳期权合约唯一的基础资产，其价格对碳期权本身价格和碳期权合约交割价格影响重大。

期权是指在未来一定时期可以买卖的权力，是买方向卖方支付一定金额后拥有的在未来一段时间内或未来某一特定日期以履约价格向卖方购买或出售一定数量的特定标的物的权力，但没有必须买进或卖出的义务。碳期权是指标的资产为碳期货的期权产品，是在碳期货基础上产生的一种碳金融衍生品。碳期权的价格依赖于碳期货价格，而碳期货价格又与基础碳资产的价格密切相关。碳期权的交易方向取决于购买者对于碳排放权价格走势的判断。以 CCER 期权为例，当预计未来 CCER 价格上涨时，CCER 的卖方会购买看涨期权对冲未来的格上升的机会成本，如果未来 CCER 价格下降，通过行使看涨期权 CCER 卖方获取收益。期权的购买者能够区别购买看涨期现或者看跌期权锁定收益水平。此外，还可以通过对不同期限不同执行价格的看涨期权和看跌期权的组合买卖来达到锁定利润，规避确定风险的目的。碳期权除了具备碳期货一样的套期保值作用以外，还能使买方规避碳资产价格变动时带来的不利风险，同时从碳资产价格利好中获益。

碳期货和碳期权都是具有极其重要作用的碳金融衍生产品，虽然我国还没有碳期货和碳期权，但随着我国碳市场的逐步发展，会形成衍生品市场，这对我国碳金融和低碳经济的发展将会有重要作用。

（1）有利于形成合理的碳排放权价格。

衍生品市场对于现货交易市场是一种有效的补充，是市场结构和层次不断发展下的产物。期货期权虽然基于现货市场，但有其突出的优点，从而更加有利于形成合理价格，主要原因包括：第一，期货、期权市场的交易公开、集中、统一，衍生品交易能反映人们通过充分信息对市场价格作出的预期，也可对现货交易价格产生积极影响；第二，在成熟的交易平台中，信息的传播与披露将更规范，效率也会更高，信息的收集成本和不对称风险将会下降，有利于形成合理价格；第三，参与者在统一平台集中竞价交易，能充分反映市场上的供求关系，避免交易中可能存在的片面和非竞争关系，进而为合理价格创造条件。

（2）有助于交易者控制风险。

碳期货期权具备套期保值功能，有助于相关企业规避价格风险。我国碳交易现货价格在试运行中波动幅度较大，且存在结构性断点，给投资者带来巨大风险。而碳衍生产品市场能为价格形成机制复杂的产品市场提供价格信号，充分反映市场信息，对资金流动和资源配置产生积极影响，最大限度地避免效率损失。碳期货期权产品场内交易流动性好，可以成为投资者进行风险管理、分散不确定性的保障。

（3）能够提高企业的资金使用率。

期货和期权在交易上都采用保证金制度，因此具有资金杠杆的作用，可以极大地提高碳交易资金使用效率。当企业进行碳资产管理时，不需要依赖于现货市场上的买卖来调节碳配额的头寸，可以运用少量的资金在期货期权市场上进行对冲保值。

5.2 展望碳市场的新未来

老王看到了国外碳市场的发展状况，意识到中国碳市场目前还处于初级阶段，还有很多有待发展和建设的方面。

任何一个国家碳市场的体系健全、功能完备都需要一个漫长过程，中国碳市场从探索、迭代、发展到走向成熟同样会有这样的经历。幸运的是，目前世界范围内正在运行的碳排放交易体系已多达21个，覆盖了全球碳排放总量的10%，尤其是欧盟的碳市场从主体构造到产品设计以及标准创建和运行机制等许多方面都积累了较为成熟的经验，值得中国参考借鉴。

经验之一是要引导碳价上升走高。碳价越高，意味着购买碳排放配额的成本越大，从而倒逼更多的企业自觉与自我减排，同时较高的碳价也是对领先控排减碳企业的回报与肯定，并会激励越来越多的企业选择与落地能够产生碳排放权收益的高级产业结构。目前来看，我国碳市场碳价都较低，为此，需要对碳排放权配额进行总量控制，通过建立资源稀缺的氛围形成碳价上涨预期，同时要尽快实施有偿分配碳配额的方式，并将总量控制与有偿分配扩充至电力行业以外的更多领域。

经验之二是适当进行碳金融创新。目前我国的碳市场主要是现货交易，但参照欧盟的成功做法，下一步碳期货发展将成为必然。碳期货可以长期持续地给予投资者稳定的价格预期，标准化的期货产品也可以降低法律风险，及时传递市场信号。建立碳排放权交易期货市场，一方面有利于投资者预判交易价格，从而提高交易市场活力；另一方面能够促进我国形成独立自主的碳排放权交易价格机制，争取碳排放权交易定价权，增强国际竞争力。

经验之三是丰富碳市场主体。欧盟碳市场上不仅有企业交易主体，也有自然人交易主体；不仅有机构组织参与，也有个人参与，最终动员全社会资本支持碳市场，使得碳市场产生持续的活跃度。克服国内交易活跃度低、交易量小等问题，要在建立健全碳排放权交易市场风险管控机制的同时，逐步扩大交易主体范围，尤其要提高金融机构的参与度，包括培育碳资产管理公司和专业机构投资者，同时在风险可控的前提下，支持机构积极开发与碳排放权相关的金融产品和服务，如碳金融投资基金。

经验之四是增强碳市场相关能力供给。欧盟碳市场上除活跃着撮合碳交易的经理人员外，还衍生出了碳核查、碳会计、碳审计、碳资产管理等专业市场人才，而这些人才在我国目前非常奇缺。为此需要加强对市场参与主体的能力培训，同时基于强化市场需求与学科建设间联系的目的，建议推进与加强高等院校财经金融与环境保护学科的嫁接合作，支持与鼓励创建碳金融专业，为碳市场的扎实运行和碳中和愿景的圆满实现提供充分而强大的智力依托。

经验之五是设置碳税。碳税是另一种有效的减排制度安排。从经济学上看，碳交易和碳税都是为了解决公共产品的外部性而采取的政策手段，但从原理上来说又存在一定的差异。碳交易作为数量导向的政策工具，被认为是符合科斯定理的一种可交易污染许可证的典型应用。外部性是西方经济学中关于市场失灵的重要表现之一，其中环境保护问题就是具有很强的外部性的产品。而科斯认为，只要污染权利（或者说是产权）得到明确，并且可以在市场上进行交易，市场本身其实可以有效消除环境外部性。既然以二氧化碳为代表的温室气体需要治理减排，但治理减排会给不同国家、不同企业造成成本差异，那么碳排放权就可以在市场上进行交换，用碳交易这种市场化的手段来解决空气污染问题。

与碳交易相比，碳税是以价格为导向的政策工具，类似于经济学中的"庇古税"。按照福利经济学家庇古的观点，环境污染外部性的根源在于私人成本与社会成本不一致，从而私人的最优导致社会的非最优。因此，只要政府采取措施，例如征税，使得私人成本与社会成本相等，那么就可以得到经济学追求的帕累托最优状态。

老黄的企业成为节能减排的转型先锋，老黄也理解了国家的良苦用心。碳市场的设立是实现我国"碳达峰""碳中和"并最终实现可持续发展的一项重要举措，碳市场利用市场机制促进资源优化配置，激励企业减排创新，同时碳市场也是一个金融市场，催生了一系列绿色金融创新产品，促进了我国绿色金融体系的发展。

2021 年 3 月 18 日，老黄打开手机，一条新闻弹了出来"全国统一碳市场在今年 6 月即将展开交易，全国碳市场采取'双城'模式，上海负责交易系统建设，武汉负责登记结算系统建设……"老黄会心一笑，对未来充满了期待。

6 其他相关资料

6.1 主要的碳金融产品及工具（见表 3.8）

表 3.8   碳金融产品及工具

交易类工具		融资类工具	支持工具
现货市场	期货市场		
碳排放权 CCER	碳配额远期 碳配额期货 碳配额掉期 碳配额期权 CCER 远期	碳债券 碳资产抵押/质押 碳基金 碳信托 碳资产回购 碳资产托管 CCER 质押	碳指数 碳保险

（1）融资类工具。

碳债券一般指企业为筹措低碳项目建设或维护资金向投资者发行的与碳资产及其收益相关联的绿色债券。我国首单碳债券为 2014 年浦发银行主承销的 10 亿元中广核风电有限公司附加碳收益中期票据，又称为"碳债券"，该碳债券利率由固定利率与浮动利率两部分组成，其中浮动利率部分与发行人下属 5 家风电项目公司在债券存续期内实现的 CCER 交易收益正向关联。

碳资产质押指企业以自有的碳排放配额或 CCER 为质押担保，将质押标的过户转移给银行，向银行获取质押贷款的融资方式，到期企业还本付息，那么这个质押标的就还给质押方，如果到期不能还本付息，这个质押标的就可以由银行处置。我国上海碳排放配额（SHEA）质押是指为担保债务的履行，符合条件的配额合法所有人（以下简称"出质人"）以其所有的配额出质给符合条件的质权人，并通过交易所办理登记的行为。出质人是指纳入上海市配额管理的单位或交易所碳排放交易机构投资者。质押标的为在上海市碳排放配额登记注册系统中登记的碳排放配额。已被司法查封、冻结等权利受到限制的配额不得申请办理质押登记。配额一经质押登记，在解除质押登记前不得重复设置质押。质权人是指依据中国法律法规合法成立并有效存续的银行或非银行金融机构。业务流程如图 3.5 所示。

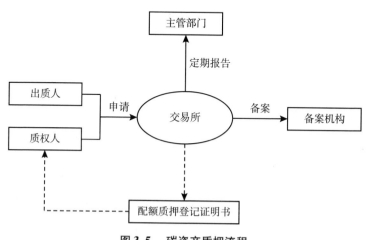

图 3.5　碳资产质押流程

　　碳资产抵押和质押的区别与传统意义上的质押抵押区别一样。其区别在于，抵押的标的在抵押人企业账户上。碳资产质押和抵押对于后市启动的全国电力碳市场具有积极意义，特别是一些周转困难的小电厂、自备电厂等。账面上有了一笔可质押/抵押的碳资产，对于有贷款需求的企业来说，无异于雪中送炭。

　　碳基金指的是定位于碳市场，从事碳资产开发、管理及交易的投资基金。就如现在的买证券基金一样，基金管理者运用这笔资金在碳市场寻找商机并操作，投资者就坐等收益（当然也可能亏损）。我国首支政府部门备案的碳基金为在湖北碳排放权交易中心诞生的、由诺安基金子公司诺安资产管理有限公司对外发行、华能碳资产经营有限公司为基金投资顾问的规模 3000 万元的资管计划。碳信托其实与碳基金可以等同起来理解，碳信托相当于风险更小一些的碳基金，它们在投放标的及风险把控方面比基金风险更小一些。上海宝碳新能源环保科技有限公司与爱建信托成立了国内最早的碳信托产品，用于投资CCER 的 3000 万元的信托计划。

碳资产回购卖出回购为控排企业根据合同约定向碳资产管理公司卖出一定数量的碳配额，控排企业在获得相应配额转让资金后将资金委托金融机构进行财富管理，约定期限结束后控排企业再回购同样数量的碳配额。买入回购相反。2016 年 3 月 14 日，在交易所的协助下，春秋航空股份有限公司、上海置信碳资产管理公司、兴业银行上海分行共同完成首单碳配额卖出回购业务。本单卖出回购业务由春秋航空与置信碳资产根据合同约定卖出一定数量的碳配额，在获得相应配额转让资金收入后，将相应资金委托兴业银行上海分行进行财富管理。约定期限结束后，春秋航空再购回同样数量的碳配额并与置信碳资产分享出售碳配额的资金管理获得的收益。

碳资产托管指碳资产管理机构接受重点排放企业委托对其碳资产进行管理和交易的活动，从而实现碳资产的保值增值。这种模式下对企业来说比较省心，托管后可以获取一定的稳定收益，比存放在账户中只取得搁置收益要好。对受托机构来说，它们作为专业的碳市场交易商，如果手上有可观的托管量，实现交易市场的低买高卖盈利，也会可操作性更强一些。如此企业满意（企业有收益），政府满意（碳市场量价齐升），受托机构名利双收，因此碳资产托管也会是碳市场交易兴起后许多机构所关注的板块。国内首单碳资产托管业务由湖北碳排放权交易中心促成，湖北兴发化工集团股份有限公司参与该项业务，并托管 100 万吨碳排放权，其托管机构为两家，分别是武汉钢实中新碳资源管理有限公司和武汉中新绿碳投资管理有限公司。

CCER 质押是企业以其持有的 CCER 作为质押物，获得金融机构融资的业务模式。在碳市场抵消机制下，CCER 具有明确的市场价值，为其作为质押物发挥担保融资功能提供了可能。其业务流程如图 3.6 所示。

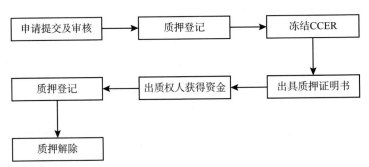

图 3.6 CCER 质押流程

（2）支持工具。

碳指数可以反映碳市场的供求状况和价格信息，为投资者了解市场动态提供投资参考。可以依据一级和二级碳市场量价信息，实时公布交易量和交易价格指数，可以简单理解为是与股票中的上证指数、创业板指数等一样的碳市场的一个指数。有了指数，指数就可以成为交易的标的。我国首个碳指数为上海置信碳资产管理有限公司开发维护的反映碳市场走势的统计指数，在上海能源交易所发布，每个交易日结束后，根据当日各碳市成交均价计算得出置信碳指数。

碳保险指通过与保险公司合作，对重点排放企业新投入的减排设备提供减排保险，或者对 CCER 项目买卖双方的 CCER 产生量提供保险。全国首个碳保险产品设计方案由湖北碳交中心与平安保险湖北分公司出台，华新水泥股份有限公司与平安保险湖北分公司达成保险事宜，保险公司将为华新水泥投入新设备后的减排量进行保底，一旦超过排放配额，将给予赔偿。

6.2 国际碳市场交易现状

碳交易机制减排，启蒙于工业化国家之间的碳交易和英国碳排放权交易体系（UK–FTS），成长于美国芝加哥期货交易所的气候交易所（CCX）的合约交易，成熟于欧盟碳排放交易体系（EUETS）。

目前国际上主要的碳交易体系如表 3.9 所示。

表 3.9   **国际主要碳市场情况汇总**

国家或地区	名称	简介
欧盟	欧盟碳排放交易体系（EU-ETS）	2005 年开始实施，采用总量控制及交易（cap and trade）制度，目前进入第三阶段。27 个加盟国及冰岛、挪威、列支敦士登参与该制度，2015 年起同澳洲就相关制度开始整合
英国	碳排放削减员会	2010 年开始。EIETS 中无法全部覆盖的大型商业，公共事业行业及部门为削减对象，采用总量控制及交易（cap and trade）的排出量交易制度
美国	东北地区温室效应气体削减计划（RGGI）	2005 年东北地区 7 个州达成共识。第一期（2009～2011 年）已经结束，第二阶段（2012～2014 年）。截止到 2013 年 3 月共计 9 个州参加。2008～2013 年 3 月共进行 18 次碳排放拍卖

国家或地区	名称	简介
美国	加利福利亚州碳排放交易制度	2012 年 1 月开始施行总量控制及交易制度的规则，2013 年开始遵守排出量削减义务。该州参与了 WCI 并于 2012 年 5 月同加拿大魁北克市就相关内容和制度规则进行整合
美国	芝加哥碳交易所（CCX）	2003 年开始实行自主参加型总量控制及交易的项目，第二阶段（2007～2010 年）共计 300 个团体参加。2011 年开始实行新的补偿（offset）登记制度
日本	自主参加行国内排放量交易制度（IVETS）及二氧化碳补偿抵消（off set）制度	东京都及埼玉县实行了排放量削减和交易的相关制度。东京是世界第一个削减对象涵盖商务楼碳排放，并启用都市总量（cap）控制项目的都市
加拿大	魁北克市碳排放交易制度	2011 年 12 月，采用总量控制及交易的制度规则。2013 年开始遵守排除削减义务
澳洲	新南威尔士州温室气体减排体系（NSW GGA）	2012 年 7 月开始实施碳定价和制。2012 年根据市场价格进行交易排出量额度的交易，2015 年转入实行总量控制及交易的排出量交易制度。2015 年开始同新西兰及欧洲碳排放交易体系进行制度整合
新西兰	碳排放交易制度	2007 年 9 月份发表。2008 年引入森林部后至 2014 年削减范围逐步扩大到各个行业。2010 年 7 月，能源部、液体化石燃料部，制造业部门开始成为削减对象。2015 年同澳洲进行制度整合
中国	碳排放交易试点制度	2012 年 1 月，7 个省（市）开始并行设立排出量试点交易，于 2013 年开始正式交易。2013 年 6 月 18 日，深圳在全国率先启动碳排放权交易。11 月 26 日、28 日，上海、北京碳排放权交易正式开始。2016 年在全国范围内实行碳排放交易制度

6.3 我国碳市场的发展

我国碳市场的发展历程如表 3.10 所示。

表 3.10   **我国碳市场大事记**

时间	文件	要点
2011 年 3 月 16 日	国民经济和社会发展第十二个五年规划纲要	提出我国要逐步建立碳排放交易市场

时间	文件	要点
2011 年 10 月 29 日	关于开展碳排放权交易试点工作的通知	明确了碳交易的七个试点地区
2011 年 12 月 1 日	"十二五"控制温室气体排放工作方案	探索建立碳排放交易市场，包括建立自愿减排交易机制，开展碳排放权交易试点以及加强碳排放交易支撑体系建设
2012 年 6 月 13 日	温室气体自愿减排交易管理暂行办法	规范了 CCER 的交易管理。对项目、减排量、交易以及审定核证等做了规范
2012 年 10 月 9 日	关于印发温室气体自愿减排项目审定与核证指南的通知	规范了 CCER 的审定核证机构管理及工作程序
2013 年 10 月 15 日	关于印发首批 10 个行业企业温室气体排放核算方法和报告指南（试行）	包括发电、电网、钢铁、化工、电解铝、镁冶炼、平板玻璃、水泥、陶瓷和民航共 10 个行业，作为企业温室气体核算的基础性依据
2013 年 11 月 18 日	中共中央关于全面深化改革若干重大问题的决定	加快生态文明制度建设章节中，明确推行碳排放权制度
2014 年 5 月 8 日	关于进一步促进资本市场健康发展的若干意见	推进期货市场发展碳排放权交易工具
2014 年 9 月 19 日	国家应对气候变化规划（2014～2020 年）	到 2020 年，实现单位国内生产总二氧化碳排放比 2005 年下降 40%～45%、非化石能源占一次能源消费的比重达到 15% 左右、森林面积和蓄积量分别比 2005 年增加 4000 万公顷和 13 亿立方米的目标
2014 年 12 月 3 日	关于印发第二批 4 个行业企业温室气体排放核算方法和报告指南	包括石油和天然气生产、石油化工、独立焦化和煤炭生产 4 个行业
2014 年 12 月 10 日	碳排放权交易管理暂行办法	目前全国碳市场的基本大法
2015 年 1 月 14 日	关于国家自愿减排交易注册登记系统运行和开户相关事项的公告	国家 CCER 账户上线，与七大试点交易所联通
2015 年 7 月 6 日	第三批 10 个行业企业温室气体排放核算方法和报告指南	包括造纸，其他有色金属冶炼和压延加工，电子设备制造，机械设备制造，矿山，食品、烟草及酒、饮料、精制茶，公共建筑运营，路上交通运输，氟化工和工业其他行业共 10 个行业
2015 年 9 月 25 日	中美元首气候变化联合声明	提出我国将于 2017 年启动全国碳排放交易体系

续表

时间	文件	要点
2016 年 1 月 11 日	关于切实做好全国碳排放权交易市场启动重点工作的通知	明确了纳入行业及标准，明确开展对 2013 年、2014 年、2015 年度企业碳核查
2016 年 3 月	《碳排放权交易管理条例》送审稿公开	迄今未通过
2016 年 8 月 31 日	关于构建绿色金融体系的指导意见	明确发展各类碳金融产品。包括碳远期、碳掉期、碳期权、碳租赁、碳债券、碳资产证券化和碳基金等碳金融产品和衍生工具，探索研究碳排放权期货交易
2016 年 10 月 27 日	"十三五"控制温室气体排放工作方案	明确我国将于 2017 年启动全国碳排放交易体系
2017 年 12 月 4 日	关于做好 2016、2017 年度碳排放报告与核查及排放监测计划制定工作的通知	国家发改委启动开展 2016～2017 年度核查
2017 年 12 月 18 日	关于印发全国碳排放权交易市场建设方案（发电行业）的通知	全国碳排放权交易视频启动大会。同时明确了注册登记系统和交易系统将由湖北省和上海市分别牵头承建，北京、天津、重庆、广东、江苏、福建和深圳共同参与
2018 年 3 月	深化党和国家机构改革方案	应对气候变化职能由国家发改委易主到生态环境部
2019 年 1 月 17 日	关于做好 2018 年度碳排放报告与核查及排放监测计划制定工作	启动开展 2018 年度核查
2019 年 5 月 27 日	关于做好全国碳排放权交易市场发电行业企业重点排放单位名单和相关材料报送工作的通知	组织全国发电行业企业开户
2019 年 9 月 25 日	关于举办碳市场配额分配和管理系列培训班的通知	全国共 8 期碳市场配额分配和管理系列培训"巡演"，公布了全国碳市场发电行业重点排放单位（含自备电厂、热电联产）二氧化碳排放配额分配实施方案（试算版）
2019 年 12 月 16 日	碳排放权交易有关会计处理暂行规定	增加"1489 碳排放权资产"科目，属于"其他流动资产"
2019 年 12 月 27 日	关于做好 2019 年度碳排放报告与核查及发电行业重点排放单位名单报送相关工作的通知	启动开展 2019 年度核查

时间	文件	要点
2020 年 12 月 30 日	关于印发《2019－2020 年全国碳排放权交易配额总量设定与分配实施方案（发电行业）》《纳入2019－2020 年全国碳排放权交易配额管理的重点排放单位名单》并做好发电行业配额预分配工作的通知	启动开展 2020 年度核查
2021 年 1 月 5 日	碳排放权交易管理办法（施行）	明确了全国碳排放权交易市场的交易产品、交易主体、交易方式以及禁止交易的情况。针对全国碳排放权登记机构和交易机构、重点排放单位、配额总量与分配方法、重点排放单位义务、配额清缴等进行了规定
2021 年 3 月 29 日	关于印发《企业温室气体排放报告核查指南（试行)》的通知	进一步规范全国碳排放权交易市场企业温室气体排放报告核查活动

6.4　碳市场调控：碳税

第一类：以芬兰为代表，最早探索并已形成较为完备的单一碳税制度。

芬兰是全球第一个出台碳税的国家。其碳税改革分为三个阶段：第一阶段，1990～1996 年。1990 年，芬兰开始对除运输燃料外的所有化石燃料按碳含量征收 1.62 美元/tCO_2 的碳税。随着科技水平逐步提升，1995 年开始按照 2∶3 的比例实行"能源—碳"混合税制。第二阶段，1997～2010 年。1997 年，芬兰进行第一次碳税改革，取消了混合税制度设计，仅保留碳税，计税依据完全以化石燃料燃烧释放的二氧化碳确定。第三阶段，2011 年至今。2011 年，荷兰进行第二次碳税改革，重新调整了能源税收结构，将碳税、能源税与能源含量税设计成能源消费税的子目，在纳入更多征税对象的同时采用更科学的征税方法：一是将包括可再生能源在内的不少新项目纳入征收范围；二是二氧化碳组分不再针对燃烧气体排放量，而是基于生命周期排放方法（同时考虑能源含量、二氧化碳排放量以及排放物对健康的不利影响）征收。经过两次改革，芬兰的能源—碳混合税体系走向成熟。碳税被认为是芬兰发展低碳经济最重要的手段之一。

第二类：以澳大利亚和新西兰为代表，在碳税推进过程中遇到挫折，不得不结束减排制度或转向碳交易。

澳大利亚：结束减排制度。澳大利亚是世界上人均碳排放最高的国家之一。2011 年，澳大利亚吉拉德政府议会通过征收碳税提案，从 2012 年 7 月开始征收碳税，并计划于 2015 年 7 月过渡到具备灵活价格的限额碳排放交易体系 ETS。但 2014 年 6 月新当选的阿博特政府将其废除。因此澳大利亚全国范围的碳税机制仅在 2012～2014 年存在。

新西兰：转向碳交易。2005 年 5 月 4 日，新西兰政府宣布实施碳税，拟于 2007 年 4 月开始实行。但 2005 年新西兰大选后，当年 12 月碳税法案被废弃。2008 年，新西兰通过《气候变化响应（排放贸易）修订草案》和《电力（可再生能源优先权）修订草案》，建立排放交易框架，采用碳排放交易体系取代碳税机制。经过多次立法修订，最终形成了覆盖温室气体排放量 51%，纳入化石燃料燃烧、工业过程、废弃物、林业等多个行业，包括二氧化碳等六种温室气体的完整排放交易体系。

第三类：以南非为代表，经过近十年反复，最终取得单一碳税突破。

南非是非洲第一大污染国和世界第 14 大污染国（绿色和平组织，2019）。在 2010 年时，南非曾计划出台碳税法案，与欧盟碳税（欧盟 2014 年正式对轻型商用车征收碳税）接轨。但由于南非汽车协会以及矿业巨头、钢铁制造商和国家电力公司等排放大户的反对，碳税法案直至 2019 年 2 月才在南非国民议会表决通过，并于当年 6 月开始生效。南非由此成为首个实施碳税的非洲国家。

第四类：以欧盟为代表，单一碳税政策循序向碳税、碳交易并行的复合减排政策渐进。

欧盟是碳税政策的先行者，通过循序渐进的制度设计和实行，实现了由单一的碳税政策向碳税、碳排放交易并行的复合政策的转化。2005 年，欧盟建立了全球首个国际排放权交易体系（欧盟排放交易体系 EUETS），旨在产生碳价格信号、影响企业日常经营与战略投资决策。2020 年末，EUETS 已在全球 31 个国家运行（包括 28 个欧盟国家和冰岛、列支敦士登、挪威），限制了超过 11000 座高能耗设施（发电厂和工业厂房）以及在上述国家运营的航空公司的温室气体排放，涵盖了约 45% 的欧盟温室气体排放，占国际碳交易总量的 75% 以上，是全球最大的排放权交易体系。从欧盟碳减排制度变革看，最初实施单一碳税主要是基于财税目的，实现税负由劳动力向环保的转移；《京都议定书》的签订加大了欧盟的减排压力，促使欧盟于 2005 年开始制定实施碳税、碳排放交易并行的复合政策。

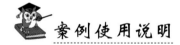

案例使用说明

　　碳市场的建立是为实现"碳达峰""碳中和"的目标，促进经济可持续高质量发展的重要举措。本案例通过回溯碳市场的发展历程，介绍碳市场的交易机制，梳理碳市场的相关产品，探讨影响碳价的相关因素，以期寻找我国目前碳市场建设可能存在的不足，从而为后续建立成熟的碳市场提供建议。本案例力图发现碳市场背后的经济学原理和金融逻辑，希望帮助学生更深刻地理解绿色金融和社会可持续发展的意义。

一、教学目的与用途

　　1. 适用课程：

　　本案例可以用作"绿色金融""金融衍生品""公司金融""金融学"课程的课堂讨论案例，教师可以结合经济学、绿色金融、企业行为理论等相关内容启发学生思考。

　　2. 使用对象：

　　本案例主要为金融硕士、金融专业本科生开发，适合有一定经济学基础的学员进行学习。

　　3. 教学目的：

　　本案例从一家控排企业的老板老黄的视角出发，阐述了老黄在碳市场上的经历，包括他所遇到的问题以及相应的解决方法。本案例旨在引导学生深入了解国内外碳市场，以及其他由"碳"衍生出来的金融产品，并在此基础上深化对"经济外部性""绿色金融""可持续发展"等理论体系的理解。同时，进一步结合国际减排经验，以期为我国实现"30·60"减排目标提出相关建议。因此，通过本案例的阅读和分析讨论，预期达到的教学目标如下：

　　（1）加强学生对国内外碳市场的了解及相关产品的认识。

　　（2）引导学生在理解碳市场控排机制的基础上，加强对绿色金融的认识，思考可持续发展的必要性。

　　（3）学习金融知识的同时，激发学生的社会责任感，懂得个人的选择应与国家的未来同频共振。

二、启发思考题

1. "碳达峰""碳中和"目标的提出给控排企业带来了哪些新的挑战？是否伴随着新的机遇？

2. 在碳配额初始分配方式中，免费分配和拍卖分配的优劣各是什么？结合我国碳市场的发展与国情，你觉得我国应该使用怎样的分配方式，并说明理由。

3. 仅靠单一碳排放权交易的减排制度能够实现"30·60"减排目标吗？如果难以实现的话，我国又该选择怎样的减排之路呢？同时，国外减排的经验可以给我们带来哪些启示？

4. 哪些理论或模型可以帮助确定碳排放权现货的价格？使用这些理论或模型时需要满足的假设条件分别是什么？

5. 7月1日某公司因生产需要在9～11月份购买碳排放权2000吨。该公司决定利用碳期货进行套期保值。碳期货每个月都有交割，合约为每手5吨。该公司决定用11月期货来保值，于7月1日以34.57元/吨的价格成交，买入11月碳期货400手。9月28日，公司在现货市场购入碳现货2000吨，价格为37.56元/吨；同时将期货平仓，平仓价为39.65元/吨。

（1）该公司在碳的期货交易中损益是多少？

（2）该公司通过套期保值，实际上每吨碳花费的价格是多少？

三、分析思路

本案例以一家控排企业参与碳市场的经历为主线，描述了碳市场如何推动企业进行绿色转型，并助力企业创新，实现经济高质量发展。教师可以根据自己的教学目标全部或有侧重地使用本案例。这里提出本案例的分析思路，仅供参考。

首先，碳市场是一个绿色金融市场，碳市场设立的宗旨是基于市场机制解决环境问题。所以可以针对碳市场交易流程，了解碳市场的交易机制，以及碳市场促进企业技术创新，节能减排的路径，由此更加深入理解绿色金融的理念。

其次，基于对碳市场的相关金融衍生品的介绍，了解碳衍生产品套期保值，价格发现等功能，同时可以启发学生对其他碳衍生产品的思考。

最后，通过对国内国外碳市场的发展历程梳理，了解碳市场建立过程中遇到的问题、解决的方式以及还有哪些不足。可以对比金融市场中的股票、证券来发现碳市场需要完善的地方，从金融的角度，用金融的思维助力碳市场的建设和发展。

四、理论依据和分析

（一）理论依据

碳市场来源于20世纪90年代的排污权交易概念，为二氧化碳排放权交易提供了市场机制，是以经济手段控制生态问题的重要举措，这其中蕴含着经济学的相关理论。

1. 经济学的外部性理论。

外部性又称外部效应，是指个人在从事经济活动时给他人造成了积极的或消极的影响，但没有取得应有的收益或承担应有的责任，或者说当一个人的生产或消费直接影响到另一人的环境时，外部性问题就出现了。外部性理论是1920年庇古在《福利经济学》一书中提出的，它反映和描述的是私人成本与社会成本的差异。外部性可以分为外部经济性和外部不经济性，或称正外部性和负外部性。一般来说，当市场上资源供给大于需求时，存在外部经济性，反之，存在外部不经济性。当外部性存在时，资源得不到有效配置，市场均衡一般是低效率的。解决外部性问题时，经济学家主张将外部成本内部化，庇古主张用征税的办法对造成环境负外部性影响的行为征税（庇古税），即征收一个私人成本和社会成本的差额，他认为环境问题是由于市场在环境资源配置上的失灵所致，只有对污染排放活动征收一定单位的税收，才能使外部性内部化，从而解决市场失灵问题。根据这种观点，通过税收方式对污染定价，让企业内部化其污染的外部性，企业必然会选择符合自身利益的策略最小化其承担的成本，这样，企业在实现内部成本最小化时也最小化了社会总成本。

2. 科斯定理与资源配置。

二氧化碳排放权交易市场的目的在于解决全球气候变暖的生态问题，在这一过程中，运用到了科斯定理以及资源配置等相关概念。科斯定理由经济学家科斯提出，以交易费用为核心，主要包括第一、第二、第三定理。综合来说，科斯定理主要指外部不经济或者非效率等情形可以通过双方谈判而得到解决，最终达到帕累托最优。碳市场的成立为碳排放权提供了可交易的机制及场所，其目的在于基于企业的自身需求，通过碳价变化等对所拥有的碳排放权进行交易，从而使社会效益最大化。资源配置体现在随着经济社会的发展，人对资源的需求是无穷无尽的，但资源却是稀缺的，因此，如何将有限的资源在不同经济活动中进行配置就是一个重要的经济问题。反映在碳市场中则是，根据设定的二氧化碳排放目标，通过碳价等控制手段，对二氧化碳排放权进行分配。同时，在进行排放权分配后，企业间可根据自身具体需求，将碳排放权进行交易买卖，从而达到对资源的合理利用。

3. 帕累托最优。

二氧化碳排放权交易市场的成立，是以经济手段控制二氧化碳排放量，达到经济发展与环境友好之间的帕累托最优。帕累托最优是经济学家们所设想的一种最佳的资源分配状态，即在目前的资源配置情况下，不通过改变资源配置方式，在不损害他人利益的前提下，至少使其他一个人的状况变得更好。基于帕累托最优理论，碳市场的运行考虑的不仅仅是企业或者是整个经济社会的利益最优，而是将经济发展情况与生态环境、生活条件等结合起来，达到整个社会的利益最大化。

4. 波特假说。

波特假说是指"适当的环境管制将刺激技术革新。适当的环境规制可以促使企业进行更多的创新活动，而这些创新将提高企业的生产力，从而抵消由环境保护带来的成本并且提升企业在市场上的盈利能力，提高产品质量，这样有可能使国内企业在国际市场上获得竞争优势，同时，有可能提高产业生产率"。在此之前，人们认为"环境管制是企业费用增加的主要因素，对提高生产率和竞争力将产生消极影响。"波特假说的主张与此形成鲜明对比，立刻受到了人们的关注。

5. 可持续发展理论。

可持续发展理论是指既满足当代人的需要，又不对后代人满足其需要的能力构成危害的发展，最终达到共同、协调、公平、高效、多维的发展。可持续发展涉及可持续经济、可持续生态和可持续社会三方面的协调统一，要求人类在发展中讲究经济效率、关注生态和谐和追求社会公平，最终达到人的全面发展。这表明，可持续发展虽然缘起于环境保护问题，但作为一个指导人类走向21世纪的发展理论，它已经超越了单纯的环境保护。它将环境问题与发展问题有机地结合起来，已经成为一个有关社会经济发展的全面性战略。

6. 绿色金融。

绿色金融是指金融部门把环境保护作为一项基本政策，在投融资的决策过程中要考虑潜在的环境影响，将与环境条件相关的潜在的回报、风险和成本都融合进金融企业的日常业务中，在金融经营活动中注重对生态环境的保护及环境污染的治理，通过对社会经济资源的引导促进社会的可持续发展。

与传统金融相比，绿色金融最突出的特点就是，它更强调人类社会的生存环境利益，它将对环境保护和对资源的有效利用程度作为计量其活动成效的标准之一，通过自身活动引导各经济主体注重自然生态平衡。它追求金融活动与环境保护、生态平衡的协调发展，最终实现经济社会的可持续发展。

（二）具体分析

1. "碳达峰""碳中和"目标的提出给控排企业带来了哪些新的挑战？是否伴随着新的机遇？

长期以来，我国的工业体系是以资源过度消耗换取发展，虽然经济快速增长，但同时也带来了产能过剩、环境污染、产业集中度不高等问题。"碳达峰""碳中和"的目标尤其突出环境污染的问题，因此它将加快工业企业结构性调整。

对控排企业来讲，最直接的影响是进一步增加生产运营成本，出于减排考虑，控排企业要做好有一定配额缺口的心理准备。另外，对于小规模企业，革新技术和设备带来巨大的资金压力。而当企业进入碳市场，又需要进一步面对配额履约风险、配额交易风险、CCER开发风险及碳资产管理风险。

当然，这个目标的确定，本身又给企业带来了很多发展机遇。首先，对控排企业来说，无论被动还是主动技术创新，不但能增加产能、降低单位成本，而且能带来盈余碳配额收益。其次，能树立良好企业形象。而对整个碳市场，必定催生新型企业，例如第三方鉴定机构和减排管理公司。

2. 在碳配额初始分配方式中，免费分配和拍卖分配的优劣处各是什么？结合我国碳市场的发展与国情，你觉得我国应该使用怎样的分配方式，并说明理由。

免费分配配额方式包括历史法和基准线法。

历史法是最常使用的免费分配配额的一种方法，它是基于历史排放量分配配额的方式。即先设定一段时间或某一年为基准期，然后根据受规制的各行业在历史基准期的排放情况来决定它们的配额分配数量。

基准线法是先设定一个基准，然后根据受规制的各个企业实际排放量和该基准相乘之积来决定配额的分配，该基准可以是行业内的平均排放量、燃料消耗量或者是单位生产产量。事实上，更多国家的碳排放权交易机制采用了历史法或者历史法和基准线法的混合分配模式，究其原因，或许更多是从免费分配方式简单易行的特质而考虑的。

拍卖分配法是指根据污染者付费的原则，受规制的各个企业要对配额的取得支付相应的对价，承担减排费用；同时，政府在获取拍卖收入之后，将拍卖所得投入相关部门，实现良性的循环发展。

通过以上概念的界定可以发现，免费分配和拍卖分配的根本不同点在于初始分配配额时政府是免费"赠与"还是"标价出售"，换句话说，是否要求企业对配额的获得支付相应的对价。尽管这两种不同的配额分配方式在各国实践中均有体现，但总的来说，在现行机制中，很多国家在初期采取免费分配碳配额的方式，而目前越来越多的国家倾向于选择拍卖分配方式，将免费无偿的配额分配方式作为有偿分配的补充或者过渡性选择。

（1）在免费分配配额的模式下，企业可以从政府手中获得免费的碳配额，一方面，无偿的配额分配制度起到了对企业损失的一个"补偿"效应，确保将碳排放权交易制度对企业造成的不利影响降到最低，使企业安全过渡到新的制度和政策框架下；另一方面，企业在初始分配中获得的免费配额会直接转化为企业的资产，因而不仅不会对企业的生产造成负担，甚至在基于历史排放量的历史法分配原则之下，污染排放量大的企业能够获得超出企业实际排放所需的配额，甚至还会有获利的机会。因此，免费分配配额的方式并不会对企业的生产成本、减排成本和市场竞争力造成实质性的负担，还可能会给企业带来获利的机会。所以，从企业的角度来看，免费获取配额是企业更为乐意接受的分配方式。

（2）在拍卖分配配额的模式下，企业通过拍卖支付的方式获得排放许可，意味着企业要将污染成本内在化，企业生产的边际成本相应地随之上升，边际利润随之下降。在这种模式下，企业必定要承担拍卖分配配额方式对企业利润额造成的冲击；同时，企业的市场竞争力也会随之而改变。由于企业生产成本的上升，对于那些能源密集型、减排成本较大的企业和部门，其市场竞争力会相应地削弱。另外，当受规制的减排企业在与不受碳交易规制的企业竞争时，特别是在国际市场竞争中，由于受规制的减排企业生产成本的上升，其在短期内会处于一个不利的竞争地位。因此，对配额分配采用拍卖的模式会增加企业的负担，提高生产成本，影响企业国内及国际的市场竞争地位。

不同碳配额分配方式的政策考量如表 3.11 所示。

表 3.11 不同碳配额分配方式的政策考量

分配方式	减排主体			市场公平性			减排成本	
	资产状况	竞争力	接受程度	减排企业间	企业和消费者	市场进入	执行成本	社会成本
免费配额	成本无影响	无影响	易于接受	"意外之财"	任意转嫁成本	有障碍	协调利益成本	转移消费者
拍卖配额	成本上升	短期降低	不易接受	统一模式	转嫁成本透明	无障碍	拍卖所得再投资	转移消费者

免费分配配额方式并没有实质性增加企业的边际成本，相反还是对减排地区和企业的一种间接补贴和补偿，因而该方式对国内企业的冲击力较小，更容易获得国内企业的支持，在政治上更具有可行性，也有利于碳交易机制的快速施行；同时在免费分配配额方式下，减排企业仍然会通过提高产品或服务价格将减排成本转移给消费者，因而并没有实质性地降低减排的执行成本和社会成本；另外，免费分配配额方式相当于对企业的一种"补偿"，容易导致企业有机会寻求到"意外之财"，尤其与新进入市场的主体相比，它们占据更为优势的市场地位，有悖于市场公平性原则的要求。建立在拍卖基础上的有偿分配更有助于实现二氧化碳减排的目标和环境友好型的目标，而且也更有经济效率，有助于绿色经济的发展和清洁技术的开发应用。对于减排企业而言，以有偿的方式获得排放许可意味着边际成本的上升。从这个意义上讲，拍卖的分配方式会刺激减排企业和产业采取减排措施，降低边际成本，实现清洁发展的目标。对于终端用户而言，由于减排企业将一部分配额拍卖成本转移到产品和服务上，导致产品和服务价格的上升，也会推动消费者降低能源需求，改变生活方式，实现更节能环保的目标。政府也可以将拍卖收入投资到可再生能源项目和清洁技术研发，直接补贴消费者，为社会创造更多的工作机会和财富的增长，最终实现绿色环保和经济增长的双重目标。

通过以上分析可以发现，尽管免费分配配额的方式对减排主体造成的影响更小，但是该方式更易与市场公平性原则的要求相悖，会造成额外的减排执行成本，对清洁技术和战略性能源投资的贡献率较小。相比而言，拍卖的有偿分配方式是一种催化剂，推动企业最高效的生产模式，减少二氧化碳排放量，实现利润的最大化。与此同时，有偿分配方式遵循了市场公平性原则，并能为新能源和清洁技术提供资金上的支持，具有战略性意义。这也解释了为什么在实践中越来越多的国家倾向于选择拍卖的有偿分配方式，以此作为国家碳交易制度中配额分配方式的更优选择或者最终选择，而将免费分配方式作为有偿分配方式的补充形式或者过渡形式。

3. 仅靠单一碳排放权交易的减排制度能够实现"30·60"目标吗？如果难以实现的话，我国又该选择怎样的减排之路呢？同时，国外减排的经验可以给我们带来哪些启示？

本题对应案例的第五部分"后记：乘风破浪的碳市场"，第一个小问题是为了使学生了解我国目前实现减排目标的困难。第二个和第三个小问题是为了引导学生学习有关碳税的知识，并了解国外碳税的实践与变革，进而吸取经验和教训，助力我国"30·60"目标的实现。

（1）我国自2011年起先后在七个省（市）实行碳排放权交易试点，2017年底明确在发电行业率先启动全国碳排放权交易体系，2021年全国碳市场正式启动运行。随着碳交易推向全国，对国内碳减排目标实现发挥更大作用。但受覆盖面和调控范围限制、碳市场价格形成机制构建难度大、市场失灵等因素影响，全面运行的全国碳市场也只能覆盖我国50%的碳排放量，国内的碳交易价格远低于联合国政府间气候变化专门委员会（IPCC）和碳信息披露项目（CDP）对实现《巴黎协定》目标的碳价预测。在"30·60"目标实现难度远超早期碳排放强度目标，以及我国要以比欧洲国家等短30年时间来实现碳中和的情况下，面对更为紧迫和更大的碳减排压力，仅以碳交易一种手段难以有效保证目标实现，需要通过与碳税这一政策手段并行实施来加大碳减排调控力度。

（2）吸取国际碳税实践及变革的经验和教训，可得到以下启示。

碳税的税基应广，税率应循序渐进，以减少推行阻力。如芬兰、南非等国家，为避免加重企业和居民家庭负担，降低碳税实施阻力，均在推行碳税初期采取了税基广、税率低的策略。芬兰碳税税基最初仅包含除运输燃料以外的化石燃料，目前已扩大至汽油、柴油、轻质燃油、重质燃料油、航空煤油、航空汽油、煤炭、天然气及可再生能源等；最初征收标准仅1.2欧元/tCO_2，但从1994年开始不断提高新能源在销售中占比，提高碳税税率。

进行全面的成本收益分析，以降低对经济的负面影响。芬兰、欧盟等国家和地区的成功经验以及澳大利亚、南非等国家和地区的失败经历显示，全面合理的成本收益分析、适当必需的配套举措、定期跟踪并及时修正的制度决策，对于减小改革对相关行业的冲击、降低政策对经济的负面影响非常重要。如芬兰根据政策效果不断修正，严格遵循收入中性原则，对纳税者采取税收减免或返还等配套优惠政策，降低碳税对经济的负面影响。而澳大利亚从碳税征收之初就缺乏全面的成本收益分析，加上制造和商业领域的强烈反对，最终导致碳税制度在执行仅仅两年后就被废除。

制定合理的配套优惠政策，降低对竞争力冲击的同时保证减排效果。在碳税制度实施初期，丹麦、瑞典、荷兰、挪威等国家为保护本国行业，对能源密集型行业实行大量税收豁免政策，致使减排效果很不理想，挪威甚至由于能源成品的快速增长导致二氧化碳排放量大幅增加。美国麻省理工学院、法国经济政策与经济学研究所、瑞士日内瓦大学等机构的研究也显示：欧盟部分国家在减排方案中尝试采取混合的碳税政策，直接免除能源密集行业的碳税，以限制碳税对本国能源密集行业的影响，是一种代价高昂的解决方案，甚至采用出口补贴等方式也要优于直接的免税政策。

碳税用途应体现中性原则，实现碳税政策的双重红利。推行碳税政策成功的国家和地区大多遵循了税收中性原则，不以增加财政收入为目的，通过专款专用，将碳税收入的大部分以补贴和补偿的方式返还给企业用于低碳技术发展或节能环保投资，少部分用于减少碳税对社会福利的影响。如丹麦以企业碳税收入成立了低碳投资资金，将居民碳税专项用于供热系统补贴和新能源改造；英国通过碳信托基金指定部分碳税收入（5%～20%）用于直接的能源效率补贴；欧盟利用碳税建立了若干帮助企业应对低碳转型投资挑战的低碳融资机制等。法国经济政策与经济学研究所的研究显示：这些力争碳税中性及均衡效应政策的实施，对经济发展的影响很小，短期负面冲击不显著；同时促使碳税政策的双重红利得以实现，在减排的同时促进了低碳经济发展。

碳税制度要与碳交易制度协调配合，最大化减排成效。欧盟由27个成员国组成，与我国能源资源分布不均、经济要素布局失衡以及区域间环境治理协同合作等方面有很大相似性，其碳税实践对我国碳减排探索具有一定的借鉴意义。目前，欧盟减排制度已经进入第四个发展阶段，碳税政策更多转向与碳排放权交易的协调配合，如修正碳税税率与市场碳价之间的对应、为碳排放权交易体系的运行提供资金保障、补充碳排放权交易无法触及的范围等，以实现减排效果的最大化。

4. 哪些理论或模型可以帮助确定碳排放权现货的价格？使用这些理论或模型时需要满足的假设条件分别是什么？

目前国际上主要的碳定价理论有三种：

（1）影子价格定价模型。

影子价格普遍应用在劳动力、自然资源的定价决策中。在碳排放权交易定价实践中，政府不但要测算碳排放权交易过程中产生的各类成本，而且要分析整个国家的经济发展水平、能源消耗水平以及其他相关行业生产技术水平，进而确定出合理可行的价格。碳排放权影子价格是在碳排放权资源最优利用条件下对碳排放权的估价，这种估价是以碳排放权这种特定资源在生产中作出的贡献为依据而作出的，虽然不是碳排放权的市场价格，但可以为碳排放权交易市场提供定价依据。

假定某经济体每年核证的碳排放总量为 Q^*，每年交易的碳排放权为 q_i，平均交易价格为 P_0，污染治理成本为 $c(q_i)$，交易所涉及的成本为 $b(q_i)$。将利润最大化作为碳排放权初始定价的依据。目标函数及约束条件可以表示为：

$$\max \pi = p_0 q_i - c(q_i) - b(q_i)$$
$$\text{s. t.} \sum q_i \leqslant Q^*$$

结合该经济体的目标函数和约束条件，建立如下拉格朗日方程：

$$L = p_0 q_i - c(q_i) - b(q_i) + \lambda(Q^* - \sum q_i)$$

对拉格朗日方程求一阶导数，可以得出：

$$\partial L / \partial q_i = ip_0 - \partial c(q_i) / \partial q_i - \partial b(q_i) / \partial q_i - \lambda = 0$$
$$\lambda = p_0 - \partial c(q_i) / \partial q_i - \partial b(q_i) / \partial q_i$$

拉格朗日乘数 λ 就是单位碳排放量的影子价格，它代表的是碳排放权资源最优利用条件下单位碳排放权的估价。如果市场交易价格低于影子价格，则进行碳排放权战略储备，如果市场交易价格高于影子价格，则出售碳排放权。

（2）B–S 期权估价模型。

B–S 模型的假设条件：

①碳排放权和期权的买卖没有交易成本；

②短期的无风险利率是已知的，并且在期权寿命期内保持不变；

③所有投资者都能以短期的无风险利率借得任何数量的资金；

④允许卖空；

⑤看涨期权只能在到期日执行；

⑥所有碳排放权交易都是连续发生的，碳价随机游走。

B－S 期权估价模型：

$$C = S_0 N(d_1) - Ke^{-rt} N(d_2)$$

$$P = Ke^{-rT} N(-d_2) - S_0 N(-d_1)$$

$$d_1 = \frac{\ln(S_0/K) + (r + \sigma^2/2)^T}{\sigma \sqrt{T}}$$

$$d_2 = d_1 - \sigma \sqrt{T}$$

其中，C 表示看涨期权的价格；P 表示看跌期权的价格；S_0 表示基础资产在初始 0 时刻的价格；K 表示期权的执行价格；r 表示连续复利无风险利率；σ 表示基础资产价格百分比（收益率）的年化波动率；T 表示期权合约的期限（年）；$N(*)$ 表示累积标准正态分布的概率密度。

在满足了 B－S 模型的假设条件，已知碳期权价格、碳期权的执行价格、无风险利率、碳排放权的收益波动率、期权合约的期限后，通过 BSM 模型的公式可以得出碳排放权现货的价格。用 B－S 定价模型对碳排放权进行定价分析时，一定要正确选取 r、σ 和 $(T-t)$ 这 3 个参数。

（3）边际减排成本定价模型。

边际减排成本（Marginal Abatement Cost Curve）表示某企业或经济体增加一单位二氧化碳排放所引起的排放成本的增加量，边际减排成本曲线是研究碳定价问题的重要工具。企业或经济体的减排量达到一定程度后，边际减排成本随着二氧化碳排放量的增加而逐渐变大，是一条向右上方倾斜的曲线，如图 3.7 所示。

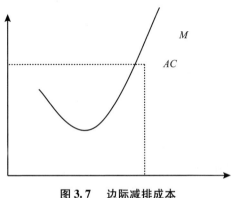

图 3.7　边际减排成本

113

目前，求解边际减排成本主要有两种方法：一种是自上而下的方法，主要通过能源部门展开研究的可计算一般均衡模型；另一种是自下而上的方法，主要是利用工程法，重点在于分析减排的技术潜力。减排成本不同的经济体存在排放权交易的可能性，如果市场属于完全竞争市场，那么各经济体边际减排成本趋于一致，都等于市场出清价格，此时减排总成本最小。即对于国际碳排放权交易而言，市场均衡时各个经济体的边际减排成本等于排放权价格。

5. 7月1日某公司因生产需要在9～11月份购买碳排放权2000吨。该公司决定利用碳期货进行套期保值。碳期货每个月都有交割，合约为每手5吨。该公司决定用11月期货来保值，于7月1日以34.57元/吨的价格成交，买入11月碳期货400手。9月28日，公司在现货市场购入碳现货2000吨，价格为37.56元/吨；同时将期货平仓，平仓价为39.65元/吨。

（1）该公司在碳的期货交易中损益是多少？

（2）该公司通过套期保值，实际上每吨碳花费的价格是多少？

该公司在碳的期货交易中的损益为：（39.65 - 34.57）× 400 × 5 = 10160（元）。

该公司通过套期保值，实际上每吨碳花费的价格为：34.57 - （39.65 - 37.56）= 32.48（元）。

五、关键要点

1. 关键点：本案例以一家控排企业老板的视角，回顾了中国碳市场的发展历程、讲述了碳市场的运作模式、介绍了碳市场的原生产品和衍生产品、分析了影响碳价的因素，最后借鉴国际碳市场的经验为我国碳市场的建设提供了意见。故学生应该跟随案例了解碳市场的构成及产品分类，梳理碳市场节能减排机制。同时学生需透过案例本身，对案例及相关经济原理的融合过程进行有效掌握，从而能够更好地理解经济知识及其运用方式，对碳市场有更深层的经济见解。

2. 关键知识点：

（1）可持续发展理论、外部性理论。

（2）碳市场交易机制。

（3）碳金融产品。

3. 能力点：

（1）总结碳市场相关知识的能力。

（2）培养绿色发展和创新意识。

（3）探索未知，思考解决办法的能力。

六、建议课堂计划

由于案例信息量较大，涵盖的理论内容重要且繁多，案例课堂计划可以根据学生的差异，尤其是对案例的阅读和课前对相应知识的掌握程度来进行有针对性的设计。本课程中案例主要按照 2 学时进行设计，同时建议学生结合案例内容，自己搜集最新资料，进行自主性思考。然后再组织学生进行分组讨论。具体安排如表 3.12 所示。

表 3.12 教学活动安排

阶段	内容	教学活动	时间
课前准备	学生准备	提前发放案例正文、启发思考题和补充信息，并请学生根据案例提前自行检索搜集碳市场、碳金融衍生品的相关信息。 提前要求学员做好分组，建议划分为 5 个小组	提前一周
课堂计划	案例引入	授课教师说明课程内容和案例讨论主题，说明案例讨论的教学目的、要求和安排等	5 分钟
	案例回顾	带领学生简要回顾案例正文	5 分钟
	分组讨论	开始分组讨论，各学员根据课前搜集的信息，围绕启发思考题进行深入讨论	20 分钟
	引导式提问与互动	授课教师根据分析思路中给出的案例分析逻辑以及各启发思考题对应的引导性提问，与学员展开互动。 建议每个启发思考题随机抽选一个小组进行提问，并与其他小组展开互动。每个问题的提问和讨论时间建议控制在 10 分钟内。 授课教师在提问过程中穿插讲解理论依据和知识点。	40～50 分钟
	案例总结	对案例正文的情节叙述、相关理论依据和知识点进行总结归结，并适当延伸	10 分钟
课后计划		布置课后作业：请学员根据课堂讨论，自行搜集整理相关案例，总结出中国碳金融市场的发展路径	课后一周

在课堂上讨论本案例之前，应该要求学生至少读一遍案例全文，对案例启发思考题进行预习和回答。具备条件的还可以小组为单位围绕案例说明书中的启示题目做进一步讨论。课后如果某小组对此案例有兴趣跟踪，建议联系案例作者或企业负责人，进行深入研究。明确具体的职责分工，为后续章节内容做好铺垫。

七、参 考 文 献

［1］朱帮助，江民星，袁胜军，等．配额初始分配对跨期碳市场效率的影响研究［J］．系统工程理论与实践，2017（37）：2802－2811．

［2］郭蕾，赵方芳．我国碳排放权交易市场活跃度研究——基于碳价时间序列的测算［J］．价格理论与实践，2020，433（7）：100－103＋181．

［3］卜文珂，赵蒙恩．碳排放权价格对能源企业股价的影响研究——基于传统能源和新能源企业的对比分析［J］．价格理论与实践，2020（3）：107－110．

［4］丁志刚，陈涵，徐琪．碳交易与碳税双重风险下供应链低碳技术采纳时机决策研究［J］．软科学，2020，34（7）：101－107．

［5］杨长进，田永，许鲜．实现碳达峰、碳中和的价税机制进路［J/OL］．价格理论与实践：1－7［2021－04－23］．

［6］陆敏．我国碳排放配额交易市场现状及价格问题研究［D］．南京航空航天大学，2016．

［7］陈欣．中国碳市场价格研究［D］．陕西师范大学，2016．

［8］杨秀汪，李江龙，郭小叶．中国碳交易试点政策的碳减排效应如何？——基于合成控制法的实证研究［J/OL］．西安交通大学学报（社会科学版）：1－18［2021－04－23］．

［9］路京京．中国碳排放权交易价格的驱动因素与管理制度研究［D］．吉林大学，2019．

［10］高翠云．减排和经济结构调整条件下的中国碳定价问题研究［D］．吉林大学，2018．

［11］李谊．碳排放权交易定价影响因素的实证研究［J］．价格理论与实践，2020（6）：146－149．

案例四　建设银行：数字化筑就
零售业务领先优势[*]

案例摘要

　　随着互联网和大数据技术的快速发展，金融科技（Fintech）成为各商业银行战略布局的重要领域。《金融科技发展规划（2019－2021 年）》要求，到2021 年建立健全我国金融科技发展的"四梁八柱"。但金融科技业务尚处探索和创新阶段，还有众多难题需在实践中有效破解。本案例回顾了"智能化金融服务先行者"中国建设银行（以下简称"建行"）从传统金融机构转型数字银行的创新之路，分析了其在金融科技发展过程中通过打造"数字化转型"领先优势，助力普惠金融跨越发展的过程。本案例旨在引导学生理解金融科技、数字化转型相关概念，并在此基础上深化对银行再造、长尾理论的理解。同时，也为其他银行实现数字化转型提供借鉴，为解决小微企业融资问题提供新思路。

案例分析

0　引　言

　　当前，新一轮科技革命和产业变革加速演进，推动数字经济蓬勃发展。

　　* 本案例获得全国金融硕士教学案例大赛优秀案例奖。由苏州科技大学商学院的王世文、钱燕、张尹、张郇丹、刁俊丽撰写，作者拥有著作权中的署名权、修改权、改编权。本案例只供课堂讨论之用，并无意暗示或说明某种行为是否有效，且不构成投资建议。

"十三五"期间，我国数字经济增速超 16.6%[①]，为建设数字中国提供了有力支撑；"十四五"规划纲要更是对我国数字经济发展进行了战略部署。其中，金融科技已经历了 1.0、2.0、3.0 三个发展阶段，已成为银行数字化转型的关键路径。作为国有四大行之一，建行率先布局实施金融科技战略，加快推进数字化转型。2019 年末金融科技相关技术人员已超万人，2020 年更是大幅增长 30.00%。同期，2020 年建行金融科技领域投入较上年增长 25.80%，达221.09 亿元，占营业收入的 2.93%，在同行业处于领先规模[②]。

早在 2004 年安德森（Anderson）就指出，商业和文化的未来在于需求曲线中那条无穷长的尾巴，即"长尾市场"。根据"二八法则"传统观念，商业银行认为 20% 的客户创造 80% 的利润，经营重心应偏向企业大客户，数量庞大但个体资金量小的"长尾"客户则被视为"利基市场"。但是，金融科技能够改善信息不对称难题，发挥规模经济效应和范围经济效应，能够大幅提升"长尾市场"服务效率和降低经营成本，提升商业银行零售业务的获利能力。2018 年建行就将零售转型作为金融科技战略重点，不断创新零售商业模式，全面开启数字化时代的"第二发展曲线"，为驱动金融业务发展和赋能实体经济打下了坚实基础。2020 年，建行凭借 957 亿元的个人银行利润规模摘得商业银行零售板块盈利头名，铸就行业"零售之王"优势，对其转型之路的探讨对银行业数字化转型具有积极启示作用。

1　加速零售数字化转型的实践

金融科技的发展对商业银行的影响尤其显著，分别引发商业银行进行了三次变革。时至今日，金融科技的诸多成果都能够第一时间应用在商业银行领域，尤其在"十四五"提出"要提升金融科技水平"后，商业银行作为金融科技发展的无垠蓝海和重要载体，在政策红利的激励下，建行积极拥抱金融科技，主动通过内部科技升级加速零售银行数字化转型发展，进而推动自身转型升级。

---

① 中国经济网."十三五"期间我国数字经济实现跨越式发展. http：//www. ce. cn/macro/more/202102/15/t20210215_36314403. shtml。

② 中国建设银行年报资料. http：//www2. ccb. com/chn/home/investor/annual _ report/nbzl/index. shtml. 以下有关建行数据不做特殊说明，均来自建行年度报告。

1.1　金融科技助力建行贷款业务发展

伴随 21 世纪第二个十年到来的是势不可挡的金融科技浪潮，科技与金融的结合并未止步于通过计算机提升金融服务效率，科技使金融更加智能化，也使大众的金融服务需求得以更加便捷地实现，其中最不容忽略且至今也备受争议的互联网贷款是金融科技的重要一环。互联网贷款的发展见证了商业生态从线下到线上迁移的过程，其发展进程也是大数据、人工智能等新技术在金融业的应用从萌芽到成熟的过程，是一部金融科技的进化史。

1.1.1　2010～2014 年：建行零售贷款遭负面冲击——网贷公司更新迭起

在互联网贷款肆意生长前，个人贷款只能依赖于商业银行，但就业务受理角度来看，通常传统银行业在受理用户贷款时，审查及核实的信用数据相对死板，手续也十分烦琐，固化的授信模式对资金需求用户的流水状况、收入证明、资产证明、征信报告等都有明确而严格的要求。在互联网贷款兴起之后，由于其更具灵活性的特点，借款人更易获得资金。因此，这样形式的贷款数量猛增，引发了激烈的同业竞争，随之分流了部分传统银行业的客户，也导致建行基础个人贷款业务的增速持续降低，同比增长率从 2010 年的 25.76% 一路降到 2014 年的 17.02%。小微企业贷款业务也受到较大冲击，贷款余额增速持续下降，由 2010 年 34.03% 的增长率持续下跌为 2014 年的 15.51%。

1.1.2　2014～2016 年：建行零售贷款迎发展浪潮——数年布局初有成效

在业绩受到一定冲击后，建行积极顺应互联网金融发展趋势和需求，经历数年的探索与筹备，不断创新金融科技产品以完善零售贷款业务。在个人贷款方面，建行建立"房 e 通"房产自助交易融资服务平台，为客户提供房屋买卖及贷款的"一条龙"服务，实现个人贷款电子渠道新突破；在业内推出首个全流程个人网上自助贷款产品——建行"快贷"。在小微企业业务方面，建行陆续推出依托大数据、互联网、区块链等金融科技手段的金融产品，其中"税易贷"是建行积极探索信贷业务新模式的产物，有效助力建行与国家税务总局开展的"银税互动"合作，推出一年后实现超过 200 亿元的累计投放贷款，累计服务 1.2 万户小微企业。

历经四年的布局与奋战，零售贷款业务余额在 2014 年迎来拐点。在线上线下多渠道创新产品的支撑下，个人贷款业务加速成长，小微企业贷款余额增速下跌趋势有所缓和，零售贷款余额增长率从 2014 年的 17.02% 增长至 2016

年的 25.14%。

1.1.3 2016~2020 年：建行零售贷款"起飞"失败——互联网金融盛世开启

2015 年伊始，建行零售贷款业务先后受到 P2P、花呗和借呗这两个强有力竞争者的威胁。截至 2016 年末，网贷行业总体贷款余额已经达到了 8162.24 亿元，并在 1 年的时间内上涨近 50% 达到 12245.87 亿元（建行 2016 年个人贷款余额为 43383.49 亿元，2017 年为 51938.53 亿元），抢占了建行部分零售贷款份额。

虽然 2018 年起 P2P"爆雷"事件频发、监管收紧促使 P2P 平台全盘清理，但于 2015 年 4 月在蚂蚁金服上线的花呗和借呗成为建行贷款业务的另一强大竞争对手。花呗和借呗的便捷性导致其对银行的信用卡服务的替代性极强，它们的出现迅速挤占了建行的信用卡贷款额，尽管建行在这几年间不断创新，推出了基于移动互联的 APPLE PAY、HCE 云闪付、三星 pay、华为 pay、米 pay 等移动支付服务，开拓了教育、留学、医疗等细分市场，并依托"慧兜圈"平台推广美食、修车等 180 多项惠民服务行业应用项目，全方位渗透居民衣食住行消费场景，不断提升其数字化能力，但由图 4.1 可知，建行信用卡贷款数额虽然一直保持上升，但其增速从 2012~2020 年始终在断崖式下跌。与此同时，建行零售贷款余额增长率从 2016 年的 25.14% 跌至 2019 年的 10.92%，在 2020 年略有回升，达到 11.68%。

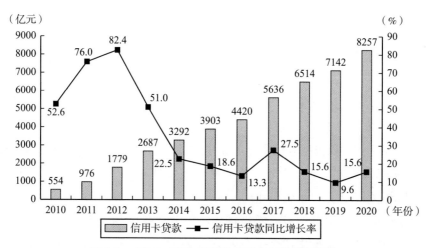

图 4.1 2016~2020 年建设信用卡贷款业务情况

1.2　金融科技助力存款与中间业务发展

金融科技的发展带来了第三方支付平台和层出不穷的互联网理财工具，这一方面吞噬了本该属于商业银行的大量存款和佣金手续费用，成为商业银行盈利的"羁绊"；另一方面它们的出现推动了商业银行的"变革"，促使商业银行的金融业务科技化、智能化，启示商业银行主动拥抱大数据、人工智能、云计算和区块链技术以顺应时代的浪潮。

1.2.1　2010～2017年：存款及中间业务遇瓶颈——第三方支付与互联网理财崛起

建行存款业务与中间业务增长率在2010～2016年平缓下跌，同期，随着金融科技的不断发展，以蚂蚁金服为首的互联网财富管理平台已成为关注度最高的理财产品购买渠道，其高收益低门槛的特性吸引大批居民将银行存款转移到互联网理财产品中，并大幅减少商业银行手续费及佣金收入，这对银行存款业务无疑是巨大冲击；除此之外，由于支付宝和财付通这两大第三方支付平台构建了较为独立的、与银行职能相似的跨行结算机制，挤占了原本商业银行的结算、代理收付以及电子银行等的中间业务收入，对银行的中间业务起到替代作用，也对建行存款业务造成巨大冲击。

尽管建行也努力结合金融科技建立了自己的互联网财富管理平台，不断完善自己的移动支付可使用场景，但要与势不可挡的支付宝、蚂蚁金服等抗衡还是力不能及，因此建行2010～2017年的存款业务和中间业务的增速逐步下滑也在情理之中。

1.2.2　建行如何应对——零售作水，存款及中间业务作船，金融科技加持下"水涨船高"

建行面对第三方支付与互联网理财所带来冲击的第一项应对措施就是不断完善零售业务，推动零售业务向数字化、智能化、网络化转型，加快打造建行新零售，有效提升建行零售业务效率和便捷性。自建行电子银行业务开通以来，便坚持做线上线下同步零售，2010年已实现普通客户通过网上银行购买理财产品、优化基金、转账汇款等。随后几年中，建行不断加强渠道建设，推动了手机、PC端、平板电脑、智慧柜员机、智慧柜员、微信银行等多渠道建设，加大客户引流力度。自2017年起，建行开始超前布局，在金融科技的"加持"下，实现智慧柜员机人脸辅助识别功能，智能机器人也基本实现厅堂迎宾、业务咨询、引导分流和营销展示四大类场景应用。建行于 2017 年推出的"财智引擎"在 2018 年升级为以智能投顾为核心的"龙财富"个人财富管理平台，依托金融科技实现多维度分析客户产品需求，提供差异化、智能化与自助式的产品服务。直至 2020 年，建行运用大数据云和实时流计算等技术自动获取加工数据，首次实现零售信贷领域产品实时销售监测，零售业务数字化转型已经颇具规模。

第二项应对措施为打造并完善自己的移动支付品牌，以抵御第三方平台的对其存款业务和中间业务的蚕食。建行分别于 2012 年和 2014 年推出"善融商务"银行电商平台和龙卡电子支付钱包；2015 年坚持"移动优先"发展战略，推出 HCE 龙卡云闪付产品，自主开发"随芯用"移动支付客户端，满足客户安全便捷的支付需求；2016 年推出融合 NFC、二维码和人脸识别等多种技术的全场景支付产品龙支付；推进龙支付发展，不断升级迭代，增加快贷等多项功能，支持共享单车、旅游、社区等多个生态圈应用。自 2017 年建行金融科技布局之后，其移动支付开启了"指纹支付""刷脸支付"之旅，并不断与各公司合作，拓展金融支付场景。例如，与小米合作推出的小米金卡，在多点生活的多点 App 中加入"多点零钱卡"，在物美超市试点布放定制的智能自助购物终端，以支持扫码支付及建行刷脸支付，以及率先在郑州地铁推出"刷脸过闸支付 + 会员钱包 + 地铁周卡"服务新模式等。

1.2.3 2017～2020 年：存款业务增速喜人——金融科技深度布局助力成长

建行于 2017 年开始落实普惠金融战略，并于 2018 年全面启动普惠金融战略，构筑普惠金融战略体系，足以表明建行以金融科技助力跑出加速度的决心与信心。建行始终在创新，运用大数据云和实时流计算等技术自动获取加工数据，首次实现零售信贷领域产品实时销售监测。在基于移动互联网的企业级数字支付品牌的成功打造后，仍然坚持挖掘消费者喜闻乐见的消费场景，加大与支付宝、抖音、百度、京东、美团等头部企业开展联合促销、绑卡支付、积分兑换等业务合作，不断拓展线上线下渠道。

在建行深度布局金融科技的努力下，2018 年银行的存款业务增速大幅增加，并在 2020 年达到了 16.88%，一举超过前十年的表现。

2 建行打造金融科技生态网络的创新

早在 2007 年，建行与科技公司就开展了网络银行信贷合作，并于 4 年后开展快捷支付业务，至 2017 年已建成新一代核心系统，打造了国内银行业规模最大的私有云和航母级信息技术平台，并组建了一批能打硬仗的复合型人才队伍，在金融科技领域积著了强大的力量。在金融科技由 2.0 阶段跨入 3.0 阶段的关键节点，建行并没有停下"大象"的脚步，面对客户需求、金融科技、监管政策、市场开放和竞争环境的快速变化带来的巨大挑战，建行主动变革，深耕金融科技领域，2018 年成立国有银行中的第一家全资金融科技子公司——建信金融科技公司，提出并深入推动"三大战略"，为"第一曲线"和"第二曲线"搭力续势。2020 年，建行的利润增速转正、息差触底回升、不良资产持续出清、资产质量保持稳健。

2.1 深度融合：建行主动拥抱金融科技革命

2.1.1 夯实科技支撑能力

中国银行、中国农业银行、中国工商银行、建行、中国邮储银行、交通银行 2020 年科技投入总计 956.86 亿元。对比 2019 年银行业整体情况，这六大银行金融科技投入力度占据银行业投入的近半江山，行业分化显著。

2020 年，银行机构信息科技资金总投入为 2078 亿元，同比增长 20%。首先，国有银行中，中国工商银行、建行在 2020 年科研资金投入力度双双突破 200 亿元，领跑银行业，其中中国工商银行 2020 年金融科技投入资金 238.19 亿元，相比 2019 年的 163.74 亿元大幅增长 45.47%，占营业收入的 2.7%，金融科技相关人员达到了 3.54 万人，占全体员工数的 8.1%；建行 2020 年金融科技投入资金 221.09 亿元，同比增长 25.38%，占营业收入的 2.93%，金融科技人员数为 1.3 万人，占全体员工数的 3.5%。中国银行、中国农业银行、中国邮储银行和交通银行 2020 年金融科技投入资金分别为 167.07 亿元、183 亿元、90.27 亿元和 57.24 亿元，营业收入投入比均在 3% 上下浮动[①]。

一些股份制银行在持续加大金融科技投入方面"奋起直追"，投入力度赶超部分国有大行，其中，招商银行 2020 年信息科技投入 119.12 亿元，同比增长 27.25%，营业收入投入比高达 4.45%；2020 年中信银行科技投入 69.26 亿

---

① 光明经济. 解读六大行财报：加大普惠金融力度 严控资产质量风险. https：//economy. gmw. cn/2021 – 04/27/content_34799306. htm。

元，同比增长 24.43%，占营业收入的 3.56%[①]（见表 4.1）。

整体而言，建行持续加码金融科技资金投入、壮大复合人才队伍，形成了技术、人才等多方竞争优势。

表 4.1　　　　　　　　　　商业银行金融科技投入情况

名称	营收/投入比（%）	投入资金（亿元）	同比增长（%）	金融科技人员（万人）	占比（%）
中国银行	2.95	167.07	43.36	—	—
中国农业银行	2.54	183	43.08	—	—
中国工商银行	2.7	238.19	45.47	3.54	8.1
中国建设银行	2.93	221.09	25.38	1.3	3.5
中国邮储银行	3.15	90.27	10.35	—	—
交通银行	2.85	57.24	13.45	0.3976	4.4
招商银行	4.45	119.12	27.25	—	—
中信银行	3.56	69.26	24.43	0.419	7.6

2.1.2　阶段性代表的产品

在科技和互联网的助力下，建行的用户渠道从线下拓展到线上，各项业务从互联网到智能化、数字化，持续推动金融科技为建行"建生态、搭场景、扩用户"，全面推进业务、数据、技术三大中台建设。积极探索生态场景建设，加快推进业务中台能力建设，系统化支撑场景生态价值深耕与用户精细化运营；生态获客能力显著提升，成功打造用户账户、数字支付、场景营销等样板间，生态场景账户累计达 1029 万户，实现量质双升；围绕养老、住房、出行、社区等重点领域积极探索垂直生态经营模式。

就"扩用户"而言，建设银行始终坚持充分利用科技和互联网进行多渠道建立，以引流客户。从网上银行、短信银行到微信银行，再到深度融合边缘计算、智能语音、生物识别等技术的个人手机银行 App，通过实现"动口不动手"的业务办理方式，拓展信息无障碍服务，方便视觉障碍者和老年客户使用手机银行。从传统柜台到 ATM 机，再到智慧柜员机、智能机器人，直至 2019

---

① 中国电子银行网.8 家股份行 2020 年科技投入曝光：花 400 亿撬动了哪些业绩增长？. https://www.cebnet.com.cn/20210416/102743381.html。

年运用 5G、物联网、生物识别等新技术打造的代表未来趋势的新概念银行网点——"5G + 职能银行"，金融科技使建行业务更智能化、更简化，打破空间限制、打破烦琐手续的限制，也充分推动所有人群便捷享受金融服务的进程。针对不同人群的金融服务需求，创新了贷款产品服务（如面向个人的"快贷""房 e 贷"，助力小微企业融资的"助保贷""税易贷""建行惠懂你"等），移动支付服务（如"随芯用""悦生活""龙支付"等）、理财服务（如"龙财富"）以及运用了人工智能的线上客服服务（如微信"小微"）。

就"建生态"而言，金融科技助力建行打造了客户、银行与第三方之间"三位一体"的实时互动客户金融生态系统。金融科技帮助银行多渠道连接客户，促进银行与第三方的合作。由于银行业务逐渐智能化与数字化，金融科技使得信息在银行与其他行业企业之间的共享共通成为可能，因此有利于建行整合行外资源，优选合作第三方，形成供应齐全、优势突出、组合多元的产品目录体系，在产品上体现为小米的"小米金卡"，与多点生活 App 的"多点零钱卡"，与物美超市合作的支持建行刷脸支付的智能自助购物终端，与郑州地铁推出的"刷脸过闸支付 + 会员钱包 + 地铁周卡"服务新模式，以及与支付宝、抖音、百度、京东、美团等头部企业开展的联合促销、绑卡支付、积分兑换业务合作等。

就"搭场景"而言，建行围绕广大客户基本的"衣食住行"生活需求，借力金融科技打造了金融场景和非金融场景的布局规划。从产品端来说，包括自建电子商务平台"善融商务"，满足个人用户的线上购物、交易结算、消费分期等需求，通过"悦生活""龙支付"等构建起了智慧政务、智慧商业、智慧生活、智慧教育、智慧社区、智慧出行、智慧菜篮、智慧医疗、智慧旅游等多场景需求覆盖。

2.2　内外赋能：稳步推进金融科技业务发展

建行推进三大战略，即住房租赁、普惠金融、金融科技，三者相互支撑，协同发力，共同打造形成差异化竞争优势。此外，建行充分发挥金融科技和金融全牌照优势，持续完善绿色金融发展长效机制（见图 4.2）。而金融科技事关银行融资信贷、产品创设、理财服务、风险控制、成本管理等业务的方方面面，如果没有深入布局，未来很难在竞争中占据优势。因此，本案例主要介绍建行"三大战略"中的金融科技。

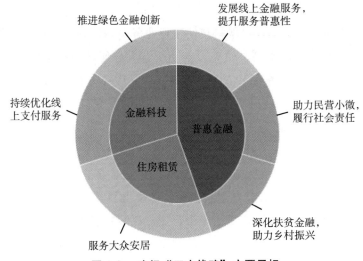

图 4.2 建行"三大战略"主要目标

2020 年新冠疫情倒逼建行在金融科技领域进一步提升。总体而言，建行从三个方面打造金融科技能力。

首先，完善科技创新的体制机制，继续加大科技投入。建行成立金融科技的创新领导小组，成立了建信金融科技子公司，构建了"两地三中心"的金融科技基础设施。图 4.3 展示了建信金融科技公司的公司定位、战略愿景和业务范围，在新经济磅礴的新时代，作为首家国有企业全资控股的金融科技公司，顺金融科技发展之"天时"，承"新一代"之地利，融与母行之"人和"，履行国有大行社会责任，满足人民日益增长的生活需要。图 4.4 展示了建行云的发展历程，2013 年建行开始新一代架构设计时，商业虚拟化软件技术成熟，而互联网技术栈才刚刚起步。建行率先引入商业虚拟化软件技术栈，构建了当时金融界最大的云平台，并在 2016 年顺利支持建行新一代核心系统的投产。随着互联网技术栈的成熟和云计算发展进入爆发期，为适应互联网时代发展要求和有效支撑普惠金融、住房租赁、金融科技三大战略，建行引入业界成熟的互联网栈，并于 2018 年 7 月投产。而 2020 年北京稻香湖数据中心的投产，标志着建行云完成了"两地三中心"的布局，具备同等系统部署的能力，满足了多地域部署的需求。

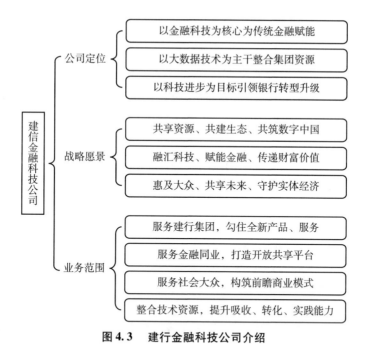

图 4.3 建行金融科技公司介绍

此外，建行在科技人才的布局上进一步优化。至 2020 年末，建行金融科技人员数量为 13104 人，占总员工的 3.51%；金融科技投入为 221.09 亿元，较 2019 年末增长 25.38%，占营业收入的 2.93%；累计获取专利授权 564 项，其中发明专利授权 368 件，居国内银行业首位。

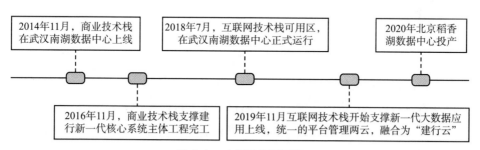

图 4.4 建行云发展历程

其次，对内打造智慧的金融体系，赋能经营管理和业务发展。在零售业务方面，建行打造了融合 C 端场景的新零售格局，建立了以用户为中心的全面经营体系。在渠道方面，积极推进了"5G＋智能银行"场景创新和模块化推广，助力线上场景化金融服务；以数字内容和活动运营为抓手，增强与用户交互连接。2020 年末，建行个人手机银行在用户规模、交易规模、应用市场下载量等评价指标中均居行业前列（见表 4.2），在风险管理方面推进了智能风控体系建设，整个平台的预警准备率已经超过 90%。同时，建行人工智能已经实现了在客户服务、风险管理集约化等领域的多场景应用。区块链技术已经在跨境贸易、智慧政务、供应链领域中得到了应用。

表 4.2 　　　　　　　　　　2020 年建行网上银行活跃度情况

活跃 用户数 （亿人）	日均活跃 用户数 （亿人）	使用时长 （亿分钟）	人均使 用时长 （分钟）	人均单日 使用时长 （分钟）	使用次数 （亿次）	人均使 用次数 （次）	人均单日 使用次数 （次）	人均单次 使用时长 （分钟）
9.29	1.26	122.05	157.31	38.04	103.42	132.88	32.11	14.21

资料来源：Questmobile。

最后，对外拓展智慧生态，服务经济、社会、民生。2020 年建行形成了横向服务数字政府治理能力提升，帮助多地政府搭建了"互联网 + 政务"平台；纵向服务住房租赁、乡村振兴、教育医疗等多个领域统一的智慧生态服务体系，全年注册用户超过了 1 亿，累计注册用户数超 2.8 亿，全行 1.4 万余个网点开放政务服务超 1.4 万项。打造了智慧社区服务平台，触达 B 端、C 端。同时完善住房生态圈建设，赋能中小金融机构，累计向 328 家中小银行输出风控工具等。

3　建行创新实践的启示

作为四大国有银行之一，建行拥有强大的市场号召力和雄厚的资金实力，不仅在科研技术上具有成本优势，其回报率也在行业平均水平之上。随着金融科技 3.0 阶段的到来，建行成立第一家国有全资金融科技子公司——建信金融科技公司，注册资本高达 16 亿元位居国内银行榜首，达到了农银金科、交银金科、中银金科、北银科技、工银科技等 12 家金融科技子公司注册资本投资总额的 26.23%。这一举动充分表明建行积极与金融科技深度融合，以加快科技化转型的决心。而建行的数字化转型之路也为中小银行的数字化转型之路起到了示范作用，对于解决小微企业融资难、融资贵以及如何更好地满足"长尾客户"的多样化需求提供了新思路。

3.1 以身为教，发挥数字化转型示范作用

与大型银行相比，中小银行受制于规模实力、技术储备、业务能力，数字化转型过程落后于大型银行。目前，大型银行的数字化转型更具前瞻性，或者具有一定引导性，不管是在技术的应用探索上，还是创新场景的应用实践上，整体上都处于领先地位。中小银行应借鉴建行的整体战略布局：将金融科技作为三大战略之一，构建场景化、个性化、智能化的新零售模式，打造交易性与新兴业务无缝融合的新对公服务，建设智能、高效、强风控的普惠金融，形成金融科技驱动、金融理念引领、金融协同发展的良好趋势。此外，基础薄弱的中小银行还应积极探索与第三方科技公司合作的新模式，扬长避短，定位"长尾客户"群，在产品设计上突出个性化特征，结合自身特点进行转型以谋求差异化竞争，避免电子银行同质化倾向。

3.2 金融科技，拓宽中小微企业融资途径

小微信贷需求呈现"短、小、频、急"的特征，导致金融机构在为其提供服务时存在信息不对称、风险不对称等难点。而金融科技高效率、低成本的特点正好满足小微融资碎片化的需求。一方面，金融科技可以提高小微企业风控能力。技术的进步催生了更加成熟的信用评估机制和动态预警模型，一定程度上降低了商业银行获取有效信息的成本，如借助人工智能和大数据建模技术，在个人信用基础上叠加企业信用画像，并基于小微企业主画像精准度的提高，以期实现零抵押、全自动与低风险、高效率的并行；另一方面，金融科技降低服务成本、提升小微企业融资效率。传统金融机构信贷审批手续烦琐、审批成本高，而金融科技通过数字化风险评估流程，减少了人工成本，大幅压缩了信贷审批时间，进而缩减了整体上的信贷成本。例如，作为占据建行利润半壁江山的公司银行业务，将金融科技作为转型动能，依托供应链、大数据等金融科技手段研发"助保贷"和"供应贷"助力贷款业务。小企业业务践行普惠金融，由于线上信息具有交互性和纵深性，因此这些产品能较大程度减少信息不对称，同时存在制作成本低等优势，从而有效降低交易成本、提升金融服务效率，实现金融服务和场景生态的深度融合，不断放大规模经济效应。

3.3 精准服务，满足长尾客户多样化需求

银行对长尾客户的服务能力有待提高。互联网的渗透改变了金融客户的行

为和习惯，而第三方支付、P2P、宝类基金直投产品等业务依托大数据思维挤压银行的盈利空间，降低了客户忠诚度，尤其是长尾客户对零售银行的依存度。与此同时，数字化使得线上、线下的边界日益模糊，长尾客户的在线化也使得传统银行依托网点的竞争优势失去基础。对于高度零散化、碎片化的长尾市场，大型商业银行往往无法及时地满足其差异化需求。区别于传统大银行的"二八理论""三大一高"（大城市、大行业、大企业、高端客户），普惠金融更加重视更广大客户的金融需求，而数字技术的应用将高度碎片化的长尾客户需求聚集，形成一定的市场规模，可以为小微客户提供精准服务。

案例使用说明

一、教学目的与用途

1. 适用课程：

本案例主要适用于"金融市场与金融机构""财务报表分析""公司金融""金融学"等课程，主要涉及商业银行业务结构、长尾理论、信息不对称理论以及企业经营战略等教学内容。

2. 使用对象：

本案例适用教学对象为金融专业硕士（MF）以及工商管理硕士（MBA），也可用于高年级金融专业本科生的教学。

3. 教学目标：

（1）了解商业银行的负债业务、资产业务、中间业务三大基本业务，并熟悉零售业务的概念及涵盖的内容。

（2）掌握金融市场与金融机构课程基本理论，了解信息不对称理论、长尾理论等在金融机构成立、经营等方面的作用，尤其关注这些理论在商业银行发展过程中产生的影响。

（3）充分了解金融科技的分类及具体发展历程，且能够分析并掌握金融科技对金融市场尤其是数字化转型方面带来的促进作用，促进学生关注资本市场动向，熟悉资本市场产品和服务，培养金融专业素养。

（4）能够通过年报中信息归纳、分析、挖掘、总结出深层次内容，从而准确把握企业经营动态和未来发展趋势。

（5）熟悉建行利用金融科技在零售业务方面进行数字化转型的具体措施，并对这些措施的经营结果进行横向、纵向比较分析，培养学生对金融事件剖析的能力。

4. 教学目的：

本案例从建行利用金融科技实现零售业务数字化转型出发，探讨了其背后的原因和具体发展过程，并分析其这一系列举措取得的良好成果。这种由"果"推"因"、又由"因"推"果"的逻辑给学生提供了一种思维模式，即首先发现具有研究价值的金融话题，接着挖掘其背后的理论、机制、具体措施，最后在保证数据的支撑性、分析的逻辑性的基础上对发展结果进行综合评价。此过程不仅培养了学生勤于思考的习惯以及对金融话题的敏感度，还有效锻炼其分析问题、解决问题的能力，全面提升金融素养。

二、启发思考题

本案例阐述了建行利用金融科技实现零售业务数字化转型的起因、一波三折的具体实施过程、经营的良好成果以及对未来战略布局的展望，鼓励学生同时用历史和发展的眼光看待一个金融问题。因此，以下思考题将按照案例分析的时间顺序给出，可以预先布置给学生，让学生在阅读案例的过程中进行思考，引导学生在学习时具有逻辑性：

1. 就案例背景而言，金融科技具体包含哪些内容，其对金融市场的影响具体表现在哪些方面？

2. 就案例主体引入部分而言，金融科技对建行的挑战和机遇有哪些？以"数据＋理论＋分析"的形式给出你的答案。

3. 就建行具体实施过程而言，结合相关理论思考建行是如何利用金融科技进行零售业务数字化转型的？

4. 就经营成果来看，金融科技赋能建行零售业务数字化转型，是成功还是失败？

三、分析思路

教师可以根据教学目标（目的）灵活使用本案例，以下分析思路仅供参考（见表4.3）。

1. 结合金融科技的特征与以建行为代表的商业银行的基本业务，分析金融科技给建行业务发展带来的冲击，以及建行应如何借力金融科技来实现自身的发展。

2. 在我国大力发展普惠金融的背景下，建行作为国有四大行之一，是如何利用金融科技缓解小微企业信息缺失问题，从而助力普惠金融并且实现自身"零售之王"地位的。

3. 在近十年内，商业银行外的金融市场在与互联网和科技的不断结合过程中出现了互联网贷款、第三方支付以及互联网理财等，建行在此过程中是如何拥抱金融科技实现自身转型的。

4. 归纳建行零售业务的数字化转型之路，分析其对其他中小银行的示范作用，并思考中小银行该如何实现自身的转型。

表4.3 案例分析思路及课堂讨论引导问题

案例呈现情境	教学目标	知识点	课堂讨论的引导问题
案例背景	（1）掌握金融科技的概念与发展历程 （2）掌握零售与普惠金融的背景	金融科技的概念、分类与影响 普惠金融难点：信息不对称	金融市场在互联网与科技腾飞的背景下发生了哪些变化？中小微企业如今面临着什么样的难点？
外部冲击	了解商业银行在金融科技大背景下的挑战与机遇	商业银行三大基本业务 长尾理论	互联网和科技使商业银行遭遇了哪些挑战？又为商业银行带来了哪些机遇？
应对方式数字化转型	（1）了解建行如何用金融科技布局零售业务的发展 （2）了解建行金融科技代表性产品	人工智能、区块链、云计算、大数据在具体产品中的运用 规模经济效应、范围经济效应	建设银行要怎样才可以实现其零售业务的发展？在实现过程中应如何借助金融科技的力量？

图4.5描述了案例的逻辑框架。首先，背景分析。对建行零售业务数字化转型的背景进行分析，包括金融科技发展的3.0时代、零售业务的4.0时代、"十四五"对国企改革提出的迫切要求以及建行在数字化转型路上的初有成效——暂居行业"零售之王"；其次，外部冲击分析。介绍了银行外的金融市场在与互联网和科技的不断结合过程中出现了互联网贷款、第三方支付以及互

联网理财等一系列平台，在这一部分通过建行2010～2020年的年报数据展现了诸如此类的互联网金融平台对建行零售存贷款业务和中间业务的冲击，以及在建行金融科技的深度布局下业绩的逐步回暖；再次，建行的数字化转型之路分析。一方面，不断加大金融科技的投入力度，成立建信金融科技子公司。另一方面，遵循"建生态，搭场景，扩用户"的基本逻辑创新推出各种金融科技产品以推动零售业务的发展等；最后，建行创新实践的启示分析。基于建行与金融科技的积极深度融合实践，总结了建行解决中小微企业融资难、融资贵问题的新思路，满足长尾客户多样化需求的新方式，以及对中小银行实现数字化转型的建议。

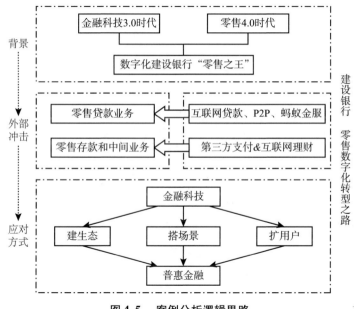

图4.5　案例分析逻辑思路

四、理论依据与分析

1. 就案例背景而言，金融科技具体包含哪些内容，其对金融市场的影响具体表现在哪些方面？

"十四五"规划明确提出"要提升金融科技水平"。这意味着在"十四五"主线下，科技创新驱动发展，给予金融科技为代表的新经济带来了更多政策红利。而在金融科技的赋能下，银行零售业务也将面临转型和更多机遇。在此背景下，借政策和金融科技之"东风"，加速零售银行数字化转型发展，对商业银行变革业务、转换服务思维模式、优化结构具有重要的现实意义。

国际证监会组织（OSCO）于 2017 年 2 月发布的《金融科技研究报告》，将金融科技的发展历程划分为三个阶段。其中，金融科技 1.0 的标志是基于网络的银行数字信用卡发放，用来提高金融机构的运营效率，比较典型的是银行的信贷系统、清算系统；金融科技 2.0 的标志是移动云联网的应用，比较典型的是移动钱包、移动存款 ATM 能力升级以及全功能智能手机的应用等；金融科技 3.0 的标志是 IT 新技术，例如大数据、云计算、人工智能、区块链等与金融紧密结合，在信息采集、投资决策、风控等方面带来传统金融的变革，比较典型的是大数据征信、智能投顾、供应链金融等（如图 4.6 所示）。

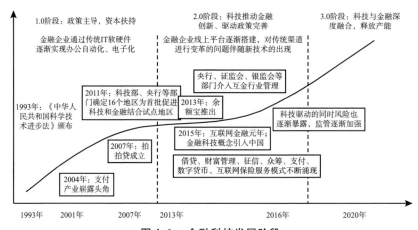

图 4.6 金融科技发展阶段

资料来源：CB insights、平安证券研究所。

金融科技发展过程中，诸多行业受到了冲击，但是对商业银行的影响尤其明显。近年来客户需求、金融科技、监管政策、市场开放和竞争环境的快速变化给传统银行零售业务发展带来了巨大的挑战。第一，以客户忠诚度下降、客户对产品服务需求多元化、客户对体验更加关注为特征的客户需求升级，银行获取客户、维护客户的难度和成本不断上升；第二，第三方支付和移动互联网高速发展带来银行零售客户金融"脱媒"，银行在线上场景和支付端"全面失守"；第三，银行、非银行金融机构、金融科技公司之间在渠道、产品和客户服务方面的竞合生态变迁，中小银行面临更大的竞争压力；第四，数字化和金融科技高速发展改变了零售银行的客户经营方式、产品和服务交付模式、风险管理模式，对传统银行的零售业务模式带来的挑战和冲击。

2. 就案例主体引入部分而言，金融科技对建行的挑战和机遇有哪些？以"数据＋理论＋分析"的形式给出你的答案。

金融科技的发展分别引发了商业银行的三次变革。金融科技的诸多成果都能够第一时间应用在商业银行领域，尤其在"十四五"提出"要提升金融科技水平"后，商业银行作为金融科技发展的无垠蓝海和重要载体，在政策红利的激励下，积极拥抱金融科技，主动通过内部科技升级实现业务转型，进而推动自身转型升级。

（1）相关理论。

以往，商业银行崇尚"二八定律"，以高净值客户为主要对象，认为20%的客户创造80%的利润，经营重心明显偏向企业大客户，数量庞大但个体资金量小的"长尾"客户则被视为"利基市场"。而受到技术发展和大企业数量有限性的影响，"长尾"客户群逐渐成为金融服务的"蓝海市场"。一方面，金融科技高效率、低成本的特点解决了"长尾"市场高度碎片化。互联网金融企业将商业银行不愿涉及的个人贷款、小微企业贷款集合，同时吸收其存款，为贷款提供资金来源。另一方面，大企业数量的有限性导致银行之间的竞争十分激烈，长尾头部红利逐渐消失。为了重新吸引客户，银行不得不采取提升存款利率、降低准入门槛和贷款利率等手段，为更多个人及中小企业进入银行提供可能性。而互联网金融从居民手中争取的大量活期存款，通过与商业银行签订存款协议的形式重新流回到银行，增加了商业银行的吸储成本。互联网理财产品的出现，使我国商业银行存款增速下降，甚至几度出现负增长。存款的流失致使贷款的增速也相应放缓。

（2）具体分析。

我国商业银行以存贷利差为主要盈利来源。商业银行作为金融中介机构，曾凭借其信息成本优势，匹配资金的供应方与需求方。而互联网金融广泛应用大数据和云计算，不仅极大程度地降低贷款中信息收集、事后监督等各项成本，还减少了融资双方的信息不对称现象。通过线上直接融资的形式，资金需求方得以减免额外的融资成本，资金供给方得以财富的保值增值，导致商业银行存款流失，用户转移。

建行的零售负债业务中个人存款业务占大部分，因此本文选取2006～2020年建行的零售存款业务余额的变化及其占客户存款总额比例的变化反映其零售负债业务情况（见图4.7）。

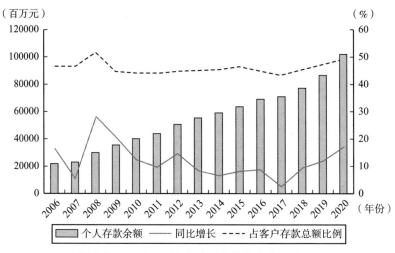

图 4.7 2006 ~ 2020 年建行存款业务发展情况

2006 ~ 2020 年建行的零售存款业务规模稳中有进。2006 年其零售存款业务余额为220.74 亿元，到2020 年零售存款业务规模达到了1018 亿元，15 年间增加了4.61 倍，复合年均增长率为11.54% ，相对于同期零售贷款业务余额，增速缓慢平稳。2006 ~ 2020 年建行零售存款余额占客户存款总额比例基本持水平状态，该比例数值在50%上下小幅波动。

同一期间，零售存款余额同比增长率波动幅度较大，2008 年金融危机降低国内消费者风险偏好导致建行零售存款额以28.12% 的速度增加，2009 ~ 2017 年增速持续跳水，2017 年增速仅为2.58% 。然而，随着金融科技3.0 阶段的到来，建行主动拥抱金融科技革命，积极推动银行业务与金融科技深度融合，至2020 年，零售存款业务增速逐渐上升，达到近10 年增速最高水平，约为16.34% 。

建行的零售资产业务中，个人贷款业务占大部分，本文选择2006 ~ 2020年建设银行的零售存款业务余额的变化及其占客户存款总额比例的变化反映其零售资产业务情况（见图4.8）。

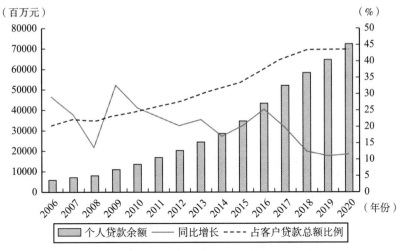

图4.8　2006～2020年建行个人贷款业务情况

就建行的零售贷款余额规模而言，整体处于持续快速增长的态势。2006年建行的零售贷款业务仅为58.51亿元，到2020年达到了723.89亿元，15年间零售贷款业务增长了12.37倍，CAGR高达19.68%。同一期间，其零售贷款余额在客户贷款余额中占的比例逐年扩大，但该比例在2018～2020年增速逐渐放缓，然后趋于稳定。

就零售贷款余额的增速而言，2006～2020年建行零售贷款余额增长率在10%～30%的区间内经历几次波动，2008年受金融危机影响出现大幅下降后，2009年开始回升，随后几年增速再次下降，直至2014年出现小幅回升，2015～2020年，其零售贷款业务增速持续下降并逐渐呈现水平趋势。

随着技术的进步，互联网金融挤占了商业银行的贷款业务盈利空间。长尾客户尤其是小微企业不再借助商业银行这一中介，转而投向蚂蚁金服、微粒贷等平台。建行主动拥抱金融科技是必然选择。

（3）相关性分析。

零售中间业务是商业银行重要的收入来源，包括各项服务和业务的手续费及佣金等。本文选取2006～2020年建行的零售中间业务净收入的变化及其增速反映建设银行的零售中间业务情况（如图4.9所示）。

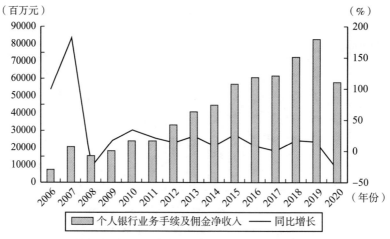

图 4.9　2006～2020 年建行中间业务发展情况

就建设银行的零售中间业务净收入规模而言，整体呈现上升趋势。2019年，手续与佣金净收入达到峰值，为 826.89 亿元。2006～2019 年 CAGR 为 20.68%，但在 2020 年遭遇了巨大下滑，中间业务净收入落到 575.86 亿元，此时 2006～2020 年 CAGR 降至 16.03%。

就零售中间业务净收入的增速而言，2008 年受金融危机影响出现大幅下降后，2009 年开始回升，至 2010 年增速最大为 21.50%，随后几年增速曲折下降，2019 年增速为 14.38%，2020 年增长率大幅跳水，降至 −30.37%。

发挥金融科技和数字化经营优势，深入分析客户需求，抓住市场机遇，加大线上产品布放力度，利用金融科技发展中间业务，推动重点中间业务产品较快发展，是建行扩大中间业务市场份额的必需之举。

GFI 指数考虑了投融资指数和社会认知指数两大二级指数、投融资指数在内的五大三级指数以及各级各类金融科技公司的动态，充分揭示了全球金融科技投融资和社会任职情况，因此本文选取 2006～2020 年 GFI 的季度数据作为金融科技的量化指标。考虑到金融科技的应用具有滞后性，而其投入和产出的周期一般为 3～8 个月，本文分别考虑金融科技指数滞后 3 个月、6 个月和 9 个月的情况，利用 Stata 对金融科技和建行存、贷款规模及中间业务规模作相关性检验（如表 4.4 所示）。

表4.4　　　　　考虑滞后效应的 GFI 指数与建行零售业务的相关性检验

业务类型	滞后 3 个月	滞后 6 个月	滞后 9 个月
零售存款	0.246	0.200	0.278
零售贷款	-0.116	-0.220	0.042
零售中间	-0.251	0.919	0.411

根据相关性及显著性分析结果，GFI 指数与滞后 9 个月的零售中间业务的负相关关系在 10% 的水平下显著，其余结果均不显著。

根据表 4.4 可知，第一，GFI 与建行的零售贷款业务的相关性关系不显著。结合图 4.7、图 4.8，15 年间，建行的零售贷款业务与零售存款业务表现基本一致，总体上均呈现总额上涨但增速下降的特点。互联网平台的崛起，使得个人的资金需求可以越过商业银行这一中介来实现需求匹配，从而减少了个人对商业银行的信贷依赖。但 P2P、小额贷款、网络贷等背后的风险性引起监管部门的高度关注，监管趋严及其自身的不规范性使商业银行尤其是建行这样的国有银行未受到爆发式的冲击。但长期来看，随着金融科技时代的到来，商业银行亟须与金融科技深度融合，才能在与互联网金融企业的赛跑中实现"弯道超车"。

第二，GFI 与建行的零售存款额的相关性关系不显著。建行 2006～2020 年的零售存款规模不断上升但增速总体呈下降趋势。这是因为其本身具有强大的融资功能，且零售型存款的期限相比批发型存款要更长，技术发展未能在短期内影响其存款总规模。此外，这与长尾客户的存款粘性和存款保险制度的保护也有一定的关系。然而，随着技术的红利不断扩大，建行的负债端首先面临"脱媒"压力，尤其是零售型存款脱离商业银行。

第三，GFI 指数滞后 3 个月后与建行的零售中间业务有较强的相关性。以第三方支付、移动支付为代表的金融科技具有高效率、低成本的特点，相比于银行提供的服务，云计算等技术可以对大量的客户数据信息进行存储、计算，从而有效地缓解了信息不对称，打破以往商业银行垄断信息的优势。受第三方支付、移动支付以及各种网上理财产品的影响，建行的零售中间业务总额在 2020 年出现回落的趋势。

3. 就建行具体实施过程而言，结合相关理论思考建行是如何利用金融科技进行零售业务数字化转型的？

（1）相关理论。

第一，信息不对称。

信息不对称是指在市场经济活动中，交易者因获得信息渠道不同、占有信息数量不同而承担的风险与收益不同。在现实生活中，信息不对称是造成市场失灵的重要原因。理论上，市场之所以能够合理配置资源，是因为价格中包含了市场决策所需要的全部信息。实践中，信息不对称会使市场交易的成本和收益无法在价格变动中得到充分反映。作为市场失灵的另外一种表现，信息不对称还会造成交易不公平，由于占有信息优势的一方可能获得"信息租金"，信息拥有量的差异会演化为利益分配的失衡。信息不对称还有可能引发代理人问题、道德风险和逆向选择等。

信息不对称在我国商业银行中普遍存在，其引起的逆向选择和道德风险降低了银行交易效率并增大了金融风险。其中，逆向选择是小微企业向商业银行融资的主要壁垒，而道德风险是商业银行信用风险的根本所在。总体而言，传统金融体系受信息不对称影响，无法通过金融中介把资金有效引导到中小微企业，而金融科技作为金融市场中的信息过滤器，对长尾市场中的信息进行有效甄别，在解决信息不对称问题的同时，也降低了投资者的参与门槛和交易成本。具体而言，由于中小微企业既没有上市、发债的资格，又缺少可抵押资产，借贷金额低且使用资金方向用途多样化，很难用常规渠道有效地评估风险，因此传统的正规融资渠道对很多小微企业是关闭的。金融科技的诞生与发展，一定程度上改变了这一状况。新型金融机构通过收集包括大量小微企业及业主在各类平台上的借款、支付和其他用款记录，结合其他相关数据对企业进行信用评分，并将此作为是否放款以及如何放款的主要评估依据，形成成熟的风险评估机制，因而减少银行的对小微企业风险的信息不对称，促进小微企业融资效率。

第二，规模经济效应。

传统经济学理论表明，生产成本曲线呈"U"形，在金融市场中表现为：当金融达到一定规模后，继续扩大规模会导致经济效益下降，即规模的不经济。而金融科技时代的到来改变了金融机构尤其是技术行业的成本结构，使其从低固定成本、高变动成本逐渐向高固定成本、低变动成本甚至是零变动成本转变。由于商业银行具有强大的融资功能，短期内其在规模经济方面仍具有较大的优势。但长期来看，技术行业的单位成本将逐渐降低，即随着金融业务的增加，其规模经济效应将更加明显，商业银行的规模经济优势将受到挤压。

金融科技作为金融市场中的信息过滤器，对长尾市场中的信息进行有效甄别，在解决信息不对称问题的同时，也降低了投资者的参与门槛和交易成本，可促使商业银行的部分业务实现由线下的规模不经济向线上的规模经济转变。随着长尾客户对移动端使用粘性的增加，商业银行运用技术手段对数量庞大、个体资金量小的长尾客户信息进行整合和汇集，极大地提升了碎片化市场的交易效率，最终形成更加庞大的规模经济效应。

技术发展打破了商业银行垄断信息的局面。金融科技 2.0 阶段，客户信息的获取渠道逐渐多样化，商业银行无法独享这些信息，银行享受的范围经济优势受到互联网金融行业的影响不断下降。随着数字化的不断推进，商业银行开始拥抱金融科技，推动金融产品多样化、金融服务多元化发展，以降低生产成本的协同效应。这就意味着长尾客户对金融产品和金融服务的使用粘性程度将成为商业银行提升市场份额、保持范围经济效应不受侵占的关键所在。

（2）具体分析。

商业银行信息不对称问题会给其带来很大的潜在风险和现实损失，建行很早就意识到这一点，因此，其将"大数据"挖掘"小信用"、"小企业"做成"大事业"作为指导思想，积极利用互联网、大数据等金融科技手段降低信息不对称，坚持依靠创新破解小微企业"缺信息、缺信用"的难题。建行利用金融科技降低信息不对称、支持小微企业贷款主要体现在小微企业业务中产品的创新。建行于 2013 年依托大数据技术在同业大银行中率先开发了小微企业零售评分卡模型，通过对银行内积累的众多小微企业客户上亿条数据进行逻辑回归分析，摒弃了以往重点关注小微企业财务报表的模式，围绕履约能力、信用状况、交易信息等非财务信息进行风险评价。2014 年，建行又率先推出行为评分卡，建立小微企业续贷业务模式，客观评价企业履约能力，对符合条件的客户，可继续使用贷款额度。2018 年 4 月，上海数据分析中心正式揭牌，标志着建行利用"大数据"挖掘"小信用"，推动小微企业"普惠金融"发展迈入新征程。除此之外，"善融贷""结算透""助保贷""建行惠懂你"等小微企业专属产品运用依托大数据技术研发零售化评分卡工具，缓解了银企信息不对称及小微企业缺乏有效增信手段的难题，较好地控制了小微企业信贷风险。其中，截至 2020 年末，"建行惠懂你"访问量突破 1.1 亿次，下载量超过 1500 万次，授信金额 4400 亿元，实现对小微企业及企业主的需求精准匹配及风险准确判断，有效提升小微企业服务水平。

此外，建行将金融科技作为三大战略之一，构建场景化、个性化、智能化的新零售，打造交易性与新兴业务无缝融合的新对公服务，建设智能、高效、强风控的普惠金融，形成了金融科技驱动、金融理念引领、金融协同发展的良好趋势。对于占据利润半壁江山的公司银行业务，将金融科技作为转型动能，依托供应链、大数据等金融科技手段研发"助保贷"和"供应贷"助力贷款业务，小企业业务践行普惠金融，由于线上信息具有交互性和纵深性，因此这些产品能较大程度减少信息不对称，同时由于制作成本低等优势，有效降低了交易成本、提升了金融服务效率，实现了金融服务与场景生态的深度融合，不断放大规模经济效应。

4. 就经营成果来看，金融科技赋能建行零售业务数字化转型，是成功还是失败？

启发学生思考。

五、关 键 要 点

1. 关键点：本案例强化学生对货币银行学中关于商业银行基本业务的理解，理解金融科技助推商业银行战略转型的影响，特别是面对市场份额、存贷利差受到逐渐侵蚀时，如何借力于金融科技，推动传统金融业务转型升级，才能更好地服务实体经济，提升市场竞争力。

2. 关键知识点：基于信息不对称理论，剖析小微企业融资难的特点以及建行利用金融科技通过大数据、云计算等缓解这一问题推进普惠金融的发展；根据长尾理论、规模经济效应理论，分析建行零售业务的重要性以及金融科技赋能下满足长尾客户多样化需求的新思路。理论方法上，通过对建行十年的年报进行数据分析，展现其发展过程中受到的来自金融科技的冲击与助力，通过文字分析深度剖析建行基于金融科技的战略布局；现实意义上，建行零售业务的数字化转型之路对其他中小银行具有示范作用，对其战略布局的归纳有助于对中小银行提出转型建议。

3. 能力点：本案例旨在启迪学生对热点话题"金融科技"的认知与重视，深化学生对商业银行的基本业务，信息不对称理论、长尾理论等在金融机构经营方面的影响的理解，培养学生将金融热点与金融学理论进行联系分析的能力，以及通过挖掘、归纳、分析、总结年报中信息的深层次内容，从而准确把握企业经营动态和未来发展趋势的能力。

六、建议课堂计划

本案例可以作为专门的案例讨论课来进行，整个案例课的课堂时间控制在 3 个课时以内（120～180 分钟）。

1. 课前准备：

（1）将学生按照 3～5 人分成多个讨论组，确定各个讨论组的组织人。

（2）打印下发案例，各个讨论组自由安排课余时间，在上课前对案例通读，熟悉金融科技助力商业银行数字化转型所用到的相关理论知识和方法，如信息不对称、规模经济效应、范围经济效应等，确定案例分析思路，抓住关键思想。

2. 课中计划：

（1）教师导入案例涉及的理论知识与方法原理，通过课堂提问了解学生对案例内容的掌握情况（30 分钟）；

（2）明确主要思考问题，分组讨论（40～60 分钟）。发言注意：小组推选代表进行发言（每组 10～15 分钟）。发言时可以采用 PPT 或板书等方式辅助。每个小组发言后，老师进行点评，其他小组成员对不明白的地方进行提问，发言的小组要对同学的疑问进行补充回答。对于小组成员无法回答的疑难问题，老师进行深入讲解。各小组安排一位同学对本小组的讨论结果进行记录。老师要启发全班同学对案例的关键内容充分讨论，各小组评选出其他小组表现积极的小组组员，老师收集整理（计入学生平时成绩）。最后填写案例教学评价表。

（3）课后计划：

请学生上网搜索建行的相关信息资料和最新评论，自行探究金融科技与建行零售业务之间的关系。建议学生选择自己感兴趣的银行，按照本案例思路对其进行分析，从而对本案例的理论知识有更深入的理解。

七、其他教学支持

1. 教学材料：

案例正文电子版、纸质版，教学 PPT（包括案例内容和相关理论知识）。

2. 教学设备：

多媒体教学设备（包括投影仪、投影、多媒体计算机、扩音器等），每位同学自备电脑，传统教学设备（包括粉笔或白板笔，板擦等）。

3. 教学场地：

多媒体教室（有足够的插座），能上网。

八、参考文献

［1］王馨．互联网金融助解"长尾"小微企业融资难问题研究［J］．金融研究，2015（9）：128－139．

［2］巴曙松，王紫宇．金融科技背景下金融结构改善与实体经济增长——基于金融发展规模的中介效应［J］．湖北经济学院学报，2021，19（1）：43－52＋126．

［3］陆岷峰，虞鹏飞．互联网金融背景下商业银行"大数据"战略研究——基于互联网金融在商业银行转型升级中的运用［J］．经济与管理，2015，29（3）：31．

［4］刘涛，李皖枫．金融科技背景下轻型银行转型策略研究——以招商银行为例［J］．金融理论与教学，2021．

［5］李栋．金融科技背景下中旅银行转型策略研究［D］．北京：中国政法大学，2019．

［6］裴慧欣．金融科技对商业银行零售业务经营效益的影响研究［D］．上海：华东政法大学，2020．

［7］徐书宇．金融科技对我国商业银行零售业务的影响研究［D］．南昌：江西师范大学，2019．

［8］刘咏珩．金融科技背景下商业银行转型发展策略［J］．北方金融，2018，460（10）：77－79＋95．

案例五　招商银行：区块链助力
供应链金融模式创新[*]

案例摘要

在内外部多重不确定性背景下，传统供应链金融服务模式难以满足商业银行业务开展需求，而区块链的技术优势有效促进了供应链金融服务模式的创新和发展。本案例在介绍供应链与区块链的理论和现实应用基础上，阐明了招商银行"智慧供应链金融"的发展历程，着重分析了招商银行"智慧供应链金融4.0"的创新内容和创新启迪，以此探讨区块链技术助力供应链金融服务模式的具体原理和路径。本案例旨在让学生熟悉招商银行"智慧供应链金融4.0"的基本内容，进而掌握区块链助力供应链金融模式的创新逻辑。

案例分析

0　引　言

中小企业是推动我国实体经济发展的重要力量，但融资难、融资贵一直是

　　* 本案例获得全国金融硕士教学案例大赛优秀案例奖，由苏州科技大学商学院的张浩博、孙甜甜、温馨、祝演、刘峻峰撰写，作者拥有著作权中的署名权、修改权、改编权。本案例只供课堂讨论之用，并无意暗示或说明某种行为是否有效，且不构成投资建议。

制约其发展的主要问题。供应链金融作为一种新型的融资模式，依托供应链协同、信息获取等功能，在一定程度上能够解决信贷双方信息不对称，缓解信贷配给问题，从而有利于中小企业在传统信贷市场中获得融资。但是，随着我国经济发展进入新时代，链属企业数量出现爆炸性增长，信息传递的滞塞极大降低了供应链金融的运行效率，提升资金需求方的融资成本，导致商业银行在提供传统供应链金融服务时逐渐出现风险控制能力不足、业务效率低等问题。这正是传统供应链金融发展至今急需解决的关键问题。2021 年我国政府工作报告首次单独提出"创新供应链金融服务模式"，这意味着供应链金融的创新已经上升为国家政策。

信息技术的快速发展和变革，尤其是区块链技术的出现给传统供应链金融业务带来了新的发展契机。区块链技术具有去中心化、可追溯性、不可篡改、智能合约等特性。依托其技术优势，将区块链应用于供应链金融中，可以更好地解决信息不对称问题，帮助企业进行有效监管，有效提升业务效率、降低操作风险，有利于供应链金融服务模式的创新。这得到了众多金融机构的认可，它们纷纷将区块链技术应用于供应链金融业务当中。其中，招商银行结合区块链技术，推出"智慧供应链 4.0"模式，其实践道路具有代表性，区块链应用产品丰富，且进行了持续性探索，并利用商业银行本身的优势，抓住老客户开发新客户。

刘老板就是招商银行的一位老客户，他主营的 X 企业是一家主营汽车零配件生产的企业，2017 年下半年该企业出现了一定数额的资金缺口。在刘老板的企业出现融资难题时，招商银行的供应链金融业务为其个性化定制授信方案，巧妙化解了融资困境。此后刘老板与招商银行建立了长期合作关系，伴随着招商银行供应链金融服务不断迭代升级，刘老板的企业也逐渐做大做强，成为行业的佼佼者。那么什么是供应链金融呢？供应链金融经历了怎样的发展历程？面对新的挑战，区块链技术如何赋能供应链金融模式创新？让我们跟随刘老板走进供应链金融的世界，揭秘供应链金融背后复杂的金融逻辑，探讨区块链技术如何助力供应链金融发展。

1 招商银行供应链金融助力中小企业融资

1.1 何为供应链金融

某天清晨，刘老板正坐在路边发愁。原来他的企业刚成立不久，急需 100 万元资金，刘老板走遍各家银行，却没有一家银行愿意给刘老板借款。由于刘老板的企业刚成立，短时间内银行难以准确地评估刘老板该企业的资信等级，信贷审核成本较高，授信风险较大；并且刘老板需要 3~6 个月的 100 万元短期借款，利息收入较低，调研成本较高，贷款逾期风险较大。这些因素导致大型金融机构不愿意向刘老板贷款。

刘老板的朋友张老板得知刘老板遭遇到融资难题后，便问道："你有听说过供应链金融吗？"刘老板一脸疑惑地看着张老板："供应链金融？"张老板告诉刘老板，了解供应链金融要从了解供应链开始。以汽车零配件生产为例，一条完整的供应链应该为：

配件原材料提供商（供应商 A）→零配件生产商（制造商 B）→汽车制造商（制造商 C）→汽车店铺（零售商 D）→客户（消费者 E）

如果这个过程都像消费者 E 从零售商 D 手里买东西一样，一手交钱，一手交货，那么整个链条就是通畅且谁都不会缺钱的状态。但实际中不是这样，如果制造商 C 是一家非常知名的企业，只要它生产的汽车根本不愁销售，制造商 B 非常依赖制造商 C 的销售，那么现实中制造商 C 往往就会提出要求，希望先拿货，6 个月后销售差不多再向制造商 B 支付货款。那么制造商 B 承担这些零配件的成本，暂时还无法收回货款，如果此时制造商 B 接受了其他公司订单，需要继续生产新的配件，就没有足够的资金从供应商 A 那里购买材料，这时候，制造商 B 就遇到了融资难题，而此时供应链金融便可以派上用场。

刘老板恍然大悟，接着问张老板："那何为供应链金融呢？"张老板娓娓道来：此时，制造商 B 此时缺乏资金，他就可以向金融机构借款购买材料以完成订单，这样两件事情加在一起，就构成了供应链金融。那么是不是所有与生产有关的企业融资都能做这种供应链金融呢？金融机构的钱也是投资人的，它需要保障借出去的钱能够按时连本带利收回。因为制造商 C 是一家很有名的企业，业绩也很好，制造商 B 与其也有合同约定，因此金融机构就不太担心制造商 B 的借款收不回来，愿意借钱给制造商 B。这里，就体现了供应链金融的特别之处：例如，金融机构对于一般车贷需要了解贷款人的信用状况、是否有稳定的工作和收入等。而贷款给制造商 B，却主要是看制造商 B 和制造商 C 的合作状况，制造商 C 能否按照约定支付货款。这就是供应链金融的奇妙之处，制造商 B 本身可能达不到向金融机构贷款的条件，但由于在它的供应链上下游有足够信誉的制造商 C，制造商 B 就能够通过和制造商 C 的业务往来获得这笔贷款。

于是，刘老板来到了本地的招商银行，向招商银行咨询有没有合适业务能解决其融资困境。招商银行获悉情况后，首先对刘老板企业的经营状况和业务合作进行了充分考察，发现其曾与国内知名汽车品牌 Z 公司有过长期合作，Z 公司的财务和信用都十分良好。基于此，招商银行向刘老板推荐了本银行的供应链金融业务，并为其个性化定制了批量授信方案。方案获得客户认可后，招商银行便紧锣密鼓安排目标客群尽调，由客户经理、产品经理、风险经理、审贷官组成的调研组进行实地尽调、采集企业第一手信息。最终在多部门的共同努力下，X 企业成功取得了贷款，解决了融资难题。供应链金融为刘老板解决了燃眉之急，此后刘老板便与招商银行建立了长期供应链金融业务合作关系。在建立合作关系之前，刘老板首先对招商银行供应链金融发展历程进行了深入了解。

1.2 招商银行供应链金融发展历程

招商银行供应链金融最大的优势在于信息化基础好，积累了大量的运营、交易和物流数据。自 2014 年招商银行推出智慧供应链金融 1.0 之后，其不断对智慧供应链金融进行创新升级。目前智慧供应链金融又推出了新的 4.0 模式——区块链助力供应链金融，通过打造互联网供应链金融服务模式投商行一体化服务，实现对外聚焦产业互联网和产融结合，对内践行投商行一体化，开放共赢的供应链金融生态圈。具体来看，招商银行的智慧供应链金融业务的发展经历了 4 个阶段。

1.2.1 智慧供应链金融 1.0——供应链金融形态初现

"智慧供应链金融 1.0"始于 2014 年，在此阶段，产业供应链的参与各方与银行之间是一种资金的借贷关系，主要通过在银行与产业供应链的参与各方之间建立联系，将贸易物流金融创新和公司自身的发展状况相结合，为一些中小企业提供融资、结算等金融服务，同时为不同行业提供个性化解决方案。但是，银行作为金融服务的主体，依靠供应链中核心企业的信用来扩展金融服务，并未参与到供应链运作的整个过程。此外，银行还具有资金成本优势，通过依托其他企业深入产业内部，从而真正实现基于供应链或产业链运营的金融服务。而其他诸如客户关系管理、供应链管理、采购与供应商管理等领域银行很少涉足。因此，银行对于资金流的管理无法渗透到业务运行的方方面面。

基于此，招商银行推出了智慧供应链金融系统（ISCF），该系统十分具有针对性，结合企业的经营状况以及在供应链管理上的要点，提供包括融资、结算、理财和增值等在内的全方位金融服务。在平台上实现了对物流、通信、汽车、政府采购、健康医疗、电子商务、零售商超、要素交易市场八大行业提供行业性解决方案，以及电子商务在线交易和在线物流等金融服务。

1.2.2 智慧供应链金融 2.0——互联网助力供应链金融

在互联网、物联网的不断融入下，招商银行将互联网融入现金管理和供应链金融服务之中，实现了资金流的闭合。并于 2015 年对"智慧供应链金融 1.0"模式进行了升级，正式推出"智慧供应链金融 2.0"模式。与 1.0 模式相比，"智慧供应链金融 2.0"在产品创新、风险管理和系统互联三个方面表现得非常突出。

在产品创新层面，招商银行进行了融合结算、融资和以互联网为主要形式的创新，推出了动态票据池、平台供应链等一系列新产品。动态票据池为核心企业提供的管理、结算、融资服务，成为打通供应链结算与融资的重要枢纽。而平台供应链则运用互联网和大数据技术，克服了现有的供应链开户流程中信贷处理和后期贷款管理的瓶颈。

风险管理主要有两种业务模式，一种是以核心公司的核心信用补充为代表的模式，另一种则是以"平台供应链"为代表的模式。核心信用补充通过付款代理、锁定回款、回购和风险共担等形式，与银行一同成为供应链实质风险的承担者。平台供应链则针对电子商务、数据提供商和核心企业垂直供应链平台，并以银行与企业之间的直接联系、数据对接和电子全过程管理为基础，构建了一种新的"数据质押"风险管理模型。该模型通过分析实时发生和电子化对接的供应链数据信息，将风险控制在特定范围以内。

系统互联具有平台化和互联化的特点。利用两种平台，即用于业务管理和风险管理的平台，以及用于整个供应链中业务流程的在线操作平台，帮助银行深度介入企业供应链管理，提供全流程金融服务，整合供应链信息。此外，招商银行"智慧供应链金融 2.0"拓展了银行与供应链企业直接联通的普适性。随着对接核心企业的不断增多，最终形成以招商银行为核心的"开放式供应链金融生态圈"。招商银行在该阶段完成了业务模式从传统的信贷产品向供应链金融综合服务的转变，从客户的融资需求入手，深入挖掘客户在整个供应链当中的其他金融类需求，不再将供应链金融作为以应收账款为抵押品的普通企业贷款业务，而是通过提供结算、融资、资金管理等业务的供应链金融综合服务（如图 5.1 所示）。

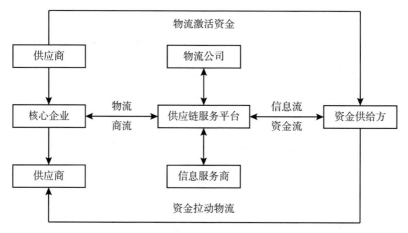

图 5.1 智慧供应链金融 2.0 模式

1.2.3 智慧供应链金融 3.0——线上智能化供应链金融

招商银行于 2016 年推出了"智慧供应链金融 3.0"模式，将业务中心转到线上，主打"C + 智慧票据池""全线上化付款代理""CBS 投融通""E + 融票"等创新产品。通过电子化等技术手段对接供应链的上下游企业及各参与者的 ERP 端口，银行与供应链参与者共同合作提供融资服务，平台数据的对接也促使动产质押业务更具安全性和性价比。

其中，"C + 智慧票据池"产品将小银行、小金额、短期限票据入池转化为可供企业灵活使用的质押项下额度，助力企业盘活存量票据资产，解决企业的票据集中管理、质押融资的需求。在生态链上，推出付款代理业务，在基建、地产、健康医药、互联网等行业，将核心企业的闲置信用自动传输给上游供应商，通过全业务渠道，批量为上游企业提供保理融资的供应链金融综合解决方案，从而达到降本增效。与 2.0 模式相比较，面对外部互联网金融和金融技术的挑战，"智慧供应链金融3.0"模式开始推进金融科技战略，充分利用移动互联、云计算、大数据、人工智能等技术提高服务能力，推动招商银行向数字化、智能化等方向转变。在供应链金融领域，通过互联网技术转变客户服务模式，并继续扩展上下游企业业务中的应用场景，从而创建一个新的支付服务生态系统。交易处理全流程实现系统化管理，推动同业场外业务向线上化、移动互联网化转型。此外，加快推进多元化跨业联盟合作，推动金融与科技的融合创新，搭建具有招商银行特色的互联网金融生态体系。

1.2.4　智慧供应链金融4.0——区块链助力供应链金融

自2017年开始，招商银行大力发展以区块链技术为基础的金融科技，加快产业互联网布局，推出"智慧供应链金融4.0"模式，打造互联网供应链金融服务模式投商行一体化服务，实现对外聚焦产业互联网和产融结合，对内践行投商行一体化的供应链金融生态圈。其战略思维转变为以嵌入产业链的方式发展互联网供应链金融业务，客户在哪里，招商银行的服务就在哪里。在提供融资服务和综合金融服务的同时，发挥招商银行在区块链方面的应用优势，向客户提供基于区块链技术的金融IT基础设施和云服务。

招商银行探索区块链赋能供应链金融，建立了以供应链和交易链为中心的"端到端"产业互联网金融服务闭环，这是相比较3.0模式而言最大的不同。首先，供应链金融4.0模式的目标对象是各类产业生态圈场景，而产业与金融的结合为供应链金融整个链条提供了融资机会，而且也加速了供应链融资的整合。面对经济下行压力，产融结合成为企业选择的发展路径，并且反过来可以通过融资促进产业发展，优化金融资产在产业链中的分布，将高性价比的资本资源转移到产业发展链上。其次，"智慧供应链金融4.0"模式从供应链、互联网的视角出发，实践投商行一体化。基于移动互联、联盟区块链、征信大数据等技术以及服务核心企业供应链管理的产融协作平台，推出服务于产业互联网、集成"融资+融智+融器"的资源组织类供应链金融。在融资方面，根据银行内部和外部资金，配置不同类型的资本资源，以满足行业的融资需求。在融智层面，依托招商银行多年的供应链金融积累，可以为企业整合行业和供应链提供金融智慧。在融资方面，招商银行在诸如面部识别技术、电子签名以及其他相关金融手段之类的金融技术领域中进行了长期的探索，以确保在线业务处理并保证它的有效性和真实性。

招商银行业务供应链金融发展历程如表5.1所示。

表 5.1 招商银行业务供应链金融发展历程

时间	事件
2000 年	招商银行提出了"1 + N"融资结算金融服务的方案,也就是现在供应链金融的原始形态
2013 年	智慧供应链金融系统(ISCF)上线
2014 年	正式上线智慧供应链金融平台,这是招商银行线上供应链金融模式的开启,也就是智慧供应链金融 1.0 模式,主要服务对象是八大行业供应链,为它们提供定制化服务
2015 年	招商银行成立了交易银行部,主要是由之前的现金管理部和贸易金融部合并而来,这在银行界也是首创,智慧供应链金融 2.0 模式也由此产生,打造集结算和融资一体化的供应链金融服务
2016 年	为了进一步适应互联网和物联网的发展趋势,招商银行推出了"智能供应链金融 3.0"模式。主要创新产品有"付款代理全线上化""B2B 平台票据池""时 + 融票""CBS 投融通"
2017 年	智慧供应链金融 4.0 模式上线的主打目标是实现产融结合,投商行一体化,并且借助金融科技力量,进一步创新产品和服务,并且风险控制方面更加完善
2020 年	招商银行在基础建设方面,搭建供应链金融服务平台,进行产品的统一管理;在信用方面,进行应收账款试点;在合同签约方面,推广合同网签,提高业务效率;在担保方面,推行电子保函,全流程线上化

1.3　招商银行供应链金融服务成效

近年来,刘老板的汽车零配件 X 企业与招商银行开展了供应链金融的业务合作。由于汽车行业市场环境及商业逻辑瞬息万变,导致车企的金融需求变得更加复杂。2020 年开年后,整个汽车产业链被新冠疫情的"阴影"笼罩着,有些经销商车辆的周转不顺,变得十分缓慢。"汽车经销商 1 + N"融资业务模式存在已久,具有流程长、环节多、周转速度快、时点特征明显等特点,相较于一般授信业务而言,对银行的操作、管理都有相当高的要求。汽车配件生产位于汽车供应链上游,在汽车产业链上处于重要地位。在车市下行和疫情扩散的双重影响下,X 企业急需保障供应链稳定。在这种情况下,招商银行发挥了供应链金融"一点接入服务全国"的优势,通过经销商业务服务并逐步渗透至汽车零配件产业链生态圈,同时通过系统直联简化操作流程,进一步改善了汽车零配件与经销商的体验。这样个性化的汽车金融服务方案,直接帮助了银行集中统一地服务分布在全国各地的产业链企业,赢得了众多汽车行业战略客户的认可。

发展供应链金融的初衷是为了满足中小企业的融资需求，在当前的形势下，供应链金融又成为实现产融结合的重要途径。然而，产业自建的供应链金融存在三个问题：建立一套高效运营的系统体系满足小额碎片化的融资需求、自有资金有限、风险控制能力弱。伴随着产业生态日益成熟的网络化、数据化、智能化以及庞大的、错综复杂的金融生态系统，智慧供应链金融应运而生。在工业与互联网的深度融合下，产融结合产生的供应链金融服务和模式将打造产业生态圈和金融生态圈的结合体的"双生态圈"。在数字时代，产业的生产、储存、物流、销售等全过程都是由互联网完成的，互联网则是实现数字化的工具。金融服务产业链也是将信息数字化，提供高效、优质的金融服务。未来，互联网和工业的结合，也是银行数字化转型的大好机会。

根据现代企业的供应链管理与运营特点，招商银行智慧供应链金融设计了以客户结算、融资、理财、增值等为核心的金融服务系统，深入到不同行业的供应链经营和管理中，为企业提供"一站式"的全方位金融服务。智慧供应链融资是一种基于人脸识别、大数据、活体检测、区块链等一系列技术，旨在为核心企业提供一种基于供应链的协同创新。招商银行集融资、融智、融器于一体，致力于进一步为供应链金融赋能。智慧供应链金融模式充分利用银行在资金组织方面的优势，不仅向企业提供融资，同时也为客户构建了一套多元化的风险管理体系，打通了国内外的资本市场。招商银行早已脱离了传统的金融角色，从单纯的资金提供者，变成了一个开放的生态服务平台，帮助企业整合自己的生态系统，提供基于场景的资金服务、渗入全程的管理服务，从单纯的做资产的角色，转变为做数字化的资产，使资金和资产迅速得到匹配。

2 招商银行智慧供应链金融4.0的创新内容

在金融科技尤其是区块链技术的加持下的智慧供应链金融服务4.0平台，以核心企业及链上中小企业为服务对象，积极引入各类机构参与服务，产生了极大的效用价值，实现了核心企业、中小企业以及招商银行的多方共赢。

2.1 区块链助力智慧供应链金融的创新模式

区块链技术是非对称加密技术、分布式账本技术、智能合约技术等一系列现有成熟技术有机组成的记账技术。与传统的记账技术不同，区块链技术是一个有较高可信度的底层技术，它将一系列交易记录捆绑成块，通过密码学的算法生成区块的哈希值，以创始区块为起点，以哈希值为连接纽带，将前一个区块的哈希值、时间戳、交易数据和其他信息嵌入后一个块中。区块链系统内各方集体参与维护一个可靠数据库，众多节点共同记录在该数据库内，只能添加新记录，而无法随意篡改已有记录，最大限度地保护了数据和记录的隐私安全。

招商银行一直把风险管理作为银行面对挑战发展的核心优势，相比于其他银行的风险控制，招商银行最突出的特点就是大力运用区块链技术。一方面，"智慧供应链金融"平台充分应用区块链分布式账本功能，在分布式账本上各个节点对链属企业进行信息审核，由于交易信息只有在节点信息全部属实时才能发挥效用，该技术能够很好地帮助银行和其他金融机构对信用不达标的企业进行筛选，使其能够选择信用资质较好的企业进行交易合作，减少了交易对手违约的可能性，降低了交易过程中的信用风险。此外，区块链的去中心化结构加强了信息的实时共享，交易参与主体能够及时掌握交易信息的最新动态，在加深多方信息了解的同时重塑信用关系，有助于从根源上削弱整个供应链金融平台的信用风险。另一方面，"智慧供应链金融"平台借力区块链的多方协作体系，有效降低了流动资产供应链关联度风险。其作用机理在于，"智慧供应链金融"平台能够将供应链金融业务的各环节以及各参与方的具体交易情况在平台中实时共享，平台各环节之间配合协调，并通过和谐有序的业务贸易进行中小企业的日常生产及仓储运输，由此完成对风险闭环的防控。"智慧供应链金融"平台不断提高链上各企业的关联度，供应链上不同业务领域的各个环节都处于相互协作、公平监督的平台环境而非独立分散的个体环境，各方参与主体能够实时了解资金交易的流转过程，对异常的风险征兆加以预警和及时防控，整体上缩减了整条供应链的关联度风险（如表 5.2 所示）。

表 5.2　　　　　　　　　　　区块链技术应用及实现功能

区块链技术	功能
分布式账本	减少交易对手违约的可能性， 降低交易过程中的信用风险
去中心化结构	加深多方信息了解的同时重塑信用关系， 削弱供应链金融平台的信用风险
多方协作体系	对异常的风险征兆加以预警及时防控， 缩减整条供应链的关联度风险

2.2 区块链助力智慧供应链金融的创新产品

2018 年招商银行利用区块链技术，针对传统的中小企业供应链融资问题，推出了智慧供应链金融产品"供应链自助贷"，解决了招商银行传统供应链金融难以快速获取中小企业信息的问题，实现了对于中小企业的短期快速融资。

2018 年刘老板的 X 公司因扩大规模急需一笔融资，但由于当时刘老板与招商银行合作的是传统的供应链金融产品，而传统的供应链融资模式存在一些弊端，无法实现短期快速融资。传统的供应链融资模式中供应链上下游企业之间 ERP 系统没有形成互联网络，企业间信息缺乏连通通道，信息壁垒增加了银行的信用信息获取难度，传统供应链金融模式具体运作流程如图 5.2 所示。此外供应链上信息不够公开透明，容易出现伪造信息的现象，银行难以对信息的真实性进行核验，增加了审核成本。对于大部分信用缺少、缺乏担保抵押的长尾客户，银行或者提高风险定价，要求更高的信贷利率，或者直接放弃，加剧了融资困境。尽管供应链中产生的企业行为数据在一定程度上缓解了银企间的信息不对称，但由于覆盖范围小、对账成本高、及时性差等缺陷的存在，导致企业融资困境并未得到根本改善。

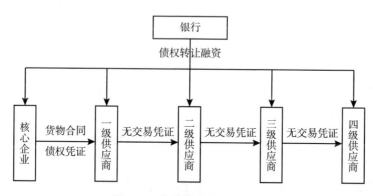

图 5.2　传统供应链金融模式

在刘老板一筹莫展之际，招商银行向其推荐了"供应链自助贷"产品。供应链自助贷服务以区块链技术为核心建立信用框架，核心企业及各级供应商将互相的交易物流、资金往来信息实时传输上链，同时引入中央征信和第三方征信，互为补充。相比于传统的供应链金融体系，供应链自助贷业务中，核心企业可以在金融服务平台向供应商签发可自由转让、融资、质押的电子支付凭证，替代纸质商业票据，链上企业获得电子凭证后即可通过服务平台进行融资。此外，电子凭证在银行建立的平台流转，其审核效率远高于纸质商业票据。"供应链自助贷"产品帮助 X 公司凭借电子凭证获得了融资，缩短了融资周期，解决了刘老板的燃眉之急。

"供应链自助贷"业务对传统供应链金融模式进行了创新，其运作模式如图 5.3 所示。受益于区块链技术，银行贷前风控的范围从过去的授信主体扩展至整体链条。利用区块链，银行可以根据供应链企业间交易关系形成关系图谱，实现贯穿供应链的信用穿透，并对供应链企业间的交易数据进行实时监控，实现信贷的全程动态管理。区块链技术降低银企间摩擦成本的特点，帮助企业实现了信用共享。一方面，由于区块链具有不可篡改性，企业业务流程中的信息流、物流、资金流以及融资信息等数据上链后，其可信度大大提高，降低了企业的信用风险。另一方面，由于区块链具有可溯源性，供应链核心企业的授信额度、票据等信息转化为数字凭证后，可以通过区块链技术进行多级传递，支持了中小企业的融资活动。

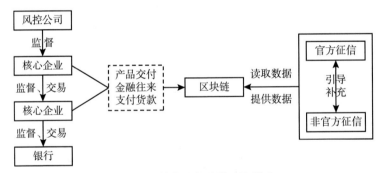

图 5.3　供应链自助贷融资模式

在贷款发放后，银行主要利用大数据、人工智能金融科技对企业贷后的交易行为等情况进行动态跟踪，监控企业的信用风险变化，实现全流程管理。银行可以对企业客户设定如银行流水、税务信息、市场数据等预警指标，通过采集的实时数据，基于风险预测模型对企业的信用状况进行调整。对于信用记录良好的客户，可以利用精准营销，推进用户复贷。若是企业客户产生贷款逾期等不良信用行为，则可以通过依托于大数据平台的风险预警系统进行催收预警，控制贷款不良率和业务成本。

2021 年招商银行又利用区块链技术，针对企业工资付款推出了一款智慧供应链金融创新产品——"付款代理（闪电版）"产品。该产品为将结算与融资合为一体的线上化供应链金融综合服务方案，在不改变企业付款结算方式、不增加供应商操作成本的前提下，将优质核心企业信用传输给上游供应商，实现为供应商提供便捷、低成本融资的目的，产品一经推出便广受企业欢迎。

2021年春节期间，招商银行上海分行员工在和时间赛跑，为保障X企业顺利发放农民工工资款项，一刻也不敢耽误。当时，X企业有多笔农民工工资的融资需求，放款对象均为上游劳务公司，笔数多、时间紧，但为了确保农民工顺利收到工资回家过年，招商银行上海分行基建交通战略客户团队员工和交易部员工以最快速度制定融资方案，大胆启用最新上线的"付款代理（闪电版）"产品，紧锣密鼓安排各项工作，一天就完成了数百笔放款。放款时间从两天缩短到两个小时。企业负责人对招商银行的放款效率赞不绝口。2021年，招商银行上海分行已为近百家核心企业、上千家遍布全国的供应商提供融资服务，付款代理放款近4000笔。

2.3　区块链助力智慧供应链金融的创新效益

自开展"智慧供应链金融4.0"模式以来，招商银行牢牢抓住供应链金融快速发展的机遇，借力区块链赋能供应链金融业务，将产业链中生产经营的数据流、业务流与银行资金流深度融合，实现了一系列产品创新。将金融服务与产业生态的数字世界打通，深化产融结合，支持供应链产业链稳定循环和优化升级。

2.3.1　基于供应链金融业务量的贷款规模分析

2015年1月，招商银行正式设立交易银行部，主要开展供应链金融、贸易融资、现金管理和互联网金融的公司金融产品业务。招商银行的全球交易银行业务主要涵盖供应链金融、跨境金融、结算与现金管理、贸易融资和互联网金融五大业务板块。此举旨在建立以客户为中心的业务体系，整合原有现金管理、跨境金融与供应链金融等优质产品业务，全面打造集境内外、线上下、本外币、内外贸、离在岸为一体的全球交易银行平台及产品体系。由图5.4可以看出，截至2021年，供应链融资业务量为6120.08亿元，较2020年增长49.75%，是2015年的9倍多，实现了供应链金融业务的快速发展。尤其是在2017年，智慧供应链金融系统4.0模式推出之后，供应链融资业务量迅速增长，年增长率高达91.31%，智慧供应链金融的更新升级效果显著。

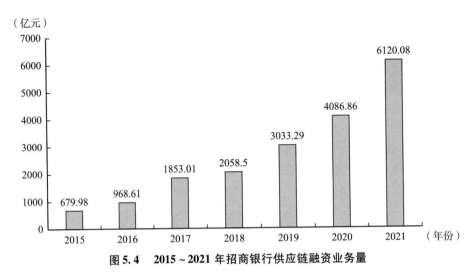

图 5.4　2015 ~ 2021 年招商银行供应链融资业务量

资料来源：招商银行历年年报。

2.3.2　基于不良贷款的贷款质量分析

图 5.5 表明，近年来招商银行不良贷款率震荡下降，持续下降趋势明显。分析认为，招商银行智慧供应链系统的日趋完善，不仅为企业提供了更加可靠安全的供应链融资服务，也保证了招商银行稳定的资产质量。

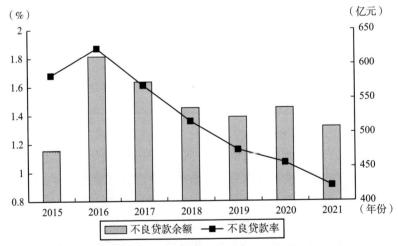

图 5.5　2015 ~ 2021 年招商银行不良贷款余额及不良贷款率

资料来源：招商银行历年年报。

2.3.3 基于不同类型贷款的贷款结构分析

贷款方面，招商银行稳步推进应链金融业务发展，资产质量总体稳定。如图 5.6 所示，截至 2021 年，招商银行贷款占比 38.62%，较 2020 年末下降 1.49 个百分点。零售贷款方面，招商银行积极提升中小企业金融服务质效，确保对中小企业的信贷支持力度。截至 2021 年，零售贷款占比 53.64%，较 2020 年末上升 0.33 个百分点。

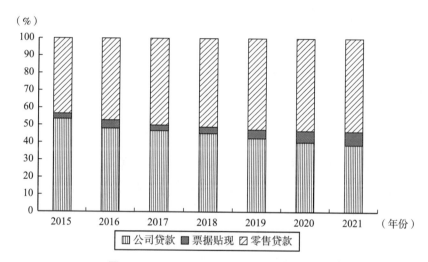

图 5.6 2015～2021 年招商银行贷款结构

资料来源：招商银行历年年报。

3 招商银行智慧供应链金融4.0的创新启迪

3.1 针对自身：加强自身风控能力，维护供应链金融安全

在区块链技术的加持下，传统供应链金融所存在的发展问题得以解决，但是区块链技术仍然存有一些技术安全问题，而随着基于区块链技术的供应链金融新模式发展越来越成熟，这些技术安全问题将会导致商业银行面临新的安全隐患，增加风险，降低运营效率。为了应对这些问题，招商银行的"智慧供应链金融4.0"平台在应用区块链创新技术的同时，还在条件允许的情况下积极结合其他金融科技手段，不断开发区块链应用场景，将大数据、区块链、人工智能、物联网等科技融入供应链金融产品和服务中，使金融服务更加精准便

捷，降低银行成本，提高企业融资效率。

金融科技已经成为创新业务的基础，依托金融科技可以帮助银行及时掌握客户需求，实现对客户融资需求的网上审批。中小企业从金融科技与供应链金融的融合中受益良多，缓解了融资约束。利用大数据分析核心企业的资质，评估其还款能力，可以提高贷款速度，平衡供应链金融风险；用人工智能进行深层次分析，进一步丰富动态数据库，定期自动更新客户画像，提高资质良好客户的授信额度；通过物联网平台，打通资金需求，从而促进物流和信息系统的融合，实现信息共享。利用区块链的分布式存储、数据公开、不可篡改等特点，通过区块链搭建场景，创造信任环境；与此同时，区块链与其他金融科技手段的融合应用，可以帮助供应链金融服务平台深度开发区块链场景应用，进一步打造多方共同发展的金融产业生态圈。

3.2 针对客户：加大技术和产品创新，吸引更多银行客户

招商银行"智慧供应链金融4.0"模式即为一个典范，智能化的供应链平台能够实时监控业务流程、控制风险，不仅提高了业务效率，而且改善了客户体验。

一方面，招商银行积极进行供应链金融产品创新。将债券、利率等金融工具应用到供应链金融服务方案中，以丰富和多样化供应链金融产品的种类。通过差异化竞争战略，为不同客户提供不同的解决方案，并通过特色产品和服务满足市场需求的多样性，吸引新的客户群体。不断优化供应链金融产品功能，根据市场需求对金融产品进行创新，包括订单融资、保单融资、动产抵押、保税仓等，使其服务于供应链的各个环节，完善银行供应链金融体系，实现融资、融智、融器相结合。

另一方面，招商银行积极进行技术创新，不断深入研究区块链技术在金融中的应用场景。其智慧供应链金融4.0平台之所以能够运用区块链技术化解行业内大部分竞争对手无法解决的难题，就在于其不断地进行区块链技术创新。因此，企业应该清醒地认识到区块链技术在促进供应链金融发展的同时也会带来潜在的问题与挑战。区块链供应链金融企业对于区块链底层技术的研发仍需加强，应该不断优化共识机制的运算效率，力求技术研发与实际应用相协同；同时也要继续思考研发方案，努力化解供应链原始数据的真实性问题，消除隐患，吸引更多的融资企业和金融业务参与者加入区块链供应链金融。

3.3　针对同业：统一区块链市场标准，实现同业互利共赢

招商银行及其他银行在推进供应链金融业务时多采用自主研发区块链产品的模式，因此与同业交流不足，并且面临战略决策风险。主要原因在于，区块链作为发展迅猛的新兴技术，吸引商业银行投入应用。但由于商业银行对区块链的认识过于片面，尚未完全掌握区块链的相关理论与技术，因此大多数商业银行仅以单一业务场景对区块链应用进行试水，由此产生了战略风险问题。因此，商业银行在正确认识自身业务特点与不足之后，需对区块链应用于供应链金融及支付场景进行广泛的交流，查漏补缺，逐渐形成行业规模，制定区块链行业标准，共同发展。此外，由于我国的银行业区块链研究工作的重复性较为明显，招商银行应发挥主观能动性，积极同银行业相关协会进行沟通，促进区块链在跨境清算应用统一标准的构建。银行业协会应该充分发挥作用，对区块链在商业银行领域的应用进行顶层框架的设计，并结合商业银行的特点，高度契合技术与业务，从而使各商业银行在进行区块链探索时实现有章可循，减少重复环节，节省成本。

4　尾　声

招商银行作为一家属于股份制商业银行发展前列、公司业务相对比较完善的商业银行，积极将区块链等先进技术应用到供应链金融业务中，创新供应链金融发展新模式，取得了不错的成果和效益。我们不禁感慨招商银行的勇气和前瞻性。同时，我们也不禁思考，如何构建区块链行业标准，以降低招商银行的市场风险？基于区块链的供应链金融发展新模式是否具有普适性，是否值得推广？如何更好地发展供应链金融业务？

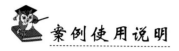

案例使用说明

一、教学目的与用途

1. 适用课程：

本案例主要适用于"商业银行经营管理""货币银行学""金融学""财

务报表分析""经济学""管理学"等课程，主要涉及银行业务模式、金融科技、供应链金融、委托代理理论、信息不对称理论等教学内容。

2. 使用对象：

本案例适用教学对象为金融专业硕士（MF）以及工商管理硕士（MBA），也可用于高年级金融专业本科生的教学。

3. 教学目标：

（1）了解商业银行供应链金融的概念、模式及涵盖的内容；

（2）掌握金融学基本理论，了解委托代理理论、信息不对称理论等在商业银行发展过程的作用；

（3）充分了解供应链金融的概念、分类及发展历程，且能够分析并掌握供应链金融对供应链产业链带来的促进作用，促使学生关注资本市场动向，熟悉资本市场产品和服务，培养金融专业素养；

（4）能够通过年报中信息归纳、分析、挖掘、总结出深层次内容，从而准确把握企业经营动态和未来发展趋势；

（5）熟悉招商银行利用区块链进行供应链金融转型升级的具体措施，并对这些举措的经营结果进行横向、纵向比较分析，培养学生对金融事件剖析的能力；

（6）充分了解区块链技术助力供应链金融发展的模式和途径。

4. 教学目的：

本案例从招商银行创新供应链金融模式出发，探讨了其背后的原因和具体发展过程，并分析这一系列举措实现的良好成果。这种由"果"推"因"、又由"因"推"果"的逻辑给学生提供了一种思维模式，即首先发现具有研究价值的金融话题，接着挖掘其背后的理论、机制、具体措施，最后在保证数据的支撑性、分析的逻辑性的基础上对发展结果进行综合评价。此过程不仅培养了学生勤于思考的习惯以及对金融话题的敏感度，还有效锻炼其分析问题、解决问题的能力，全面提升金融素养。

二、启发思考题

本案例阐述了招商银行创新供应链金融模式的起因、一波三折的具体实施过程、经营的良好成果以及对未来战略布局的展望，鼓励学生同时用历史和发展的眼光看待金融问题。因此，以下思考题将按照案例分析的时间顺序给出，可以预先布置给学生，让学生在阅读案例的过程中进行思考，引导学生在学习时具有逻辑性。

1. 什么是供应链金融？供应链金融的参与主体有哪些？

2. 就招商银行具体实施过程而言，思考招商银行利用金融科技进行供应链金融转型升级的相关理论。

3. 就经营成果来看，供应链金融赋能招商银行服务中小企业，是成功还是失败？

4. 就智慧供应链金融4.0平台而言，区块链如何赋能供应链金融的发展？

三、分析思路

教师可以根据教学目标（目的）灵活使用本案例，以下分析思路仅供参考。

1. 结合以区块链等技术为代表的金融科技的特征与以招商银行为代表的供应链金融服务，分析金融科技如何助力招商银供应链金融发展，以及招商银行可以如何借力金融科技来实现自身供应链金融的发展。

2. 在金融和科技相结合的时代背景下，招商银行作为国内最早进行供应链金融改革的商业银行之一，如何利用金融科技缓解供应链金融中委托代理和信息不对称等问题，从而助力自身不断发展。

3. 归纳招商银行利用金融科技创新供应链金融模式，分析其对其他中小银行的示范作用，并思考中小银行应如何实现自身供应链金融的创新发展。

首先，案例背景对招商银行供应链金融的背景进行分析，包括智慧供应链金融发展的1.0时代、2.0时代、3.0时代以及4.0时代。其次，新的挑战与机遇。金融与科技不断结合，招商银行借力金融科技创新供应链金融服务体系，实现了供应链金融新的发展。再次，招商银行创新供应链金融模式效果分析。一方面，对招商银行的年报分析，招商银行小企业客户数增长、净息差同行业最高，不良贷款率下降，助力了自身的发展；另一方面，把区块链技术引入供应链金融，完善了招商银行风险控制体系。最后，"区块链＋供应链金融"新模式的启迪分析。基于招商银行金融科技与供应链金融的积极深度融合实践，总结了招商银行创新供应链金融，布局智慧化供应链金融，打造供应链金融圈，解决中小企业融资难、融资贵问题的新思路。

四、理论依据与分析

1. 什么是供应链金融？供应链金融参与主体有哪些？

供应链融资是一种全新形式的产品融资体系和融资方式，主要针对供应链中的中小企业，通过对供应链中"三流"的管理与控制，特别是将资金流的控制有效地融合进供应链的管理体系之中。2006 年，国内商业银行首次提出了供应链金融的概念，并引入了多种金融产品供应链，国内供应链金融研究领域得到了迅速发展。

参与主体：

（1）商业银行：商业银行利用资金成本方面的天然优势，针对供应链融资需求企业的实际情况，提供多种模式的融资解决方案。

（2）核心企业：核心企业依据自身在行业内的规模优势、经济效益优势、辐射和带动优势、竞争优势等，整合供应链上游和下游的中小企业，联结资金提供方，为行业内的中小企业提供融资解决方案。

（3）供应链管理公司：供应链管理公司整合供应链上下游资源，联结资金提供方，为供应链上下游中小企业提供供应链服务和融资解决方案，提升整个供应链的运作效率。

（4）物流公司：物流公司通过整合供应链中的物流网络，联结资金提供方，为服务对象提供物流供应链服务和融资解决方案，有利于稳定业务网络，提升物流公司的竞争能力。

（5）B2B 平台：B2B 在整个电子商务市场交易规模中一直占相当比例，是实体经济与互联网结合的最佳载体。目前诸多 B2B 平台也通过对接资金提供方为平台上下游提供融资解决方案。

（6）金融科技公司：金融科技是金融与科技的结合体，金融科技公司利用大数据、人工智能、区块链等新技术手段对商业银行供应链金融产品、服务进行革新，提高金融效率。

（7）基础设施提供商：基础设施供应商发挥其供应链金融基础服务的优势，联结资金提供方、供应链金融服务方和融资企业等主体，为整个供应链金融提供基础设施服务。

2. 就招商银行具体实施过程而言，思考招商银行利用金融科技进行供应链金融转型升级的相关理论。

第一，委托代理理论。

委托代理理论最早由科斯提出，他认为双方在实际的交易过程中，必然有一方为信息的优势方，另一方为信息的劣势方，信息的不对称性问题是委托代理关系产生的最直接原因。一般看来，由于委托人在交易过程中拥有较少有效信息而处于信息劣势，代理人则拥有较多有效信息而处于信息优势。科斯认为，在真实的市场交易过程中，基于人是理性且自私的观点，代理人和委托人都会追求自身的利益最大化，因此利用信息不对称来损害另一方的利益。

在传统的供应链融资过程中，由于交易双方存在信息不对称问题，商业银行在为中小企业融资时通常为信息劣势方，难以掌握中小企业的实际情况和还款意愿。供应链中的中小企业拥有良好的协同环境，可以提高供应链的整体竞争力和整个行业的经济价值。此外，随着交易频率的提高，交易人之间的信任度增加，形成良性循环，减少投机的发生，显著提高公司的利润率。在供应链金融中，商业银行可以通过创新的供应链金融产品显著降低交易成本。商业银行通过采取对供应链上的核心企业特批授信，对核心企业的上下游中小企业批量授信的方式，大幅降低企业的融资成本。借助供应链融资平台，商业银行可以通过金融科技计算模型快速、准确地审核企业授信额度，减少运营商的工作量，降低银行的运营成本，解决商业银行人员短缺的问题。

第二，信息不对称理论。

信息不对称是指在市场经济活动中，交易者因获得信息渠道不同、占有信息数量不同而承担的风险与获取的收益不同。一方面，信息不对称会造成交易不公平，由于信息优势方可能获得"信息租金"，在交易过程中相较于信息劣势方更具有优势，信息拥有量的差异会演化为交易双方利益分配的失衡。另一方面，由于理论上价格反映了市场决策所需要的全部信息，因此市场能够合理配置资源。但实际上，市场交易的成本和收益会因信息不对称等外部因素无法在价格变动中得到充分反映，导致市场失灵。

中小信贷需求呈现短、小、频、急的特征，因此金融机构在为信用薄弱的企业提供信贷需求服务时，存在信息不对称、风险不对称等难点。而供应链金融中的核心企业基于其与中小企业的过往交易经历，向银行等金融机构提供了真实有效的交易信息，有效降低了交易中的道德风险和逆向选择，促进信贷融资活动的顺利开展。首先，核心企业会对中小企业进行筛选，符合信用要求的中小企业才能加入供应链金融体系中，从而对信贷资质进行了初步审核。其次，中小企业为了保持与核心企业的合作关系，会提供真实准确的信息，保障供应链金融的稳定运行。而金融机构通过与核心企业开展合作，获取中小企业资信状况进而为其提供信贷融资。银行和核心企业以及第三方物流公司的配合，在交易、信用水平上对中小企业进行了有效的了解和监督，同时中小企业在供应链模式中也注重维护自身的信用，降低了银行贷款的信用风险，缓解了中小企业的融资约束。

第三，自偿性贸易理论。

自偿性贸易融资表明，在交易活动中，银行会依照企业及上下游客户的资信状况，通过额度授信向企业提供短期金融产品服务或贷款，而企业则会将业务收入以及交易中产生的未来现金流作为直接还款来源的融资业务。

供应链金融体系运作的核心是基于自偿性贸易融资理论而形成的。供应链的参与主体主要有商业银行等金融机构、核心企业和上下游企业，商业银行首先对核心企业及上下游企业的资金和信用情况进行审核，重点关注企业的资信实力以及企业在供应链中的贸易情况。当企业贸易状况优良时，银行能够掌握其未来的现金流数据，由此同意企业的贷款申请。而有了贸易中的现金流作为还款保障，企业在融资困境时能够及时得到银行融资贷款以维持生产经营活动正常进行，同时降低了银行面临的风险水平。自偿性贸易融资理论为供应链金融运作的提供了理论支撑，缓解了部分企业由于抵押物不足或信用水平薄弱而无法从银行获得融资贷款的困难，有效避免了企业由于资金时间的错配而产生的缺口。

第四，交易成本理论。

交易成本理论最早由科斯提出。他在《企业的性质》一文中首先提出"交易费用"的概念，他认为交易费用主要包含对价格的搜寻、谈判的成本和签订合同产生的成本。此后，他在《社会交易成本》一书中将这些成本归纳为交易成本，并指出交易成本主要由搜寻成本、谈判成本、签约成本以及监督成本四部分组成，且交易成本会随着环境、信息不对称等外部因素的变化而变化。

在供应链金融的运作过程中，所涉及的交易成本主要有以下几方面：一是搜索成本。传统的银行贷款业务在与客户开展业务前需对企业资信状况进行详细的调查，由于信息不对称的存在，无法全面掌握企业的财务及信用状况，面临道德风险和逆向选择问题。随着供应链金融的出现巧妙化解了这一难题，商业银行只需在线上的供应链金融平台对企业的交易数据进行审核，继而开展贷款融资活动，有效降低了信息搜集成本。二是监督成本。商业银行借助线上的供应链金融平台，能够及时并准确地获取双方或多方交易过程中的生产、销售和物流等数据信息，同时核心企业也能够对上下游链属企业进行全面监控，充分保证了数据的真实性和有效性。三是签约成本。在供应链金融中，企业在网络上录入交易相关信息，银行进行线上审核，最后二者线上签订合同发放贷款，实现了无纸化交易，减少了现场签约烦琐的交易流程。因此，银行与企业之间通过供应链金融平台开展交易，都能有效降低交易成本。

3. 就经营成果来看，供应链金融赋能招商银行服务中小企业，是成功还是失败？

启发学生思考。

4. 就智慧供应链金融4.0平台而言，区块链如何赋能供应链金融的发展？

启发学生思考。

五、关 键 要 点

1. 关键点：本案例强化学生对供应链金融的理解，感知互联网和科技发展给商业银行以及中小企业带来的影响，分析在金融科技大趋势下商业银行如何利用自身优势转型升级，更好地服务实体经济，促进商业银行的长远发展。

2. 关键知识点：基于信息不对称理论，分析中小企业融资难的特点以及招商银行利用大数据、区块链等赋能供应链金融服务，支持中小企业发展。

3. 能力点：本案例旨在激发学生对金融热点话题"供应链金融"的兴趣和思考，深化学生对委托代理理论、信息不对称理论等在金融机构经营方面的影响的理解，培养学生将金融热点与金融学理论进行联系分析的能力，以及通过挖掘、归纳、分析、总结年报中信息的深层次内容，从而准确把握企业经营动态和未来发展趋势的能力。

六、建议课堂计划

本案例可以作为专门的案例讨论课来进行，课堂时间控制在3个课时以内（120~180分钟）。

1. 课前准备：

（1）将学生按照3~5人分成多个讨论组，确定各讨论组的组织人。

（2）打印下发案例，各讨论组自由安排课余时间，在上课前对案例通读，熟悉委托代理理论、信息不对称理论等，确定案例分析思路，抓住关键思想。

2. 课中计划：

（1）教师导入案例涉及的理论知识与方法原理，通过课堂提问了解学生对案例内容的掌握情况（30 分钟）。

（2）明确主要思考问题，分组讨论（40~60 分钟）。发言注意：小组推选代表发言（每组 10~15 分钟）。发言时可以采用 PPT 或板书等方式辅助。每个小组发言后，老师进行点评，其他小组成员对不明白的地方进行提问，发言的小组要对同学的疑问进行补充回答。对于小组成员无法回答的疑难问题，老师进行深入讲解，各组安排 1 位同学对本小组的讨论结果进行记录。老师要启发全班同学对案例的关键内容充分讨论，各小组评选出其他小组表现积极的小组组员，老师收集整理（计入平时成绩）。最后填写案例教学评价表。

3. 课后计划：

请学生上网搜索供应链金融的相关信息资料和最新评论，关注招商银行，自行探究供应链金融的实现逻辑。建议学生选择自己感兴趣的银行，按照本案例思路对其进行分析，从而对本案例的理论知识有更深入的理解。

七、其他教学支持

1. 教学材料：

案例正文电子版、纸质版，教学 PPT（包括案例内容和相关理论知识）。

2. 教学设备：

多媒体教学设备（包括投影仪、投影、多媒体计算机、扩音器等），每位同学自备电脑，传统教学设备（包括粉笔或白板笔，板擦等）。

3. 教学场地：

多媒体教室（有足够的插座），能上网。

八、参 考 文 献

［1］赵志华，张晓强. 区块链在商业银行的应用研究 ［J］. 经济论坛，2017（3）：58－60.

［2］白燕飞，翟冬雪，吴德林，林熹. 基于区块链的供应链金融平台优化策略研究 ［J］. 金融经济学研究，2020，35（4）：119－132.

［3］沈厚才，陶青，陈煜波．供应链管理理论与方法［J］.中国管理科学，2000（1）：1－9.

［4］田阳，陈智罡，宋新霞，李天明．区块链在供应链管理中的应用综述［J］.计算机工程与应用，2021，57（19）：70－83.

［5］李勇建，陈婷．区块链赋能供应链：挑战、实施路径与展望［J］.南开管理评论，2021，24（5）：192－201＋212＋202－203.

［6］杨慧琴，孙磊，赵西超．基于区块链技术的互信共赢型供应链信息平台构建［J］.科技进步与对策，2018，35（5）：21－31.

［7］刘露，李勇建，姜涛．基于区块链信用传递功能的供应链融资策略［J］.系统工程理论与实践，2021，41（5）：1179－1196.

［8］邵奇峰，金澈清，张召，钱卫宁，周傲英．区块链技术：架构及进展［J］.计算机学报，2018，41（5）：969－988.

［9］宋华．智慧供应链金融［J］.经济理论与经济管理，2019（10）：114.

［10］张弦．商业银行线上供应链金融创新模式研究［D］.南昌：江西师范大学，2019.

［11］胡跃飞，黄少卿．供应链金融：背景、创新与概念界定［J］.金融研究，2009（8）：194－206.

［12］李建，陈婷．区块链赋能供应链．挑战、实施路径与展望．南开管理评论，2021：1－20.

［13］冷潇．商业银行供应链金融风险管理探究［J］.财经界（学术版），2020（18）：6－7.

［14］龚强班，铭嫒，张一林．区块链、企业数字化与供应链金融创新［J］.管理世界，2021（2）：22－32.

［15］Li J, Zhu S C, Zhang W, Yu L. Blockchain-driven supply chain finance solution for small and medium enterprises［J］. Frontiers of Engineering Management, 2020, 7 (4).

［16］Gelsomino L M, Mangiaracina R, Perego A, Tumino A. Supply chain finance：A literature review［J］. International Journal of Physical Distribution & Logistics Management, 2016, 46 (4).

［17］Caniato F, Henke M, George A Z. Supply chain finance：Historical foundations, current research, future developments［J］. Journal of Purchasing and

Supply Management，2019，25（2）.

［18］Li H Y. Research on logistics operation management strategy based on blockchain Technology ［J］. Advances in Higher Education，2020，4（11）.

［19］Nida M，Khalid A，Sun Y F，Elijah K，Yaser J. A comprehensive review of blockchain applications in industrial internet of things and supply chain systems ［J］. Applied Stochastic Models in Business and Industry，2021，37（3）.

案例六 中国银行：金融科技助力数字化转型升级[*]

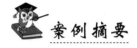

案例摘要

新时代下，随着科学技术和互联网的快速发展，金融科技已成为各商业银行战略布局的重要领域。我国先后出台的《促进大数据发展行动纲要》《金融科技发展规划（2019－2021年）》等政策性文件，极大地促进了金融科技的发展，同时金融科技的发展也促进了传统银行的转型升级。本案例回顾了中国银行（以下简称"中行"）从传统商业银行转型为数字银行的创新发展历程，分析了其在金融科技发展过程中通过打造"数字中银＋"领先优势，助力普惠金融跨越发展的过程。本案例旨在引导学生理解金融科技、数字化转型等相关概念，并在此基础上深化对长尾定理等理论的理解。同时，也为其他银行实现数字化转型升级提供借鉴，为解决小微企业融资问题提供新思路。

案例分析

0 引 言

如今世界经济已经迎来了数字经济时代，金融科技利用大数据、区块链等

＊ 本案例获得江苏省金融学类（含保险）研究生教学案例大赛特等奖，由苏州科技大学商学院的王世文、温馨、张梦娜、祝演撰写，作者拥有著作权中的署名权、修改权、改编权。本案例只供课堂讨论之用，并无意暗示或说明某种行为是否有效，且不构成投资建议。

高新技术能够更快更准确地捕获市场需求变化，及时有效地补充相应的市场供给，助力供给侧结构性改革。"十四五"规划更是提出"要做好向现代化、高质量、数字化的战略转型"的要求，并对我国的数字经济发展做了全面的部署。金融科技目前已经历了1.0、2.0、3.0三个发展阶段，成为银行数字化转型的关键路径。作为国有四大行之一，中行紧跟时代潮流，布局实施金融科技战略，加快推进数字化转型。

在数字化经济和数字化生态大环境的影响下，商业银行面临巨大挑战，各家银行纷纷进行数字化转型，提升自身优势，以应对数字化环境引发的一系列挑战。2017年6月，中行与腾讯集团达成深度合作共识，成立了"中国银行—腾讯金融科技联合实验室"，以开放的生态体系在业务、流程、技术等方面全面启动创新试点。双方初步在云计算、大数据和人工智能技术方面取得突破，建立了统一的金融大数据平台，持续创新技术能力支持业务发展，共建普惠、云上、智能和科技金融四大金融板块。当前，中行正利用科学技术推动数字化转型，用数字思维重塑金融服务思维，为百年中行注入数字化基因的血脉，转化成一个具有数字化渠道、数字化生态、数字化风控的全面数字化银行。在金融科技蓬勃发展的时代，对中国银行数字化转型之路的探讨对传统银行的转型升级具有积极启示作用。

1 异军突起：金融科技蓬勃发展，中行数字化转型迫在眉睫

金融科技发展对商业银行的经营模式产生了极为显著的影响，引发了商业银行的三次变革。金融科技出现伊始，分流了传统商业银行的部分用户，传统商业银行受到了较大的冲击。而如今，金融科技的许多产品都能够第一时间在商业银行得以应用。在新时代的历史机遇下，中行积极承担社会责任，拥抱金融科技，主动通过内部科技升级推动自身转型升级，将建设成为新时代下的全球一流银行。

1.1 金融科技背景下中行贷款业务的发展历程

随着21世纪第二个十年的到来，金融科技的浪潮势不可挡，科技与金融的结合提高了金融的智能化水平，提升了金融行业的服务效率，更高效地满足了人们的金融服务需求，其中互联网贷款更是金融科技的重要一环。互联网贷

款的发展促使商业生态从线下逐渐迁移至线上，从实体迁移至互联网，其发展史是云计算、大数据和人工智能等新技术逐步在金融业得以应用的过程，更是一部金融科技的进化史。

1.1.1　2010～2014年：网络借贷兴起，中行贷款业务首遭冲击

在互联网借贷兴起之前，用户消费往往依赖于商业银行。但传统商业银行贷款本身具有信用审查严格、手续烦琐、效率低下等缺点，对借款人的信用报告、资产状况、盈利能力等有着明确而严格的要求。在互联网贷款兴起之后，由于其具有信用评估机制简单、成本低、效率高等特点，借款人更易获得贷款资金，分流了传统银行业的部分客户。中行的个人贷款和中小微企业贷款均受到影响。其中中行的个人贷款业务同比增长率从2010年的24.32%下降到2014年的11.7%；小微企业贷款业务同比增长率由2010年的35.11%下降到2014年的17%[①]。

1.1.2　2014～2016年：顺应时代潮流，加速推进IT蓝图战略

2014年，大数据、云计算和区块链等技术开始走向成熟并开始商业化。在"互联网＋"趋势的推动下，新的商业模式开始不断涌现，商业标准不断更新。随着技术的成熟和自身的发展，中行制定了总体策略和分阶段建设的思想，即"同等重视集中式分布式体系结构和分布式私有云平台"。同时，为了适应互联网和客户生态关系快速发展下全新的开放式合作业务模式带来的业务应用转型，中行在《IT蓝图》计划之后启动了应用体系结构重审，在优化原有渠道、客户、产品、财务和管理信息五大价值链的前提下提出了新的价值链，以及大数据、生态系统服务两大支撑层，进一步完善了其应用架构，对应用系统架构进行数字化转型具有重要的指导意义。基于技术架构转型策略和应用架构重检成果，中行大力推进技术架构转型工作，并全面启动了分布式架构私有云平台的建设与试点工作。

历经四年的布局与奋战，零售贷款业务余额在2014年迎来拐点。在线上线下多渠道创新产品的支撑下，个人贷款业务加速成长，贷款余额增长率从2014年的11.7%上升至2016年的24.47%[②]，小微企业贷款余额增速下跌状

---

① 中国银行股份有限公司2014年年度报告．［R/OL］．（2015－04－28）［2021.12.09］．ht-tps：//www.boc.cn/investor/ir3/index_4.html。

② 中国银行股份有限公司2016年年度报告．［R/OL］．（2017－04－27）［2021.12.09］．ht-tps：//www.boc.cn/investor/ir3/201704/t20170427_9336630.html。

态也有所缓和。

1.1.3 2016～2021 年：千禧一代成长，互联网金融盛世开启

2015 年初，中行的个人贷款业务先后受到 P2P 和花呗这两个强大竞争对手的威胁。2016 年末网贷行业总体贷款余额已经达到了 8162.24 亿元，并在 2017 年末达到 12245.87 亿元，上涨幅度接近 50%，分流了中行部分个人贷款份额①。

虽然 2018 年起由于 P2P "爆雷" 事件频发、监管收紧等原因，P2P 平台全盘清理，但 2015 年 4 月在蚂蚁金服上线的花呗和借呗又成为影响中行贷款业务的另一因素，特别是花呗的便捷性导致其对银行的信用卡服务的替代性极强，尽管中行一直在不断创新，全方位渗透居民衣食住行消费场景，不断提升其数字化能力。但它们的出现还是迅速挤压了中行的信用卡贷款额。

1.2 金融科技背景下中行存款业务和中间业务的发展历程

金融科技的发展带来了第三方支付平台和层出不穷的互联网理财工具，这一方面吞噬了商业银行的大量存款和佣金手续费用，成为商业银行盈利的 "羁绊"；另一方面它们的出现推动了商业银行的 "变革"，促使商业银行的金融业务科技化、智能化，启示商业银行主动拥抱大数据、AI、云计算和区块链技术以顺应时代的浪潮。

1.2.1 2013～2017 年：第三方支付兴起，存款及中间业务遇瓶颈

中行存款业务与中间业务增长率在 2010～2016 年平缓下跌，同期，随着金融科技的不断发展，以蚂蚁金服为代表的互联网财富管理平台已成为关注度最高的理财产品购买渠道，其高收益低门槛的特性吸引大众将资金由银行存款转移到互联网理财产品中，并大幅减少商业银行手续费及佣金收入，这对银行存款业务无疑是个巨大冲击；除此之外，由于支付宝和财付通这两大第三方支付平台构建了较为独立的、与银行职能相似的跨行结算机制，挤占了原本商业银行的结算、代理收付以及电子银行等中间业务收入，对银行的中间业务起到替代作用，也对中行存款业务造成巨大冲击。

尽管中行也努力结合金融科技建立了自己的互联网财富管理平台，不断完

---

① 2016 年中国网络借贷行业年报．[R/OL]．（2017.01.06）［2021.12.09］．https：//business. sohu. com/20170106/n477957974. shtml。

善自身移动支付可使用场景，但要与势不可挡的支付宝、蚂蚁金服等抗衡还略显力不从心，因此中行在 2010～2017 年的存款业务增速逐步下滑也是情理之中。

1.2.2　2018～2021 年：金融科技深度布局，存款及中间业务迎转折

中行是国内综合化程度最高的银行，其坚持科技创新发展战略，已经完成 AI 平台、大数据平台和分布式架构私有云三大平台的建设。同时，已实施的金融科技发展转型取得明显成效，其金融科技实力相当雄厚，其中金融科技发明专利申请量在全球金融业排名第二，在世界上保持领先地位。

2017 年，中行在国际结算系统 SWIFT 组织全球支付创新平台的项目上推出了国际汇款产品——"中银全球智汇"，显著提升了用户的跨境支付体验。2018 年，中行致力于区块链技术在贸易融资、生物认证科技、租房、扶贫等实用领域的应用，利用金融科技提升电子渠道的服务水平、推动金融产品的创新以及发展场景金融。此外，中行利用指纹认证、人脸识别、OCR 识别、FaceID 等一系列技术，提升了手机银行相应操作的安全性与便捷性，实现了以客户为中心的全方位整合，有效提高了金融服务效率，便捷了用户的生活，用户体验领先同业。

在中行深度布局金融科技的努力下，其存款业务增速大幅增加，2020 年一举超过前十年的表现。

2　革故鼎新：坚持科技引领战略，全面推动中行数字化转型

中行早在 2003 年就启动了 IT 蓝图咨询项目，2004 年正式批准 IT 蓝图发展规划，从应用架构、基础设施、IT 治理和安全四个方面，明确了其信息科技建设的中长期战略目标和发展路径，并于 2006 年正式启动了 IT 蓝图实施工作，于 2011 年 10 月 30 日实现了 IT 蓝图在总行及 34 家境内分行的成功投产。随着金融科技的发展，中行积极推进电子化、信息化的建设，2013 年 11 月在河北保定成立了首家"未来银行"旗舰店。2018 年明确科技引领数字化转型的战略规划。

2.1　积极主动拥抱金融科技革命

2.1.1　加强科技支撑

2020 年，17 家全国性银行的金融科技总投入额为 1451 亿元，其中中行、

中国农业银行、中国工商银行、中国建设银行、中国邮储银行、交通银行金融科技投入额为956.86亿元，占比超过六成[①]。

在上述六大国有银行中，中国工商银行和中国建设银行的金融科技投入额和科技人数名列前茅。其中中国工商银行在2020年金融科技投入额为238.19亿元，相比2019年的163.74亿元增长了45.47%占营业收入的2.7%，金融科技人员为35400人，占总员工人数的8.10%[②]。中国建设银行2020年金融科技投入总额为221.09亿元，同比增长25.38%，占营业收入的2.93%，金融科技人员人数为13104人，占总员工人数的3.5%。中行金融科技投入额位居第四，为167.07亿元，占营业收入的2.95%，金融科技人员为7696人，占总员工人数的2.49%[③]。虽然中行的金融科技投入资金和科技人数没有前述银行高，但其仍保持了良好的营收投入比，在上述银行中排名第二，并且保持了较高的科技投入增速，排名第三。

整体来看，中行持续加大对金融科技的资金投入、扩大复合人才队伍，金融科技在中行发展势头良好（见表6.1）。

表6.1　　　　　　　　　　　商业银行2020年金融科技投入情况

名称	投入占营收比重（%）	投入资金（亿元）	同比增长（%）	金融科技人员（万人）	科技人员占比（%）
中国银行	2.95	167.07	43.36	0.77	2.49
中国农业银行	2.54	183.00	43.08	0.81	1.80
中国工商银行	2.70	238.19	45.47	3.54	8.10
中国建设银行	2.93	221.09	25.38	1.31	3.51
中国邮储银行	3.15	90.27	10.35	——	——
交通银行	2.85	57.24	13.45	0.40	4.38

资料来源：根据银行年报整理。

---

① 2020年银行金融科技投入全梳理．［R/OL］．（2021-05-13）［2021.12.09］. https://baijia-hao.baidu.com/s? id=1699611738750559258&wfr=spider&for=pc。

② 中国银行股份有限公司2020年年度报告．［R/OL］．（2021-04-27）［2021.12.09］. https://www.boc.cn/investor/ir3/202104/t20210427_19332472.html。

③ 中国建设银行2020年年度报告．［R/OL］．（2021-03-26）［2021.12.09］. www2.ccb.com/cn/investor/reportv3/20210327_1616774879.html。

2.1.2 数字化战略框架

中行在 2018 年明确提出了科技引领数字化发展的总体目标，即"坚持科技引领、创新驱动、转型求实、变革图强，建设新时代全球一流银行"，由此开启数字化转型升级的全新篇章。

中行数字化转型升级围绕"1234 – 28"的战略布局开展。其中，"1"是以数字化为主轴，将大数据、云计算和区块链等技术应用到银行业务之中，打造场景生态丰富、线上线下协同、用户体验极致、产品创新灵活、运营管理高效、风险控制智能的数字化银行。"2"是搭建两大架构，即企业级业务和技术架构，在业务上实现全行价值链下的业务流程、数据和产品等组件化，在技术架构上形成众多独立的低耦合微服务，共同驱动中行数字化转型发展。"3"是打造三大平台，即云计算、大数据和人工智能平台，为银行数字化转型升级提供坚实的技术支持。"4"是聚焦四大领域，即业务创新发展领域、业务科技融合领域、技术能力建设领域和科技体制机制领域。同时，中行还将重点推进 28 项战略工程，实现"建设新时代全球一流银行"的战略目标。

2.1.3 阶段性代表产品

在科技和互联网的助力下，中行的用户渠道从线下拓展到线上，各项业务从互联网到智能化、数字化，持续推动金融科技为其打造数字化渠道、数字化生态、数字化产品、数字化技术。

中行重点培育具有浓厚科技元素的金融科技产品。一是智能投顾，2018年 4 月中行推出中银慧投产品，运用"AI + 专家顾问"人机结合模式，提升了客户资产配置的服务能力，产品上线一周即销量过亿元，截至 2019 年 6 月，总销量超过 100 亿元，投资客户数超 13 万人[1]。二是跨境撮合，中行自主研发了中银跨境撮合服务系统，并基于该系统为首届中国国际进口博览会量身定制了"供需对接会"App，共支持几千家海外展商和国内客商进行了"一对一"的现场洽谈。三是量化交易，在金融市场领域通过引入大数据、AI，由手工操作转为自动化、程序化、智能化的交易模式，提高了中行报价水平，期权自动报价时间由 300 秒缩短到 3 秒。

---

[1] 邢桂伟. 波澜壮阔绘蓝图，砥砺前行新征程——记中国银行信息科技发展历程 [J/OL]. 中国金融电脑，（2019 – 10 – 01）［2021 – 12 – 09］. https：//kns. cnki. net/kcms2/article/abstract? v = 3uoqIhG8C44YLT1OAiTRKibY1V5Vjs7iLik5jEcCI09uHa3oBxtWok4Hy8T7hGyem _ 1p5sdIcE9ItCSPG – Uz69f _ NeAEZeEg&uniplatform = NZKPT&src = copy。

2.2 开启数字化银行建设新篇章

中行紧跟时代发展潮流，坚持科技引领，打造场景生态丰富、线上线下协同、用户体验极致、产品创新灵活、运营管理高效、风险控制智能的数字化银行。

2.2.1 数字化渠道

借助大数据、机器学习、生物识别、自然语言处理等新一代人工智能技术，中行深入分析客户行为和风险偏好，打造差异化、智能化的金融服务产品，提升客户体验。首先，丰富拓展 ATM 的功能，在提升用户服务能力的同时削减成本。其次，中行结合多媒体机器、自助发卡机等具有的功能，推出了智能柜台（STM），通过相关人员远程授权管理，大大提升了金融服务的便利性。2018 年底，中行投产新一代智能客服项目，将语音导航、机器人、知识库、语音语义分析等 AI 技术引入自助服务、人工服务、后台分析等各环节，形成集团级的 AI 基础服务平台。2019 年 5 月，中行推出"5G 智能＋生活馆"，是行业内第一家主打"5G 智能＋"概念的新网点业态，也是中行与最新科技成果进行深度衔接、对建设智慧网点进行探索的第一步。

2.2.2 数字化生态

中行从整合、融入、自建场景三个方面进行数字化生态建设。首先，在整合场景方面，中行以手机银行为中心，开发整合生活服务、第三方服务等多种业态服务。其次，在融入场景方面，中行与第三方积极开展合作，例如腾讯、东方财富等，在校园生活、健康医疗等不同场景整合中行的借贷、支付、资产管理等业务。在自建场景方面，中行开发各种产品，例如面向校园推出的 E 校贷、面向中小企业推出的代发星、面向机关单位推出的复兴壹号等，旨在为不同场景提供其所需的服务。

2.2.3 数字化风控

金融科技运用大数据、人工智能等技术建立一系列金融风险控制模型，能够在一定程度上有效识别异常交易以及高风险交易，及时处置可能发生的金融风险，提升金融体系的风险控制能力。中行利用机器学习平台构建的"网御"实时反诈骗平台已逐步完善，能够支持多种渠道高风险交易过程中的风险防范，实时监测交易总数超过 31 亿笔，已成功拦截可疑交易金额高达 118 多亿元。

3 柳暗花明：数字化转型初见成效，中行创新实践的启示

中行是六大国有行之一，拥有强大的市场号召力和雄厚的资金实力，不仅在科研技术上具有成本优势，其回报率也在行业平均水平之上。随着金融科技3.0阶段的到来，中行积极与金融科技深度融合，科技化转型的决心也更加坚定，其数字化转型之路也为其他银行数字化转型提供了思路。

3.1 避免形式主义

国有银行的数字化转型一般为自上而下的过程，首先管理层根据环境变化对银行未来发展进行战略性部署，其次再将具体执行措施部署到相应的部门。近年来国有银行纷纷成立了金融科技子公司，例如2017年6月，"中国银行—腾讯金融科技联合实验室"挂牌成立。中行与腾讯集团达成深度合作共识，以开放的生态体系在业务、流程、技术上全面启动创新试点。双方初步在云计算和大数据平台以及人工智能应用方面取得突破，建立了统一的金融大数据平台，持续输出技术能力支持业务发展，共建普惠金融、云上金融、智能金融和科技金融。其他银行也应先认真分析自身优势，研究推进数字化转型的目标，落实相关部门的具体任务，将数字化转型与银行发展规划紧密联系。

3.2 开展组织创新

中行一改往日的扁平化组织结构，推出了灵活自主的分权式组织形式，确保银行的客户服务、市场营销等部门能快速捕捉到市场需求的变化，利用矩阵制的组织形式，将业务部门和非业务部门进行有机整合，建立高效的服务体系。同时，中行探索开发了"1+1+N"智慧银行组织机构模式。其中，第一个"1"是传统银行的服务能力，第二个"1"是面向互联网的服务能力，"N"是衍生出的多种创新服务能力。中行以客户为中心，对用户进行画像，根据其需求推荐相关的应用和增值服务，最终达到技术、产品、服务、合作全方位发展的新局面。其他银行也应顺应数字经济发展的新背景，变革过去的扁平化管理机制，建立高效敏捷的组织管理机制，更好地服务银行数字化转型升级。

3.3 精准服务客户

银行对长尾客户的服务能力有待提高。金融客户的行为和习惯深受互联网的影响，而第三方支付、P2P、基金直投产品等业务依托大数据思维挤压银行的盈利空间，降低了客户忠诚度，尤其是长尾客户对零售银行的依存度。与此同时，数字化使得线上、线下的边界日益模糊，长尾客户的在线化也使得传统银行依托网点的竞争优势日渐消失。对于高度零散化、碎片化的长尾市场，大型商业银行往往无法及时地满足其差异化需求。区别于传统大银行的"二八理论""三大一高"（大城市、大行业、大企业、高端客户），普惠金融更加重视更广大客户的金融需求，而数字技术的应用将高度碎片化的长尾客户需求聚集，形成一定的市场规模，可以为小微客户提供精准服务。

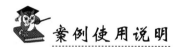

案例使用说明

一、教学目的与用途

1. 适用课程：

本案例主要适用于"商业银行经营管理""货币银行学""金融学"等课程，主要涉及商业银行业务结构、互联网金融、金融科技、长尾定理、信息不对称理论以及企业经营战略等教学内容。

2. 使用对象：

本案例适用教学对象为金融专业硕士（MF）以及工商管理硕士（MBA），也可用于高年级金融专业本科生的教学。

3. 教学目标：

（1）了解商业银行的负债业务、资产业务、中间业务三大基本业务的概念及涵盖的内容；

（2）掌握金融学基本理论，了解挤出效应、长尾理论和信息不对称理论等在商业银行发展过程的作用；

（3）充分了解金融科技的概念、分类及发展历程，且能够分析并掌握金融科技对商业银行数字化转型带来的促进作用，促使学生关注资本市场动向，熟悉资本市场产品和服务，培养金融专业素养；

（4）能够通过年报中信息归纳、分析、挖掘、总结出深层次内容，从而准确把握企业经营动态和未来发展趋势；

（5）熟悉中行利用金融科技进行数字化转型的具体措施，并对这些举措的经营结果进行横向、纵向比较分析，培养学生对金融事件剖析的能力。

4. 教学目的：

本案例从中行利用金融科技实现数字化转型出发，探讨了其背后的原因和具体发展过程，并分析中行这一系列举措实现的良好成果。这种由"果"推"因"、又由"因"推"果"的逻辑给学生提供了一种思维模式，即首先发现具有研究价值的金融话题，其次，挖掘其背后的理论、机制、具体措施，最后，在保证数据的支撑性、分析的逻辑性的基础上对发展结果进行综合评价。此过程不仅能培养学生勤于思考的习惯以及对金融话题的敏感度，还能有效锻炼其分析问题、解决问题的能力，全面提升金融素养。

二、启发思考题

本案例阐述了中行利用金融科技实现数字化转型升级的起因、具体实施过程、经营的良好成果以及对未来战略布局的展望，鼓励学生同时用历史和发展的眼光看待金融问题。因此，以下思考题将按照案例分析的时间顺序给出，可以预先布置给学生，让学生在阅读案例的过程中进行思考，引导学生在学习时具有逻辑性：

1. 就案例背景而言，金融科技具体包含哪些内容，其对金融市场的影响具体表现在哪些方面？

2. 就中行具体实施过程而言，结合相关理论思考其是如何利用金融科技进行数字化转型升级的？

3. 就经营成果来看，金融科技赋能中行数字化转型升级，是成功还是失败？

三、分析思路

教师可以根据教学目标（目的）灵活使用本案例，以下分析思路仅供参考。

1. 结合金融科技的特征与以中行为代表的商业银行的基本业务，分析金融科技给中行业务发展带来的冲击，以及中行可以如何借力金融科技来实现自身的发展。

2. 在我国大力发展"普惠金融"的背景下，中行作为国有六大行之一，如何利用金融科技缓解小微企业信息缺失问题，从而助力普惠金融并且实现自身的数字化转型。

3. 近十年，商业银行以外的金融市场在与互联网和科技的不断结合过程中出现了互联网贷款、第三方支付以及互联网理财等，商业银行在该过程中又是如何拥抱金融科技实现自身转型？

4. 归纳中行数字化转型之路，分析其对其他中小银行的示范作用，并思考中小银行应如何实现自身的转型。

首先，背景分析。对中行零售业务数字化转型的背景进行分析，包括金融科技发展的三个阶段、"十四五"对国企改革提出的迫切要求。其次，外部冲击分析。介绍了商业银行以外的金融市场在与互联网和科技的不断结合过程中出现了互联网贷款、第三方支付以及互联网理财等一系列平台，从中行2010~2020年的年报数据可以看出这些互联网金融平台对其零售存贷款业务和中间业务的冲击，以及在其金融科技的深度布局下业绩的逐步回暖。再次，中行的数字化转型之路分析。一方面，不断加大金融科技的投入力度，成立中银金融科技子公司。另一方面，创新推出一系列金融科技产品以推动零售业务的发展等。最后，中行创新实践的启示分析。基于中行与金融科技的积极深度融合实践，总结了中行解决中小微企业融资难、融资贵问题的新思路，满足长尾客户多样化需求的新方式，以及对中小银行实现数字化转型的建议。

具体如表6.2所示。

表6.2　　　　　　　　案例分析思路及课堂讨论引导问题

案例呈现情境	教学目标	知识点	课堂讨论的引导问题
案例背景	掌握金融科技的概念、发展历程和阶段性代表产品	金融科技的概念、分类与影响	金融市场在互联网和科技交织融合发展的背景下发生了哪些变化？
外部冲击	了解商业银行在金融科技发展的背景下面临哪些挑战与机遇	商业银行三大基本业务挤出效应 长尾理论	互联网和科技使商业银行遭遇了哪些挑战？又为商业银行带来了哪些机遇？
应对方式 数字化转型	了解中行如何用金融科技布局三大业务的发展 了解中行金融科技代表性产品	大数据、云计算、人工智能等在具体产品中的运用	中行如何实现其数字化转型？在实现过程中如何借助金融科技的力量？

四、理论依据与分析

1. 就案例情景而言，金融科技具体包含哪些内容，其对金融市场的影响表现在哪些方面？

金融科技概念的首次提出是在 2011 年，其最初是指将信息技术运用到互联网初创企业之中，来简化非银行支付的交易流程以及提升其交易的安全性，后来逐步将信息技术发展运用到其他金融服务领域，由此金融科技不断发展壮大。在金融行业和科学技术的发展下，虚拟技术等逐渐应用于金融行业，逐步发展成为如今的金融科技领域，主要有区块链、人工智能等领域。

传统金融行业有许多缺点，例如成本高、效率低、安全性差等。而金融科技这个全新领域的产生则是对传统金融行业的变革甚至颠覆。金融科技已经在传统的金融领域之外建立了新的金融体系，这将改变原来金融市场中的交易主体和交易方式等，从而实现传统信贷模式的创新。

在 2018 年 7 月 13 日的中央财经委员会第二次会议中，习近平总书记就技术创新发表了重要讲话，强调了核心技术在经济发展和国家安全中的重要作用。唯有不断提高核心技术创新能力，我国才能把握未来发展的主动性，切实带领国家一步步地走向繁荣富强的道路。科学技术的进步极大地推动了经济的发展和社会的进步，而创新正是科学技术进步的核心动力，它所蕴含的能量是巨大的，所带来的影响是深远的，创新已经成为人们在生活和工作中不可或缺的一部分。

金融科技强调科技创新带动金融的创新发展，将科技手段引入金融领域，带来对传统金融产品、服务的改造升级，不仅可以提升服务效率、信息安全性，还可以降低成本，有助于防控金融风险。

金融科技进一步拓展了金融服务的渠道，建立了新的服务平台，可以在诸多金融领域展开应用，例如智能投顾、信息支付、电子支付及反洗钱等领域，逐渐渗透金融的各个方面，应用范围广泛，确保金融机构盈利水平的提升，有助于发掘市场竞争优势。

2. 就中行具体实施过程而言，给相关理论思考中行是如何利用金融科技进行数字化转型升级的。

第一，挤出效应。

首先，金融脱媒现象进一步凸显，撼动传统银行业地位。互联网公司逐渐渗透商业银行的市场，将金融服务无缝嵌入用户的衣、食、住、行、医、娱、教等生活场景。商业银行不再是客户获得金融服务的唯一渠道，非银行机构灵活的产品体验，抢占了商业银行的传统业务板块和市场。互联网金融引发金融脱媒现象，第三方支付等业务的扩大对商业银行盈利能力产生了影响。我国传统金融体制不够发达，低成本、广覆盖的金融科技势必挤压商业银行业务份额。金融科技的迅猛发展对商业银行传统业务产生较大冲击，银行存款业务规模下降，贷款受挫，中间业务受到挤压，致使商业银行盈利能力下降。在金融科技的冲击下，金融市场参与主体更加复杂、多元化，第三方支付、电商平台正加速向结算、理财、融资、担保等金融服务领域渗透，压缩了商业银行的盈利空间。

其次，在金融科技的冲击下，对传统商业银行在信息安全、科技应用等方面的要求越来越高。信息化时代背景下，信息技术的提升对商业银行经营发展至关重要，率先应用信息技术能使商业银行在竞争中取得领先优势，信息技术创新、经济危机等外部因素以及消费者习惯改变等内部因素是促进近年来金融科技发展的决定因素。互联网金融科技的快速发展主要基于传统金融定价过高、普通居民金融资源可获得性相对较低等现实情况，传统金融机构在应对新兴科技公司和互联网风险投资公司挑战的压力时，对其自身快速发展科技金融、提高高新技术应用提出新的要求。金融科技不断重构金融行业版图，但也扩展了风险管理难点，操作风险、信息科技风险等潜在风险愈加突出。

第二，长尾理论。

长尾理论由美国经济学家安德森提出，其主要原理是，随着互联网技术的不断推进，商品的存储成本、流通成本急剧降低，基数庞大但需求有限的产品占据的市场份额完全可以和少数需求旺盛的热卖品市场份额相匹敌，也就是说企业的销售重点将不在于传统需求曲线上代表"畅销商品"的头部，而是代表"冷门商品"的尾部，这部分市场将带给企业具有潜力的利基市场。长尾理论作为诞生于互联网商业的经济学理论，适用于"互联网＋"的新兴产业。在数字经济时代，新型的金融服务模式与传统金融模式的最大不同之处在于以消费需求驱动金融服务模式转型，将长尾客户纳入服务对象，即以往被传统金融忽视的80%的客户，运用的商业逻辑正是来源于长尾理论。基于新技术带来的成本平移以及金融商品的无流通成本属性，金融领域成为新技术迅速发展背景下运用长尾理论的行业之一，数字金融带来的长尾效应正成为我国金融业转型升级的重要机遇。对于金融企业来说，金融产品是一种虚拟商品，不存在储存流通的成本，这与长尾理论的应用相适应。

长尾理论应用的核心是降低利基产品的成本，这对于增强数字普惠金融的商业可持续性具有重要的实践意义。根据长尾理论，成本降低主要来源于三大力量：一是生产工具的普及成倍扩大可选产品的阵营，扩大客户选择空间，使长尾更长。二是传播工具的普及降低消费者的获取和使用成本，利基产品的传播途径更广泛，传播时间大大缩短，有效提升了长尾市场的流动性。这种流动性在引入更多消费需求的同时，也抬高了需求曲线尾部部分，长尾趋于扁平化，长尾更厚。三是连接供给与需求。随着供给与需求的连接方式趋于多样化、精准化，客户的搜索成本进一步降低，供给与需求快速匹配，交易量和交易频繁度增加，需求曲线向右平移。

第三，信息不对称理论。

信息不对称是指在市场经济活动中，交易者因获得信息渠道不同、占有信息数量不同而承担的风险与获取的收益不同。在现实生活中，信息不对称是造成市场失灵的重要原因。理论上，市场之所以能够合理配置资源，是因为价格中包含了市场决策所需要的全部信息。实践中，信息不对称会使市场交易的成本和收益无法在价格变动中得到充分反映。作为市场失灵的另外一种表现，信息不对称还会造成交易不公平，由于占有信息优势的一方可能获得"信息租金"，信息拥有量的差异会演化为利益分配的失衡。信息不对称还有可能引发代理人问题、道德风险和逆向选择等。

金融机构在为小微信贷需求提供服务时存在信息不对称、风险不对称等难点，而这往往由小微信贷需求呈现短、小、频、急的特征所决定。金融科技高效率、低成本的特点正好满足小微融资碎片化的问题。一方面，金融科技可以提高小微企业风控能力。技术的进步催生了更加成熟的信用评估机制和动态预警模型，一定程度上降低了商业银行获取有效信息的成本，如借助 AI 和大数据建模技术，在个人信用基础上叠加企业信用画像，并基于小微企业主画像精准度的提高，以期实现零抵押、全自动与低风险、高效率的并行。另一方面，金融科技降低服务成本、提升小微企业融资效率。传统金融机构信贷审批手续繁琐、审批成本高，而金融科技通过数字化风险评估流程，减少了人工成本，大幅压缩了信贷审批时间，进而缩减了整体上的信贷成本。小企业业务践行普惠金融，由于线上信息具有交互性和纵深性，因此这些产品能较大程度减少信息不对称，同时存在制作成本低等优势，从而有效降低交易成本、提升金融服务效率，实现金融服务和场景生态的深度融合，不断放大规模经济效应。

3. 就经营成果来看，金融科技赋能中行数字化转型升级，是成功还是失败？

启发学生思考。

五、关键要点

1. 关键点：本案例强化学生对货币银行学中关于商业银行三大基本业务的理解，感知金融科技发展给商业银行带来的影响，分析在金融科技大趋势下商业银行如何开展数字化转型升级，促进商业银行的长远发展。

2. 关键知识点：基于挤出效应，分析互联网和科技的发展对于传统商业银行的冲击；基于长尾理论，分析中行零售业务的重要性以及金融科技赋能下满足长尾客户多样化需求的新思路；基于信息不对称理论，剖析中行利用金融科技构建数字化渠道、数字化生态和风控体系。理论方法上，通过对中行十年的年报进行数据分析展现其发展过程中受到的来自金融科技的冲击与助力，通过文字分析深度剖析中行基于金融科技的战略布局；现实意义上，中行数字化转型之路对其他中小银行的具有示范作用，对其战略布局的归纳有助于对中小银行提出转型建议。

3. 能力点：本案例旨在激发学生对金融热点话题"金融科技"的兴趣和思考，深化学生对商业银行的基本业务，思考金融科技快速发展的背景下，商业银行该如何利用新兴技术开展数字化转型，实现快速增长，培养学生将金融热点与金融学理论联系起来分析问题的能力，以及通过挖掘、归纳、分析、总结年报中信息的深层次内容，从而准确把握商业银行经营动态和未来发展趋势的能力。

六、建议课堂计划

本案例可以作为专门的案例讨论课来进行，课堂时间控制在3个课时以内（120~180分钟）。

1. 课前准备：

（1）将学生按照3~5人分成多个讨论组，确定各讨论组的组织人。

（2）打印下发案例，各讨论组自由安排课余时间，在上课前对案例通读，熟悉金融科技助力商业银行数字化转型所用到的相关理论知识和方法，挤出效应、长尾理论和信息不对称理论等，确定案例分析思路，抓住关键思想。

2. 课中计划：

（1）教师导入案例涉及的理论知识与方法原理，通过课堂提问了解学生对案例内容的掌握情况（30 分钟）。

（2）明确主要思考问题，分组讨论（40～60 分钟）。发言注意：小组推选代表发言（每组 10～15 分钟）。发言时可以采用 PPT 或板书等方式辅助。每个小组发言后，老师进行点评，其他小组成员对不明白的地方进行提问，发言的小组要对同学的疑问进行补充回答。对于小组成员无法回答的疑难问题，老师进行深入讲解，各小组安排 1 位同学对本小组的讨论结果进行记录。老师要启发全班同学对案例的关键内容充分讨论，各小组评选出其他小组表现积极的小组组员，老师收集整理（计入平时成绩）。最后填写案例教学评价表。

3. 课后计划：

请学生上网搜索中行的相关信息资料和最新评论，关注中行，自行探究金融科技与中行数字化转型之间的关系。建议学生选择自己感兴趣的银行，按照本案例思路对其进行分析，从而对本案例的理论知识有更深入的理解。

七、其他教学支持

1. 教学材料：

案例正文电子版、纸质版，教学 PPT（包括案例内容和相关理论知识）。

2. 教学设备：

多媒体教学设备（包括投影仪、投影、多媒体计算机、扩音器等），每位同学自备电脑，传统教学设备（包括粉笔或白板笔，板擦等）。

3. 教学场地：

多媒体教室（有足够的插座），能上网。

八、参 考 文 献

［1］王馨. 互联网金融助解"长尾"小微企业融资难问题研究［J］. 金融研究，2015（9）：128－139.

［2］孟娜娜，粟勤. 挤出效应还是鲶鱼效应：金融科技对传统普惠金融影响研究［J］. 现代财经（天津财经大学学报），2020，40（1）：56－

70. DOI：10. 19559/j. cnki. 12 – 1387. 2020. 01. 005.

［3］陆岷峰，虞鹏飞. 互联网金融背景下商业银行"大数据"战略研究——基于互联网金融在商业银行转型升级中的运用［J］. 经济与管理，2015，29（3）：31.

［4］刘涛，李皖枫. 金融科技背景下轻型银行转型策略研究——以招商银行为例［J］. 金融理论与教学，2021.

［5］李栋. 金融科技背景下中旅银行转型策略研究［D］. 北京：中国政法大学，2019.

［6］裘慧欣. 金融科技对商业银行零售业务经营效益的影响研究［D］. 上海：华东政法大学，2020.

［7］漆铭. 商业银行数字普惠金融发展策略研究——基于长尾理论的视角［J］. 金融纵横，2019（4）：35 – 41.

［8］刘连舸. 金融科技创新与数字中行战略［J］. 金融电子化，2019（12）：9 – 11 + 6.

［9］邢桂伟. 波澜壮阔绘蓝图，砥砺前行新征程——记中国银行信息科技发展历程［J］. 中国金融电脑，2019（10）：30 – 34.

案例七　供应链金融如何打破社区团购消亡的终极"魔咒"？[*]

案例摘要

近年来，社区团购愈发火热，但其繁荣的背后依然伴随着许多社区团购平台的破产与倒闭。本文阐述了社区团购平台诞生的原因与优势，分析其屡屡破产的原因。首先，从理论上，运用供应链管理理论、结构融资理论、委托代理理论、交易成本理论阐述供应链金融如何整合社区团购平台的商流、信息流、资金流、物流的机理。其次，从实践出发，论述供应链金融如何帮助社区团购平台建立长期竞争力。最后通过最优价格模型的推导求解社区团购平台利润最大的交易价格。从理论、实践、模型三个维度说明供应链金融可以打破社区团购行业凋零的"魔咒"，社区团购的明天会更加精彩。

0　引　言

老王是某小区的社区团购团长，每天负责整理平台与微信群收集到的订

---

* 本案例获得全国金融硕士教学案例大赛优秀案例奖，本案例由苏州科技大学商学院的赵扬、钱燕、刘雨晴、李智国、徐孜杰撰写，作者拥有著作权中的署名权、修改权、改编权。本案例只供课堂讨论之用，并无意暗示或说明某种行为是否有效，且不构成投资建议。

单，将这些订单收集起来，然后将货品送到团员手中，这是老王每天的必备工作。虽然对于从业多年的老王来说这些工作已经是手到擒来，但繁杂的体力与脑力劳动仍然让他感到力不从心。最近订单格外得多，大家似乎都愿意体验足不出户就能购买物美价廉菜品的服务。在各小区团长的微信群中，每天都有人在讨论行业行情：昨天哪位顾客少了一斤菜，今天谁又接了多少个单子，明天有人不干了转行去了别的职业等，七嘴八舌的讨论充斥在微信群中。老王也结束了一天的忙碌，将自己一身的疲惫都化解在沙发里。电视里传来了又有几家社区团购平台倒闭的消息，老王自己心里犯起了嘀咕："我这苦差事能继续干下去吗？"伴随着打雷一般的鼾声，老王心中的疑惑与纠结也暂时烟消云散，因为第二天还需要继续四处奔波，为了自己的团员们能够吃饱喝足。

清晨的街道往返着众多打工人忙碌的身影，老王也在其中。他带着准备好的菜品往返在各个社区的配送点之间。清晨的配送点十分拥堵，为了居民的健康与安全，送来的货品快递都在此集中消毒。不同平台不同行业的人们都沉浸在自己的忙碌之中。如此奇妙的场景使得老王不禁打开微信群与他的同事们吐槽："现在人真会享受啊，蔬菜、水果、零食啥都堆满了，这么多的东西还不够他们买呢，真不知道那些平台都是怎么倒闭的"。老王适时的吐槽像是一个落入湖面的石子，激起了群里的涟漪。每个人都对此深表赞同，没有一丝的怀疑，"王哥说的太对了，昨天我也在想这个事呢"。繁荣的销售场面与平台倒闭的新闻交织在老王的脑海里形成强烈的反差。这戏剧性的一幕每天都在发生，让人们不禁感想：是啊，看起来那么繁荣，顾客这么多的平台，到底是怎么倒闭的呢？

1 适逢其时？ ——命途多舛的社区团购

1.1 "需、快、好、省"都满足

老王想到当时自己也是很看好社区团购的商业模式，一度认为其能像前几年的电子商务平台一样一飞冲天。老王认为电子商务平台最后能打下这样大的江山，归根结底是对消费者购物方式进行了颠覆式的变革，给消费者带来了更好更舒适的消费体验。而眼下的社区团购也是如此。随着科技发展和消费习惯变化，很多消费者都渐渐摒弃了以往的购物方式，传统的零售模式也逐渐被科技发展淘汰。而社区团购的产生，正好对接了一些新兴的需求。社区团购系统如图 7.1 所示。

城市合伙人

合作共赢

推广分享
商品链接

团长（物业）

周边居民
（消费者）

供应商

社区团购企业
汇总订单

团长（宝妈等）

进入店铺
线上下单

周边居民
（消费者）

线下配送

团长
（社区店主）

自提/配送
二维码核销

周边居民
（消费者）

图 7.1　社区团购系统

　　首先社区团购可以更好地平衡消费需求。对于生活必需品而言，以前的消费者在意的更多是多、快、好、省，而传统的零售模式也在尽量满足消费者的这些需求。但随着互联网技术的发展，消费者需求发生了结构上的变化，从多、快、好、省转变成需、快、好、省。顾客不再满足物品种类繁多，而是更加关心能不能吃得上自己想吃的物品。相比于传统商超、菜市场或者近些年新兴起的电子商务平台，单从日常生活用品的需求上，社区团购商业模式显然能更好地平衡需、快、好、省所对应的消费需求。

　　在传统购物模式下，消费者往往是通过菜市或商超购买日常生活用品，这些都是即时性消费场景的一种，这种场景下的消费者能够快速获取所需商品，很好地满足了消费者对"快"的需求。但与此同时，该场景下的消费者需要养成定期逛商超和菜市场的习惯，这就在一定程度上增加了消费者的时间成本，并且实体经营模式成本相对较高，这一成本会直接反映在商品价格中，"省"的需求自然难以得到满足。而以电子商务平台为代表的线上渠道，如淘系电商和京东等都属于非及时性消费场景。此场景下的顾客在平台上下单后常需要等待 2~3 天的物流运输，很难满足消费者对"快"的需求。电商生鲜模式虽然能够满足消费者对"快"的需求而且提供配送上门服务，但其价格相较于传统渠道较高。社区本身就属于价格敏感的下沉市场，因此，线上渠道无法较好地对接社区居民需求。虽然电商平台胜在"多"和"需"，即产品种类非常丰富，但是应对社区居民的日常需求，种类繁多的供给并不能很好地发挥作用。反观社区团购这种新型商业模式,虽然也属于非及时性消费场景,但消费者通常在半天到一天的时间内就能拿到商品,可以满足消费者对"快"的需求。并且由于商业模式中供应链和互联网技术的应用,不仅能配送到社区价格还非常便宜,而且能够兼顾生鲜需求。这就使得社区团购能够在"需""好""省"三个方面满足消费者的预期。社区团购的预售模式是由需求定供给,而非供给产生需求。团长能够提前获取消费者的需求信息,并据此配置供给数量,这不仅能大幅度降低仓储成本而且能够避免供大于求导致的浪费,因此社区团购商业模式完全是顺势而生。

前置仓的商业模式也是近些年才发展起来的,它与社区团购的商业模式有一定的类似性。那么社区团购的商业模式是否多余呢?答案是否定的。社区团购相较于前置仓而言,二者虽同属于"线上生鲜"范畴,但也存有多方面的差异(表7.1),主要表现在满足的需求和所服务的客群不同,并且两种商业模式之间存在一定的互补效应,是互利共生的关系。两者虽然都针对社区居民的日常需求,但是前置仓的商业模式主要满足消费者对"好"的需求,而社区团购更侧重于消费者对"省"的需求。前置仓模式的配送时间非常短,最快半个小时便可以送货上门,与外卖较为类似,能够满足消费者的即时性需求。而社区团购的配送时间较长,需要"自提+次日达",在此方面表现不够突出。但是两者的价格也有很大的差异,前置仓的客单价平均在60元以上,商品质量偏高,而社区团购的优势主要在于便宜且够用,每件单价平均为7元,客单价平均仅为15~30元,在满足消费者对"省"的需求方面优势较大。要知道许多社区居民日常需要的产品都不用质量特别高,谁也不会每天都"吃大餐",更多的还是要落实在"柴米油盐酱醋茶"上。

表7.1 社区团购商业模式与前置仓模式对比

项目	社区团购	前置仓
时效	次日达,主要满足计划性需求,非即时性	最快半小时达,可以满足即时性需求
配送模式	自提	送货上门
库存数量	500~1000个,只能满足日常基础需求,选择有限	2000~3000个,基本能满足居民日常生活的所有需求
典型单价	件单价约7元,客单价15~30元	客单价约60元或更高

续表

项目	社区团购	前置仓
生鲜商品交易总额占比	约1/3	约2/3
用户画像	追求低价	追求便利性和商品质量
分布区域	除偏远省份外的中低线城市乃至乡镇	一线及新一线城市
核心产出	用户资源＋直接盈利	直接盈利

资料来源：天风证券研究所，https：//www.sgpjbg.com/baogao/43674.html。

除去消费者购物时需、快、好、省的一般需求外，由于时代在飞速发展，许多传统消费需求也在逐渐发生变化，而其背后的主要原因是人口的代际变化。在现在的消费市场中，"90后"已经成为市场消费的主力军。作为在互联网环境下长大的一代，"90后"的消费习惯与父辈有着较大的差异。首先，从时间的角度来看，他们的购物时间分布在全天。据淘宝官方数据分析，互联网购物的最大消费群体就是"夜淘族"，人数约为2000万，并且经常在0点到5点下单购物。从空间角度来看，新一代的消费群体更加依赖互联网，希望无论何时何地都能买到他们想买的东西。并且，互联网技术的发展和"996"的生活作息都在促使消费者利用碎片化时间进行购物。再者，由于代际差异，"90后"无论作息习惯还是思维角度，都与父辈不同。他们的父辈大多保持早睡早起的生活习惯，所以平常起床后或者做饭前，会有逛菜市或超市的习惯，大多数日常生活必需品在此生活习惯下得以补足。但是大多数"90后"消费者并没有逛菜市的习惯，他们更多依赖于互联网平台进行购物。中国消费者协会曾进行过一些采访，一位接受采访的"90后"女士表示，之所以通过社区团购平台购物，是因为这样的购物方式节省了其去菜市或超市的时间，仅需在下班时在小区自提点取货即可，十分方便。再加上互联网时代下，许多菜品都可以从网上获取，并不需要到菜市场挑选，非常方便快捷。

社区团购的商业模式赋予消费者的物质需求。社区居民在社区群中从下单到提货的过程中，无形中构造了一个新型的消费场景。社区居民在下单的过程中，不仅可以知道自己的邻居都在买什么，而且还与团长建立了良好的关系，下单行为被赋予了社交属性，这会在一定程度上促使居民更容易选择社区团购平台进行下单。并且人们在群内闲聊或浏览拼团信息时，可能本没有购买欲望，但因为看到其他居民都在抢购某种产品，从而产生了消费欲望。这在行为金融学理论中被称为"羊群效应"，简单来说就是一种从众行为。这种看似

"不理性"的行为也可以为社区团购平台创建新订单，刺激营业收入。

1.2 曲折的发展史

虽然社区团购这一新鲜事物给老王的感觉应该大有作为，但是老王在社区团购市场竞争的这些年，也看惯了该行业的起起落落。社区团购并没有当初电子商务平台的"好命"。

社区团购最早可以追溯到 2014 年，那时在长沙、武汉等地就出现了由团长通过微信和 QQ 群收集订单后集中向供应商下单，以此为客户节省采购成本。社区团购最初之所以能够发展得如此之快，受益于大环境下的社交软件如 QQ、微信的应用，便捷的社交应用为居民之间信息沟通提供了便利的环境，也为社区团购发展提供了一个可靠的平台。团长借助这些平台在为团员的代购中收取一定的雇佣费用，这是社区团购的雏形。到了 2015 年，微信红包、移动支付为社区团购的进一步发展提供了条件。生鲜电商崛起，顺丰优选、一号生鲜等均获得了资金入驻。同时兴盛优选的自配送模式开始发展，即平台销售门店产品，门店店主送货。2018 年，社区团购迎来了高速发展，S2B2C 模式位居前列，大量社区平台被收购融合，社区平台这一项目受到万众瞩目，获取到了巨大的融资，融资额高达 40 亿元，这也是老王所在的公司看到社区团购商机的时候。

而正在社区团购发展如火如荼，各大平台不断进行资本更迭之时，"新冠"这一不速之客悄然来临。在新冠疫情的冲击下，我国在 2020 年初的实体经济几乎停摆，对经济造成了巨大的影响。但是对于足不出户获得生鲜菜品这一刚需，社区团购却像是为此而生的。

在新冠疫情的影响下，社区团购迎来了爆发式增长，不仅受到资本青睐获得融资，还吸引了一众玩家入局。行业融资额从 2019 年的 96.5 亿元跃升至 2020 年的 174.8 亿元，2021 达到了 285.9 亿元，短短 3 年融资额就达到了 550 多亿元。谊品生鲜、兴盛优选、海豚购、好邻好物、十荟团、菜娘子等获得资本投资，而互联网公司也在争相恐后进入。2020 年 6 月份，滴滴旗下社区团购品牌"橙心优选"上线；7 月份，美团宣布成立"优选事业部"；8 月份，拼多多旗下社区团购项目"多多买菜"上线；10 月份，苏宁菜场社区团购平台在北京上线；12 月 11 日，京东集团发布公告表示，将向社区团购平台兴盛优选投资 7 亿美元。彼时的社区团购，由于新冠疫情迎来了快速发展时刻。但谁也没想到，社区团购的凛冬正悄然来临。

在购物、打车、外卖这些热点之后，卖菜几乎成为互联网的又一个追捧对象。各大资本巨头纷纷抢先入驻，争抢地区、团长、消费者人群。资本为获得投资回报痴迷于短期变现，这种急功近利引发不少负面舆论，大众们对社区团购怨声载道。资本看中社区团购中的利益点，投入大量资金发展社区团购模式，抢占各个社区的线下店业务，冲击了传统的线下市场。管理部门根据价格监测线索发现部分社区团购企业为了排挤竞争对手或者独占市场，以低于成本的价格倾销，扰乱了正常的生产经营秩序，损害了其他经营者的合法权益，甚至还采用虚假或者误导的手段，诱骗消费者与其进行交易。为此监管部门多次对众多社区团购电商平台开出大额罚单。即便如此，许多线下商店依然在原本受疫情影响就不景气的背景下再受到社区团购的冲击，大量实体店铺苦不堪言、濒临倒闭。

以上原因使得社区团购一时被推向舆论的风口浪尖，2020年12月11日，人民日报下场批评社区团购，文章指出："掌握着海量数据、先进算法的互联网巨头，理应在科技创新上有更多担当、有更多追求、有更多作为。别只惦记着几捆白菜、几斤水果的流量，科技创新的星辰大海、未来的无限可能性，其实更令人心潮澎湃。"人民日报对资本巨头们在社区团购的垄断与不正当竞争问题予以了批评，如此行为不利于良好的市场经济发展。此次批评过后，互联网关于反垄断的话题热度高涨，许多网民对于互联网巨头们的垄断行为进行讨论，控诉着垄断带来种种"罪行"，社区团购无疑在群众心里被贴上了资本垄断的负面标签。

人民日报对于社区团购背后各大互联网巨头的批评，仿佛是上天给予社区团购这一模式的"第一盆冷水"。互联网巨头们原本拥有的雄厚资本与先进技术没有放在未来的科技创新中，为了短期的逐利性去寻求社区团购的"三瓜两枣"，不禁让人感叹。人民日报的点评是社区团购发展的转折点，社区团购的发展从此开始走向下坡路。

作为社区团购的首批玩家，曾经发展繁荣的食享会与同程生活也出现了危机。食享会平台App无法打开，武汉的办公地点已经人去楼空，并且拖欠了大量欠款。曾经红极一时的社区团购平台迎来了残酷的洗牌，背靠阿里巴巴、财大气粗的十荟团也熬不住了。2022年3月，十荟团全国城市的所有业务均已关停，公司进入善后阶段，包括清算供应商货款以及结算员工工资等事项。作为社区团购行业中具有代表性的平台之一，十荟团早在2021年8月便在国内多个城市圈展开了裁员、撤城动作，陆续将多地业务关停。十荟团成立于

2018 年 6 月，以生鲜水果起家，随后拓展至生活用品、家居用品等多个领域。其间，十荟团相继并购你我您、好集乐、邻里说等社区团购平台。从 2018 年开始，十荟团先后获得 8 轮合计超过 19 亿美元的融资，最新一轮的融资则在 2021 年 3 月，十荟团拿下阿里巴巴等领投的 7.5 亿美元融资，即便背靠如此雄厚的资本也仅仅让十荟团多活了 12 个月。当十荟团通过"烧钱"的方式来进行扩张时，就无疑是在拿自身性命下赌注。在业内人士看来，十荟团的兴衰仿佛成为中国社区团购平台发展的一个缩影。

随着新冠疫情逐渐得到控制，全国的经济逐渐走向正轨。社区团购于 2021 下半年开始急转向下。据天眼查数据显示，2021 年国内社区团购共有 10 起融资，同比下降 37.5%。"老三团"中的同程生活、十荟团破产，兴盛优选艰难前行。"新三团"的美团优选、多多买菜、淘菜菜亏损严重，面临缩小经营范围、裁员等困境。社区团购正在以艰难的步伐在寒冬中前进。

而老王的社区团购公司订单量也开始下滑，看着自己同行们一个一个退出，回顾社区团购的曲折发展历程，到底是哪个环节出了问题呢？老王不解，难道社区团购的命运真的要走到尽头了吗？

1.3　一将未成万骨枯

社区团购并没有走出适合自己的发展道路，也并没有形成长期、有效的商业模式。从资本的宠儿到如今哀鸿遍野，甚至曾经的行业巨头"美团优选"现在也开始裁员。社区团购到底是从什么时候开始疲态尽显的呢？有观点认为是在 2020 年新冠疫情开始之前，在当时互联网巨头介入社区团购这一行业后，原先的"老牌玩家"同城生活、食享会等就已经优势不再，纷纷宣布破产倒闭。但也有观点认为，社区团购的转折点是在 2020 年后有关部门出台的相关规定"九不得"，社区团购低价倾销的引流手段被监管部门限制。无论是哪种观点，归根结底都是因为社区团购没有注重自身的长期发展，反而走向了打"价格战"和"补贴战"的"内卷之路"。社区团购的价格战如图 7.2 所示。

社区团购满足了现阶段的新需求，并且背后有先进互联网技术和供应链技术的支撑，其发展前景理应一片光明。但是几大互联网巨头，在社区团购商业模式还没有完全成熟的情况下，没有将资源投入在应该升级改进的方面，反而走上了"内卷"之路。为了瓜分市场，巨头们甚至砸进大量金钱进行低价补贴，妄图通过低价补贴的内耗方式击垮竞争对手。社区团购的发展不再规范，而是逐渐沦为以流量、补贴为主要路径的野蛮生长中。网经社电子商务研究中心零售部主任、高级分析师莫岱青曾经发表过这样的观点：由于互联网巨头的进入，原本正常发展的社区团购行业变成了"烧钱"的资本行业。根据数据统计，为了初期扩张投入的资金甚至不是十亿级别或几十亿级别，而是达到了百亿级别。之所以选择这样的竞争手段，是互联网巨头希望以此方式来挤出对手，实现行业的垄断。

图 7.2　社区团购价格战

在微观经济学中，垄断市场不仅是低效率的代名词，而且还会极大地损害消费者利益。首先低价补贴的商业模式本身就不是可以持续发展的商业模式，如果一直靠极低的价格作为长期吸引消费者的手段，长久以往一定会对公司造成极大的财务压力，在快速扩张的过程中也会加快短板的暴露。如"美团优选"初期"烧钱"亏损换取的流量和规模，并没有使其产生核心的竞争力，其社区团购平台并没有自己的优势，没有"造血"能力，最终在社区团购行业内落于下风。

再者，社区团购这种以排挤竞争对手为目的，低于成本销售商品的行为和想要达成的垄断市场都不符合市场规则。久而久之，互联网巨头们"赔了夫人又折兵"，不仅白白烧掉了大量资产，而且导致社区团购偏离了正常发展的道路。无论社区团购在新冠疫情期间的亮眼表现，还是持续不断的利润增长，社区团购的社会价值和商业价值都是经过市场考量的，其未来发展潜力也完全经得起时间的检验。但是互联网巨头们由逐利心理所驱动的扩张方式并不符合事物应当遵循的渐进式发展规律。在商业模式并不成熟时，一味砸钱、求速所营造出来的订单量是无法支撑薄弱的商业基础的。社区团购作为一种新生商业模式，其在满足日常需要的同时，还需要供应链、物流、管理等多方面的高度配合和把控才能达到预期的标准。鲍姆企业管理咨询有限公司董事长、网经社电子商务研究中心特约研究员鲍跃忠认为，社区团购平台目前普遍存在供应链能力弱、售后服务态度差、虚假促销等问题，这些才是制约社区团购长期发展的最大问题。换句话说，社区团购的"必争之地"并不在市场划分和流量数据上，而是在供应链上。但是社区团购的巨头们显然没有看到这一点，如果从一开始就根据自身的优势整合资源形成独特优势，现在的社区团购一定不会是这样风雨飘摇，各社区团购平台也能实现长远有效的发展。

2 有理有据——供应链金融的理论支持

如何解决社区团购当下存在的根本问题呢？最重要的是停止内卷，形成自己的竞争优势。无论是相比于传统商超，还是其他社区团购平台，每家社区团购公司都应该具备保持长期低价的能力，这样才能长久地留住客户。这要如何才能实现呢？社区团购这一商业模式的最大优势在于供应链，无论是相比于传统的商业模式，还是彼此不同的社区团购平台，优秀的供应链才能使企业立于不败之地。那又如何提升自己的供应链效率呢？供应链金融针对此问题有很好的解决办法。下文将详细介绍什么是供应链金融。

2.1 何为供应链金融？

供应链金融作为近些年新发展出来的金融模式，其本质就是对供应链给予金融方面的支持，提高供应链的运行效率和抗风险能力。作为一个融合事物，其本身具备多种属性，在不同的属性下人们对供应链金融的定义也大不相同。

目前学术界对于供应链金融的定义大多聚焦于其财务属性、供应链属性和生态系统属性。前两种属性是供应链金融与生俱来的属性，暂且称之为传统的供应链金融属性，而生态系统属性则是供应链金融在互联网技术快速发展的背景下，不断实践所衍生出的属性，这里将其称为新型的供应链金融属性。财务属性视角下的供应链金融主要强调其金融支持作用，即供应链金融帮助供应链网络成员获取资金的能力，并倾向于将它定义为由金融机构为供应链网络中受资金约束的企业所提供的一种金融解决方案；供应链属性视角下的供应链金融主要强调其协调能力，即供应链金融提高供应链网络中各成员协同发展的能力，并倾向于把它定义为一种帮助供应链网络中各个企业进行价值共创的协同解决方案；生态系统属性视角下的供应链金融更多的是强调其宏观调控能力，即供应链金融将供应链网络中的信息流、物流、资金流和商流有机融合的能力，并倾向于把它定义为帮助供应链网络成员实现共赢的商业模式。属性决定价值，供应链金融与生俱来的传统属性以及互联网技术与供应链金融融合产生的新属性注定其在企业运营与管理中会产生极大的价值。

对于如何运用供应链金融的融资策略，目前的一些理论主要是围绕绩效和最优决策进行研究。企业有时使用期权采购、销售奖惩等方法优化策略，供应商和银行融资组合策略也可实现均衡，供应商生产成本也会影响制造商融资策略，而部分零售商则根据初始资金水平、最优订货量、最优预售折扣选择最优策略。同时，创新能力对融资绩效具有积极影响，供应链整合会降低信息不对称。

企业的经营特征、供应链的长度深度、核心企业类型、贸易信贷情况均会对融资策略产生影响。从融资决策层面看，总利润在双重边际效应的影响下导致集中决策优于分散决策，因此有学者尝试协调融资约束下的供应链，以实现供应链整体绩效和竞争力提升的目的。

2.2　供应链金融整合"四流"，协调运转

可以从现代经典金融学理论解释供应链金融的内部逻辑，以及解释供应链金融有哪些优势。供应链金融主要实现的就是"四流合一"。"四流"即人们常说的物流、商流、资金流和信息流。供应链金融通过将这"四流"的信息进行整合，协调每个环节的运行，从而实现企业利益的最大化。图7.3是现代金融学理论关于供应链金融如何整合"四流"信息的解释。

第一是供应链管理理论。简单来说就是对供应链各环节进行优化管理，促使整条供应链运行效率达到最大化。在此过程中，根据渠道可以将供应链细分为营销、产权、协商、资金和物流五个渠道。通过对各个渠道的优化，最终实现提高消费者满意度、降低企业成本和优化其中整体"流程品质"等目标。通过供应链管理理论对各环节的优化，可以统筹不同部门的发展，以及协调物流、商流、资金流和信息流的配合。

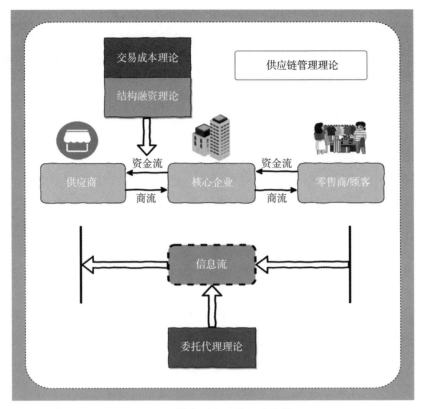

图 7.3　供应链金融的理论支撑

第二是结构融资理论。其核心观点是企业以未来能够带来现金流的资产为标的物进行融资。简单来说，就是企业用现金资产替换资产负债表中的特定资产，使企业在负债率不变的情况下，获得更多的高效资产（大多为流动资产），提高资本充足率。传统企业融资基本都是以企业整体信用作为担保，投资者在投资时在意的可能更多的是企业的综合实力。但微观视角下，这种不加区分地用企业总资产进行融资的行为实质上是一种浪费。而结构融资理论将优质资产剥离企业整体信用，获得融入资金的能力，这种能力使得企业在出现资金周转困难时，能够使用应收账款、存货和预付账款等进行融资，帮助企业度过困境，这对解决我国中小企业融资难问题极具现实意义。供应链金融正是提供了这样的金融工具，保证企业的资金流在运转过程中持续不断，优化了整个供应链企业上的资金流，避免企业陷入财务困境。以往企业融资都是通过外部渠道，很容易产生资金供给与需求的不匹配。在供应链金融中，资金流实际属于内部数据的流动，通过供应链金融使得资金流"内化"。

第三是交易成本理论。其核心观点是一次市场交易的成本主要包括搜寻成本、信息成本、议价成本、决策成本、监督成本和违约成本，在交易过程中，企业为了保证交易的进行以及减少交易的不确定性，往往会通过一体化或准一体化的方式来降低交易成本。随着供应链的不断发展，各大金融机构作为供应链核心节点为中小企业提供融资服务，有效降低了金融机构的交易成本，提高了交易效率。因此，供应链金融一定程度上可以减少企业的资金成本，改善企业资金配置，促进企业发展。

第四是委托代理理论。其核心为如何确保代理人能够按照委托人的意愿行事。在供应链中，可以将核心企业与融资企业看成是委托者和代理者，两者之间往往存在较为严重的信息不对称问题。供应链金融将中小企业放在供应链条上考虑，有效地缓解了两者之间的信息不对称问题。同时，核心企业通过供应链金融模式提供融资服务时，往往会有物流企业的参与，这也在一定程度上转移了核心企业的风险。因此，对于供应链金融而言，委托代理理论最大化地使得供应链上的企业信息透明，提高企业沟通效率，避免因信息不流动而产生的风险。

现代金融学理论已经可以从各方面论述供应链金融这一新型金融产品的优势。无论是管理层面、融资层面、成本层面还是信息层面，供应链金融产品都具有优越性。因此，供应链金融的引入，有效地促进了社区团购平台在供应链网络上的"四流"合一。供应链金融将信息流、物流、商流、资金流结合在一起，使得企业最大化地利用信息，提高它们在链条上的运转效率。通过整合信息，物流和商流之间能够实现更有效的配合，社区团购平台可以在保证产品运输效率的同时，确保产品质量。通过优化资金流，可以降低企业的融资成本，保证资金流这个企业的"生命之流"源源不断，进而使得社区团购产品更"省"，供应更稳定。通过优化信息流，可以使企业之间的信息更公开透明，降低交流成本的同时可以规避风险，实现供应链上所有企业多方共赢的局面（如图 7.4 所示）。

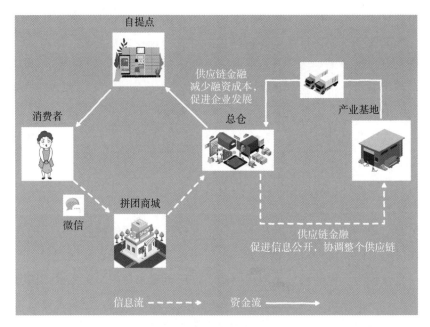

图 7.4　供应链金融协调运转

3　面面俱到——供应链金融全方位建立竞争优势

供应链金融可以为社区团购平台提供三方面优势。首先，供应链金融的运用可以保证整个供应链链条企业都持续稳定发展，保证商业模式的循环和长期性。其次，供应链金融可以促进资源整合，使得社区团购平台更全面地掌握各种信息，协调整个供应链工作。供应链效率提升后，可以更好地满足消费者"快"的需求。最后，供应链金融的模型求解可以帮助社区团购平台找到与供应商之间产品的最优定价，实现多方共赢，更好地对接消费者"省"的需求。

供应链金融在社区团购平台是如何运转的呢？一般而言，消费者所购买到的任何一件商品，其背后都是一条完整的产业链。从原材料的采购开始，经过初加工和再加工变为中间产品和最终产品，最后通过不同的销售方式把产品送往消费者手中。处于同一条产业链上的供应商、制造商、分销商、零售商和消费者就形成了一个有机的整体，他们之间环环相扣，缺一不可。但商业竞争不会因为关系密切而降低强度。在产业链中，一些规模大、竞争力强的核心企业因其地位强势，在合作时往往会就交货时间和价格等方面对上下游其他企业提出较为苛刻的条件，从而给这些中小企业造成了巨大的压力。而中小企业不仅在该条产业链上属于弱势群体，其在融资方面的处境同样举步维艰。核心企业给予的压力、向银行融资的困境以及自身资金流的不足很可能导致中小企业的资金链出现问题，进而使得整条产业链出现失衡。供应链金融的核心就是在供应链中确定一个实力雄厚的核心企业，以它为起点，为整条供应链提供金融支持。一方面，资金能够有效地流入产业链上较为弱势的上下游中小企业，解决其融资难和供应链失衡问题；另一方面，将银行信用融入上下游企业的购销行为，增强其商业信用，促进中小企业与核心企业建立长期战略协同关系，提升供应链的竞争能力。在此模式下，供应链上的企业一旦获得银行融资，资金注入配套企业，就相当于给供应链加上一剂"润滑油"，使整个链条的运行更为顺畅，而且中小企业还能够借助银行信用获取更多的发展机遇。

3.1　解决长期性问题

供应链金融在提高供应链稳定性方面起到了补短板的作用，可以使得整个供应链长期稳定，进而使社区团购平台具有长期的竞争优势，而不用短期补贴吸引客户，陷入内卷。

供应链金融从根本上解决了供应链中上下游配套的中小型企业资金紧缺问题。无论从低价角度还是供给角度来看，社区团购目前最大的短板就是供应链不够稳定。社区团购无法形成一个长期、低价且盈利的供应，在没有稳定且有竞争力的供应链下，社区团购就只能通过打价格战与同行竞争。由于社区团购产品中以生鲜等食物居多，无法通过工厂大批量生产。因此，社区团购的供应商大多规模较小且分散。这些供应商大多缺乏长期发展能力，如果没有外界的帮助，供应链很容易断裂，从而影响整条供应链的稳定性。在引入供应链金融之前，中小企业或供应商由于其地位弱势，不但要接受上下游企业较为苛刻的合作条件，还需处理同行竞争和物流运输等问题，更重要的是，零售行业的资金需求具有时效性强、周期短、频率高等特点，使得中小企业始终面临较大的资金紧缺压力。若在经营过程中遇到一些突发情况，导致货款难以及时收回，很可能面临破产风险，使得整条产业链出现失衡，进而降低供应链传递效率。供应链金融的引入，使得资金能够有效流入产业链上较为弱势的上下游配套中小企业，缓解它们在经营生产过程中的资金压力，增强了供应链中较为薄弱环节的抗风险能力，从而提高了整条供应链的稳定性。同时，供应链金融的引入也增强了它们的商业信用。在引入供应链金融之前，中小企业因实力弱、无担保等问题，可能错过很多发展机遇。如上下游企业因其违约风险较大不愿意进行赊销赊购、合作商因其实力较弱只愿意进行小规模合作等。供应链金融的引入，增强了中小企业获取融资的能力，对于其上下游合作企业而言，违约风险降低，这就意味着不但上下游企业会加强合作意愿，而且许多原本不会发生的赊销赊购行为现在也能得以实现。中小企业在此过程中得到了快速增长，供应链上弱势群体的实力也相应得到加强，从而进一步提高了整条供应链的稳定性。

举一个成功运用供应链金融加强供应链供给的例子。新创咖啡品牌"永璞咖啡"2022年就通过供应链金融的方式实现了企业自救，原本永璞咖啡作为最早把咖啡液带到线上的品牌，2021年在天猫旗舰店的交易额达到2亿元。但是从2022年4月开始，由于新冠疫情原因，物流中断，永璞咖啡的生意陷入困境。为渡过难关，永璞咖啡研究了一系列自救方案。首先是对上海之外的城市清关建仓，将从日本进口的咖啡液存放在青岛、苏州、镇江等仓库，保证了旗舰店的发货。其次，开拓店播渠道，为品牌和消费者架构了直接沟通的渠道。最后，也是最重要的一点，就是打通供应链。永璞咖啡对供应商和分销商提供了资金上的帮助来增加商家的现金流，一些处于疫情严重地区的供应商可以凭借物流订单信息提前收款，而暂时无法还款的商家，则提供给他们"延期还款券"，免息延长一次还款期。阿里巴巴董事局主席兼CEO张勇在"阿里亲友日"上明确表示，"要帮助更多商家，帮他们能有资金流动起来，货能够流动起来，他们也就能雇更多的人"。这也能让供应链更加持续稳定地运转，从而实现供应链网络中所有企业多方共赢的局面。

社区团购和永璞咖啡的本质是相同的。社区团购先进的信息技术和发达的物流系统、永璞咖啡的店播模式和清关建仓都只是锦上添花而已，推动企业发展的根本原动力是供应链的发展，这也就需要供应链金融发挥作用。张勇曾表示："今天缺少的不是供给，而是效率，流通过程中任何一个点的堵塞，都可能导致整条供应链的堵塞。"只有供应链稳定发展，让低价可靠的产品源源不断地到达消费者手中，社区团购平台才有自己的"造血"能力，而不用通过不够持续的低价补贴来维持用户。

3.2　满足"快"的需求

供应链金融在强化供应链运行效率方面起到锻长板的作用，进一步放大了社区团购的供应链优势，可以更好地整合信息。当各个环节都适配协调时，供应链就会有效率的运转，进而满足消费者"快"的需求。

一方面，适当的赊销赊购行为，能够促进中小企业与核心企业建立长期战略协同关系。供应链金融引入之前，核心企业与上下游配套的中小企业之间只限于正常合作，业务上的交流较为匮乏。而赊销赊购行为的引入，不但会扩大原有合作的规模，而且在会计层面也会产生更多的业务交叉，大量的合作能够有效促进双方建立长期战略协同关系。另一方面，就社区团购平台而言，其不仅是为供应链提供金融支持，在上下游配套的中小企业制定生产方案时也会给予一定的建议，保证产品交割时更加顺畅。在此过程中，供应链上的各个企业之间的联系愈加密切，上下游配套企业环环相扣、紧密结合，整条供应链的协同能力得以加强，进一步提高了供应链的运行效率。供应链的本质就是物流、信息流、资金流和商流的有机融合。各大社区团购平台可以根据长期积累的信息优势，针对自身客户群体定位去提供不同的供应链金融产品，打造不同的供应链优势。这样一来，不同的社区团购便可以形成与众不同的竞争优势，铸造起属于自身的品牌壁垒。

对于阿里巴巴、京东等大型互联网公司旗下的社区团购平台而言，其在利用供应链金融优化供应链的过程中发展拥有天然的信息优势、资金优势、技术优势和物流优势。如已经突破银行合作期的阿里巴巴，在2010年便开始了自身在金融行业的发展，推出了"阿里小贷"等融资产品，利用自有资金发展供应链金融业务。如果运用到社区团购平台，由于自身资金雄厚，可以为供应商提供有竞争力的供应链金融产品，打造自己的供应链优势。而对于资金实力不太雄厚的企业来说，如拼多多和美团，其目前虽没有大规模使用自有资金来提供融资，但与其他金融平台和银行之间也存在着密切的合作。尤其是美团，其依托大数据信用融资模式，以亿联银行、湖州银行和天津银行等十几家金融机构作为资金来源，推出了"美团生意贷"等金融产品。并且美团与生鲜食品企业的合作更密切，融资效率更高。这样的社区团购平台便可以通过自身庞大的规模给中小供应商授信，帮助它们取得贷款和融资，从而保证它们的正常发展。

最后，"区块链＋供应链金融"的创新应用使得上述两种能力得到进一步强化。"区块链"是近年来的新兴技术，在一些互联网公司已经有了一定程度的应用。"区块链"和供应链的结合一定程度上也可以形成不同企业的不同竞争优势。一方面，在区块链技术的支持下，社区团购平台才真正意义上实现了资金流的高效引入。此模式下的社区团购平台，能够利用内部资产的高速流转提高企业整体的资金使用效率，甚至还能为有金融业务的互联网公司带来额外的金融服务收益。另一方面，区块链技术将进一步促进中小企业与社区团购平台建立长期协同关系。此模式下的核心企业能够实现对供应链的多级分类并进行穿透式管理，极大地提高日常管理效率，中小企业也能够很好地管理繁杂的应收账款和应付账款。二者之间的关系更加清晰而且密切，供应链效率再次得到提升（如图 7.5 所示）。

图 7.5　"区块链 + 供应链金融"的运行模式

总体而言，供应链金融的引入，一方面提高了供应链的底线效率，加强了供应链上弱势环节的抗风险能力，从整体上提高了供应链的稳定性；另一方面拔高了供应链的上限效率，加强了供应链各个环节的协作能力，使得供应链上的各个企业真正成为一个整体。而"区块链 + 供应链金融"的创新应用更是进一步提高了供应链的底限效率和上线效率。在区块链技术的加持下资金能够更有效地在供应链中流通，核心企业与中小企业的关系变得更加明晰紧密，企业的金融风险也得到了大幅度降低。因此，在上下游已经被打通的情况下，可能就只是资金引入方式发生了些许变化，促使整个供应链的运行效率实现了质的飞跃。

3.3　满足"省"的需求

供应链金融可以通过模型求解出复杂系统下最优的供应商定价，进而最大程度地节省平台成本，使得社区团购平台对接"省"的需求的优势大大增加。

供应链金融下的社区团购平台作为供应链中的核心企业，以中间人身份为供应商提供担保，使得供应商能够更加便捷地获取资金。但供应商融资成本降低的同时，社区团购平台承担的违约风险也有所上升。在传统供应链或社区团购供应链中，为保证供应商产品质量，平台往往会选择延期借款，这就会给供应商造成一定的资金压力，甚至使其面临财务困境。此时社区团购平台能够将供应商的应收账款提供给银行等金融机构，并提供担保，采用应收账款的模式为其供应商提供供应链金融的融资服务。社区团购平台此时既是中间人，也是零售商，并由银行或其他金融机构为供应商提供资金。具体流程如图 7.6 所示。

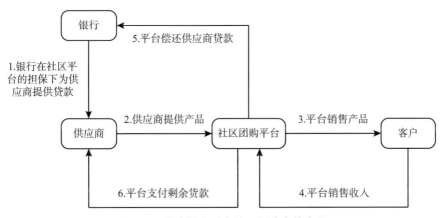

图 7.6 供应链金融在社区团购中的应用

为了求出应收账款模式下的最优订货价格以及最大利润取值，建立供应链金融的最优价格求解模型，应收账款融资模式如下：最初，供应商和社区团购平台签订契约，供应商可以从银行得到贷款 l；社区团购平台通过上述模式的合作可以以折扣百分比率获得贷款。

ξ 由社区团购平台设定，$\xi = 1 - 1/(1 + r_{bi}) \in (0, 1)$，$r_{bi}$ 是等价的利率。作为回报，社区团购平台承诺可以帮助供应商偿还贷款。对于 $0 \leq l \leq \omega Q$，供应商获得融资为 $l(1 - \xi)$，供应商的批发价格，Q 为社区团购平台的订购量。社区团购平台同意在收到货款后，在 $t = 1$ 时支付给银行，如果产品没有销售问题，社区团购平台就支付供应商剩下的货款 $\omega Q - l$。如果产品出现了销售问题，社区团购平台只向银行偿还贷款，而不向供应商结款。在以上两种情况下，未售出的产品以 ω 的价格退回给供应商。

综上来看，社区团购平台提供的供应链金融融资产品加大了自身风险，当产品有销售问题时，可以覆盖供应商的货款结算。但如果供应商的借款超过了生产成本，即 $l(1-\xi) > cQ - B_0$，c 为供应商的单位生产成本，B_0 为供应商的初始资金，那么将投资无风险资产，不利于社区团购平台本身的生产经营。为了控制风险，社区团购平台应限制供应商的贷款数额，使得 $l(1-\xi) \leqslant cQ - B_0$。

在此融资贷款模式下，用 $\prod_s$ 表示供应商的期望利润，在 $t = 0$ 时，供应商将产品交付给社区团购平台，并从银行获取融资额 $l(1-\xi)$，支付 cQ 的生产成本。所以，供应商初始的现金头寸是 $B_0 + l(1-\xi) - cQ$。如果产品没有销售问题，则供应商将已经销售的产品 ωQ 减掉融资款项 l 再加上未销售出去的产品退款，即 $\omega Q - l - \omega(Q-D)$。如果产品存在质量问题，供应商得不到相应的补偿。指定合同和贷款的参数 ω，Q，ξ 供应商使 $\prod_s$ 最大化，同时确保有足够的现金在 $t = 0$ 时支付其生产成本。那么，供应商的目标函数如下：

$$\max \prod_s (Q, \omega, \xi, l) = \left[B_0 + l(1-\xi) - cQ \right](1 + r_f)$$
$$+ (1 + \alpha_l)\left[\omega\min(Q, D) - l \right]$$

$$\text{s. t.} \begin{cases} B_0 + l(1-\xi) - cQ \geqslant 0 \\ (1 + r_f)(1-\xi) \leqslant 1 \\ l(1-\xi) \leqslant cQ - B_0 \end{cases}$$

在 Stackelberg 主从博弈中，零售商（社区团购平台）是主导者，供应商是随从者。所以决策顺序为：社区团购平台先提出折扣贷款率 ξ，当供应商的融资额为 l 时，实际的融资额为 $l(1-\xi)$，到期还本付息 l；然后，确定供应商融资额 l。采用逆推归纳法求解。求解结果如下：

供应商最优贷款额为 $l^* = \dfrac{cQ - B}{1 - \xi}$，此时，供应商有最大期望利润。社区团购平台的最优贷款折扣率为 $\xi^* = 1 - \dfrac{1 - \alpha_l}{1 + r_f}$，供应商最优批发价格 $\omega^* = \dfrac{cQ(1 + r_f)}{1 - \alpha_l\min(Q, D)}$，此时供应商的期望利润最大。

零售商的最优订购量为 $Q^* = \mu + \dfrac{\delta}{2}\left[\sqrt{\dfrac{1 + N}{1 - N}} - \sqrt{\dfrac{1 - N}{1 + N}} \right]$，其中，$N = 1 - \dfrac{2c(1 + r_f)}{(1 - \alpha_l)(A + g)}$。

也就是说，按照供应链金融最优价格模型求解出的价格，可以实现供应商和社区团购平台的最优定价，使得社区团购平台能以最小的成本拿到商品，也是因为这对于供应商也是最优解。所以社区团购可以通过这样的方式源源不断地将低价带给用户。满足了顾客对于"省"的消费需求。

4 防微杜渐——综合考量供应链金融

供应链金融作为新型的信用工具，是一把"双刃剑"。应用在社区团购的供应链金融属于线上供应链金融，虽然线上供应链金融可以带来很多便利，但从金融的角度，更要警惕它的风险。其中最主要的就是信用风险。对于线上供应链金融来说，通常对技术的依赖性更大，是利用物联网等信息技术建立智能化的仓库管理系统来对"抵押品"进行监管，不同于传统的供应链金融模式，互联网模式下的供应链金融参与主题更加多元、流程更加复杂。社区团购建立的供应链金融主要服务对象是供应链上游的产品供应商。由于社区团购平台本身经营的是一些日用品，种类繁多且范围全面，导致处于供应链上端的供应商主体更加复杂。其原先单一的链条就变成了纵向产业链、横向集群链和中介服务链。而且正常的供应链金融如果想要运行，需要三种不同的合同契约来保证。第一种是融资企业和平台的契约，也就是处于供应链上端供应商与社区团购平台之间的信贷契约。第二种是社区团购平台与银行、担保公司等签署的战略合作契约，由于互联网供应链金融模式一般是由社区团购平台的金融公司来担任借款人这一角色，比如蚂蚁集团的蚂蚁金融公司，所以该契约就是社区团购母公司的金融企业与供应商之间的契约。第三种是社区团购平台和当地政府等相关部门之间的信息反馈或者业务委托的契约。互联网模式的供应链金融打通了传统供应链金融上下游节点之间的链状关系，使得参与主体更加多元化，这就导致更容易引发信用风险。

4.1 信息不对称

首先是信息不对称风险，互联网模式下的供应链金融并没有很好地解决信息不对称的问题。而信息不对称问题很容易引发道德风险问题和逆向选择问题。具体来说，社区团购的供应链金融主要服务对象是上游供应商，由于互联网模式和社区团购本身的特性，供应商大多数是中小企业，没有完整的财务资料、银行授信资格和可以查询到的信贷历史记录，并且互联网模式下，审核的周期较短，也不会像传统的银行主导的模式下进行实地勘察。在这样有效信用资料有限的情况下，很难完全掌握融资方（也就是社区团购平台的上游供应商）的完整信息。虽然在供应链上，社区团购平台有较大的主导权和控制权，但是当贷款发放后，社区团购平台无法掌握融资方的资金去向，并且由于供应商在地理位置上分布比较广泛，很难具体约束供应商的资金使用。仅仅依靠上游供应商的应收账款作为担保是远远不够的。长此以往，如果供应商违反合同规定，将从社区平台融资取得的款项用于高风险项目，就会产生严重的道德风险问题。再者，社区团购平台的上游供应商繁多，再考虑到社区团购会保有一定的流动资金，不会将所有占用的资金都用于贷款，这就会产生逆向选择问题，资金反而更会流向容易出现道德风险的企业。

4.2 风险传播

其次是风险传播的问题。在供应链金融这条链上，社区团购平台的位置非常重要。如果社区团购平台运营出现问题，风险将会顺着供应链传遍每一个在链上企业。例如，在 2022 年上半年，红极一时的十荟团关停，所有业务处于清算状态。其中遇到的问题就有供应商的货款清算和员工的工资赔付。由于十荟团平台本身的经营模式存在问题，导致其在清算业务时拖欠了 200 户供应商逾千万元的货款，还有网格仓商等 500 多万元的配送费等。供应链发展迅速，使得一整条供应链上的大小企业命运紧紧地捆绑在一起。如果再加入供应链金融模式，处于中间位置的社区团购平台不仅是供应链上的重要枢纽，还是一个金融中介机构。如果它破产，所带来的商业风险不仅会通过供应链传播，还会通过金融中介的形式传播。要知道，资金的运作是一家企业的命脉，可靠的融资渠道能更好地保障企业资金流不断裂。供应链金融的融资渠道本身就是新金融模式，还不稳定，而在这样的模式中，社区团购平台成立的放贷公司并不是稳定的融资渠道。如果社区团购的资金链断裂，从它的金融功能来看，它的放款对象如果短时间找不到合适的融资渠道，也会面临资金链断裂的风险，从而造成不可估量的后果。

4.3 技术风险

最后是技术问题，徐鹏杰和吴盛汉两位学者曾就互联网模式的供应链金融发表过自己的看法，他们认为互联网模式下的供应链金融不仅无法规避传统模式的供应链金融，而且还面临技术风险。互联网模式下的供应链金融对技术要求很高，这不同于传统的供应链金融。在互联网模式下，融资方不仅要处理授信、放贷等相关问题，还要依靠现代的信息技术和计算机技术对不同的信息进行整合。一条供应链包含着信息流、物流和资金流。这样的技术为互联网模式下的供应链金融模式筑起壁垒。这就要求融资方对技术有较高的把控，有足够多的高素质信息人才应对各种各样的技术问题。再加上，有些大型互联网公司还会在供应链金融的模式下与区块链进行整合。这些都属于刚应用到金融领域的新型技术，面临很多未知的风险，并且会对依托于信息技术和网络平台的供应链金融模式产生较大影响。这就要求企业要付出大量的精力和成本，预知不同的可能性，并制定相应的解决方案，从而来应对可能出现的技术风险。

5 继往开来——魔咒破除，社区团购未来可期

本文从社区团购频频倒闭的现实谈起，梳理了其大起大落的发展史，解释了社区团购兴起和倒闭的原因。社区团购首先适应了新兴的消费者需求，很好地平衡了需、快、好、省四个方面新兴消费需求。但是由于其没有形成长久低价的竞争优势，再加上不断的行业内卷，导致社区团购在违背规律的道路上越走越远。那如何破除这一悖论的魔咒呢？供应链金融就是最好的武器，首先供应链金融可以整合商流、信息流、物流和资金流，从这四个维度提升社区团购平台，不仅弥补社区团购的不稳定不长久的短板，还能拓宽社区团购供应链模式的长处，更好地帮助社区团购平台满足消费者"快"和"省"的两大需求。这也是社区团购模式的优势所在。有了长久且低价的商业模式，社区团购便可以不用通过低价手段击垮对手的方式盈利，而是可以长久稳定地留住顾客，维持良好的商业生态。社区团购的起伏状态就会好转，适合发展却频频倒闭的"魔咒"将会解除。

在规避历史问题，汲取历史经验后，社区团购平台应该建设什么样的社区团购呢？首先，社区团购平台应该牢牢把握供应链金融的武器，供应链金融是社区团购平台的"灵丹妙药"，它可以精准地治疗社区团购的每一个"病灶"，维持社区团购的优势和门槛。哪家公司可以发展出优秀的供应链金融产品，哪家公司就能定义未来的社区团购平台。其次，社区团购平台可以在"社交属性"上多下功夫。一个新型的商业模式发展的根源在于有人需要，而社区团购满足的需、快、好、省是消费者最底层的购物逻辑。在此基础上，可以结合代际需求的变化，运用本身积淀的大数据分析技术进一步拓宽社交属性。社区团购赋予了社交属性后，就能将该产品场景化，达到微信、小红书等平台一样的社交依赖，定义年轻人新型的购物方式。

了解到社区团购平台得以立足的底层逻辑和供应链金融可以建立的优势

后，老王又对社区团购的未来有了信心。老王坚信，凭借优越的商业模式和对消费者需求的把控，打破"魔咒"的社区团购平台一定会在未来大有作为。社区团购平台青山依旧、未来可期。

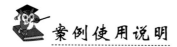

案例使用说明

一、教学目的与用途

1. 适用课程：

本案例适用于"公司金融""金融企业战略管理"等课程，涉及新型企业模式的管理和发展以及未来市场监管等相关内容。

2. 适用对象：

本案例主要为金融专业硕士（MF）开发，也适用于工商管理硕士（MBA），以及高年级本科生，对金融实务相关的其他课程也适用。

3. 教学目的：

本案例以社区团购从诞生到发展以及当中遇见的挫折作为主线，使用金融供应链知识点重点探讨了社区团购的深层次内涵，如何适应变化的发展形势，促进企业健康可持续发展等问题。本案例主要是为了实现以下几个方面的学习目的：

（1）通过本案例的学习，引导学生结合经济学、管理学、运营管理学等理论知识对社区团购新型企业模式的诞生原因进行分析，思考在受新冠疫情影响下的特殊时期，我国企业的未来运营模式以及各类新型模式的可行性。

（2）通过本案例的学习，了解我国现存互联网金融企业的新型零售业务模式、金融供应链模式、互联网金融企业所面临的金融监管环境，以及未来我国以社区团购为代表的将流量和平台作为主要突破口的互联网企业未来的发展前景和可能面临的风险。

二、启发思考题

1. 社区团购的运营模式是怎样的？以社区团购为代表的新零售与传统零

售相比有何优势？

2. 请结合新零售领域的供应链特点，总结新零售行业内供应链金融的主要模式（以阿里巴巴为例），并尝试阐述供应链金融存在的问题以及解决方法。

3. 在新冠疫情影响下的特殊时期，生鲜电商领域的社区团购企业数量迎来了爆发式增长，未来在这场社区团购"巨头混战"中平台应该如何突出重围？试用 PEST 模型以及波特五力模型分析未来平台需要如何发展？需要考虑哪些因素？

4. 社区团购面临的市场监管走向如何？平台应该怎样应对变化的监管环境？

5. 近年来，区块链技术在金融领域和新零售领域的应用愈加广泛，你认为"供应链金融＋区块链"的"双链"模式将如何赋能新零售？

三、分 析 思 路

本案例主要分为四大部分，从社区团购发展背景、历程引入供应链金融的定义与原理以及未来通过供应链金融对于社区团购发展的预测与综合考量。案例结合当前时事热点话题，引用如永璞咖啡通过供应链金融自救等案例，说明社区团购如何适应变化的发展形势，既提高了学生对时事热点方面问题的敏锐度与洞察力，又增强了学生对于理论知识的实际应用能力，同时可以引导学生认真思考社区团购未来应该如何发展，以及企业应如何结合当前市场现状进行积极有效探索等一系列的问题。

四、理论依据与分析

1. 社区团购的运营模式是怎样的？以社区团购为代表的新零售与传统零售相比有何优势？

（1）理论基础。

新零售是指企业以互联网为依托，通过运用大数据、人工智能等先进技术手段，对商品的生产、流通与销售过程进行升级改造，进而重塑业态结构与生态圈，并对线上服务、线下体验以及现代物流进行深度融合的零售新模式。未来电子商务平台会有新的发展，线上线下和物流结合在一起，才会产生新零售。线上是指云平台，线下是指销售门店或生产商，新物流消灭库存，减少囤货量。

（2）案例分析。

①社区团购的定义。新零售战略实施专家云阳子首先提出社区团购的概念，他认为社区团购是由平台统一提供发货、仓储和售后，这种模式被称为S2B2C，即一个统一的供应链平台S服务于很多的小商家B，小商家B再直接发展C端顾客。

②社区团购的运营模式。我国社区团购的运营模式大致为：作为社区团购模式最重要一环的社区团购平台一方面与上游的供应商建立联系，寻找优质优价货源；另一方面在社区居民中招募团长，其负责平台商品在社区居民中的推广与销售工作。除此之外，社区团购平台还负责技术、平台搭建、客服、配送等基础性工作。

A. 供应商。供应商是给社区团购平台提供货品的组织，其包括农产品生产基地、农产品销售公司、品牌厂商及其经销商。生鲜是社区团购最基础的产品品类，生鲜产品的质量、特色等因素对社区团购平台经营的成效有重大的影响。随着经济社会的发展，消费者对产品质量特色等的关注度远高于对价格的敏感度，这一点在生鲜产品上体现得更为明显。社区团购平台在寻找生鲜类供应商时应严把质量关，为消费者寻找健康优质有特色的农产品。日用品也是社区团购重要的品类，针对消费者对日用品的购买特点，社区团购平台可以在众多商家中甄选出几个品优、质优、价优的品牌供消费者选择。

B. 社区团购平台。社区团购平台是社区团购模式最重要的一个环节，其承担平台搭建、商品仓储及配送、售后服务等职能。目前社区团购企业的平台搭建主要分为微信小程序入口（同程生活、兴盛优选等）和自建App（美团优选、橙心优选等）两种方式。社区团购企业承担商品的仓储及配送职能，它们先把各供应商的商品集中至中心仓，再根据划分区域，把商品分类到各个区域的网格仓，再由网格仓进行分拣，送到各下级团长自提点。基于此，一些自身有配送体系的参与方，如美团优选在社区团购领域则具有天然的优势。售后也是社区团购服务中的重要一环，退换货的便利程度、售后处理的时间长短等都会对社区团购平台的经营产生重大的影响。

C. 团长。团长这一角色的出现是社区团购模式的创新之处，也是社区团购最具特色的一环。社区团购平台在社区居民当中招募团长，由他们把商品推荐销售给所属社区的居民，平台则根据他们的销售业绩支付佣金。团长通常通过建立微信销售群销售商品。由于团长和社区居民同属一个社区甚至相熟，这种天然的接近感与信任感使得团长无论是邀请邻居入群还是在群里销售商品都相对容易。社区团购模式将本属于消费者群体一员的团长变为自己的代理商，依赖他们的社交资源为企业创造价值。就目前来看，优秀的团长是社区团购平台非常重要的资源，他们的社交能力、社交资源、经营社群的能力、开拓进取的能力等都影响着一个平台的活力和经营状况。

③社区团购相对于传统零售的优势。

A. 存在流量红利，获客成本低。相较于京东、淘宝、拼多多等传统电商昂贵的流量成本，社区团购这个新渠道具有流量红利，且社区团购模式可利用熟人关系链降低获客成本。

B. 交付体验好，配送成本低。开展社区团购的企业大多使用落地配替代快递物流，大大降低了物流成本，且围绕社区集采集配，交付体验比电商更好、稳定性更强。

C. 运营模式轻，易于规模化复制。与重运营的开店、社区柜、"店+柜"模式相比，社区团购省去了开店模式的高租金/高人力成本。采取"极致单品+预售模式"，运作模式轻、订单操作难度相对低，能够迅速在全国落地。

2. 请结合新零售领域的供应链特点，总结新零售行业内供应链金融的主要模式（以阿里巴巴为例），并尝试阐述供应链金融存在的问题以及解决方法。

（1）理论基础。

传统的供应链金融可以依据资金融通在商品交易供应链的阶段将融资模式分为三类：应收账款融资、未来货权融资和融通仓融资。

应收账款融资属于销售阶段的供应链金融，该模式是指缺乏资金的中小企业以对供应链下游核心企业的应收账款单据凭证为质押物，向金融机构申请期限不超过其应收账款到期时间的短期融资方式。在该模式中，作为承担支付责任的核心大企业，具有较好的资信实力，且一般与金融机构间存在长期、稳定的合作，从而为中小企业融资发挥着担保和承兑作用。核心企业承担的偿还款项优先支付给金融机构，从而降低了金融机构的放款风险。

未来货权融资属于生产阶段的供应链金融，该模式是指供应链下游购货商向平台申请贷款，用于支付上游核心供应商在未来一段时期内交付货物的款项，同时供应商承诺对未被提取的货物进行回购，并将提货权交由金融机构控制的一种融资模式。融资企业通过保兑仓业务获得的是分批支付货款并分批提取货物的权利，因而不必一次性支付全额货款，有效缓解了企业短期的资金压力，实现了融资企业的杠杆采购和供应商的批量销售。

融通仓融资属于采购阶段的供应链金融，该模式是指在供应链上游的销货核心企业承诺回购商品的前提下，由第三方物流企业即仓储监管方负责提供担保，处于购货方的中小企业以金融机构指定仓库的既定仓单向金融机构申请质押贷款用以满足其预付货款的资金需求，而由金融机构控制其商品提货权的融资业务。对于金融机构来说，上游销货方的回购承诺和通过第三方物流企业对货物提货权进行有效的控制，将大幅降低信贷风险，从而增加客户资源。对融资中小企业来说，减少了原材料对资金的占用，可以有效缓解全额采购的资金短缺。

上述三种供应链金融模式都深化了金融机构与供应链中融资企业的关系，并加强了供应链中各企业间的合作，使资金流、物流和信息流协调地运行，有助于提升各方的竞争力：其一，资金流迅速地回流到资金缺乏的中小企业，缓解中小企业资金压力；其二，银行得以开辟新的利润来源，扩展业务范围；其三，第三方物流企业摆脱简单的货运服务，进一步提高增值服务价值。

（2）案例分析。

第一类：应收类——应收账款融资模式。在应收账款融资模式下，基于供应链上核心企业的支付承诺，上下游中小企业将本身还没有到期的应收账款作为融资标的，让渡给商业银行等金融机构从而获取信贷资金。以阿里巴巴为例，在阿里巴巴集团的供应链金融体系下，应收账款融资的模式多种多样，包括菜鸟应收账款融资、淘宝天猫订单贷款、超级信用证等，其中菜鸟应收账款融资的最高额度为 3000 万元，能覆盖大多数小微企业的资金需求。

第二类：预付类——未来货权融资模式。在未来货权融资模式下，下游购货商企业将其与核心供货商之间签署的交易合同作为依据，把拥有的未来取货的权利质押给商业银行等金融机构，从而获取贷款用于支付购货款项。下游购货商可以分批次付款，分批次提货，利用销售回款来分批次偿还贷款，这样既放大了下游购货商的提货能力，又使它们获得了较高的价格回扣；而上游核心供货商则把仓单抵押给银行，并承诺回购未被提取的货物，将提货权交给商业银行等金融机构控制。未来货权融资模式在新零售行业的具体应用，包括阿里集团的供应链金融平台提供的菜鸟预付融资和信任付等。菜鸟预付融资的最高额度也是 3000 万元，与菜鸟应收账款融资的额度相同；信任付采用先采购后付款的方式缓解企业资金短缺压力。

第三类：存货类——融通仓融资模式。在融通仓融资模式下，融资企业在缺乏应收账款和信用担保等情况下，引入专业的第三方物流公司对企业存货进行评估和证明，然后再把存货质押给商业银行等金融机构换取贷款。在这个模式里，商业银行等金融机构为防止存货质押物贬值带来的风险，通常会对申请贷款的中小企业库存、贸易合作对象等进行考察。同时金融机构会利用专业的物流公司，对中小企业的存货质押物价格进行评估和物流监管，并根据物流公司的经营水平给予其一定的信贷额度，让物流公司承担起监管信贷资金使用和融资企业风险的责任。与一般的融通仓融资模式不同的是，阿里的供应链金融生态联合其旗下的蚂蚁金服、菜鸟物流等企业，形成了物流、资金流、信息流、商流四流合一的供应链金融闭环。因此，对于以盒马为代表的新零售行业来说，供应链上下游企业可直接将存货质押给供应链金融生态闭环中的菜鸟物流，以菜鸟入仓存货融资的模式获得资金支持，而不与闭环之外的第三方物流公司产生物流联系，安全性与效率更高。

目前供应链金融大体存在信息不对称、风险传播以及技术风险三个方面的问题。解决上述问题要明确供应链金融行业标准的建立是有利于降低金融风险的，也有利于健全风控机制，促进该行业的健康发展。这种标准的建立，还有利于当地金融部门对该模式的监管和行业内部的监督。互联网模式下的供应链金融授信业务比较单一，如果是依靠核心企业担保，向其他银行或者融资平台进行融资，那么授信标准主要依靠核心企业的信用状况来进行。完善授信标准就显得很必要。例如，A 社区团购平台如果想要帮助其上游供应商融资，需要依靠 A 社区平台本身的信用来为其做担保，那么 A 社区团购平台对融资的金融机构的资金安全就具有重要影响。作为核心企业，应该建立对社区团购平台的信用准入标准，对其历史信用记录、近期业务能力和合作伙伴的经营状况来进行全面评价。如果是核心企业成立的金融公司反过来再对其供应商提供融资，如现在大多数互联网公司阿里巴巴、京东、拼多多等都有自己的金融平台来代替传统的融资渠道提供资金。那么就要建立对上下游企业，也就是社区团购平台的供应商的授信标准。除去对供应商的应收贷款进行质押外，还需要额外的评价体系估计这些企业的信用等级。在互联网模式下，由于许多交易都有记录，资金流向也十分透明，社区团购平台应该有效地运用这些信息优势，建立完善的信用评价系统。

互联网模式下的供应链金融还应具有差异性，以提升参与企业的质量。对待规模不同、类型不同的供应商，对应的金融产品也应不同。例如，对于生鲜行业的供应商，社区团购平台要着重考察其生产能力，而对于日用品供应商，社区团购平台就应将关注点放到其销售能力上，重点考察公司的周转能力。对待生鲜行业的供应商的贷款应以小额为主，而对日用品供应商的贷款就应以长期为主，这样实施差异化管理，以提升贷款质量。

对于社区团购平台无法提供融资，需要为供应商担保，帮助其向银行或其他金融平台取得贷款时，应协调传统金融机构的征信体系和第三方信用评价机构，同时对融资供应商的业务能力、抗风险能力和发展能力进行全面的鉴定和评估，另外还可以辅以云计算、大数据等现代化的信息技术和新型管理设备，实现智能化管理和标准化监控。并且要加强与传统金融机构或者第三方金融平台的交流，将自身的互联网优势运用到传统金融机构中，从而提高传统金融机构的智能化水平。由于供应链金融发展时间不长，各个平台还未实现信息共享，加强与传统金融结构的管理，才能更好地实现智能化的监管和风控。

互联网模式下的供应链金融相比于传统供应链金融对技术有更高的要求，也面临更多的技术风险。对专业交叉能力、供应链风险识别、产品营销设计的要求更高。因此提升供应链从业人员的基本能力和专业素养尤为必要。在产品上线的初期，怎样识别供应商的信用水平和产品的差异性，更是互联网中供应链金融能否成功推行的重要原因。并且，在互联网供应链模式下，社区团购平台无论和供应商还是和消费者，都被连接成一个有机的整体。供应商本身的业务也有交叉，在设计供应链金融产品时，要考虑到供应商之间的关系，识别双边风险。这些能力都不是从事传统金融行业或者只具有互联网技术的人才可以达到的。所以，培养金融风险知识和互联网技术的复合型人才非常必要。对于一家社区团购平台来说，如果其背后依托的是大型互联网平台。那么培养人才的方式可以通过在互联网公司中选取具有不同能力或不同潜能的员工互相学习，并选取优秀的复合型人才进行培养，以防范技术风险和操作风险的产生。如果社区团购平台与传统金融机构或第三方金融机构有合作关系的话，可以选取传统金融机构的从业人员，通过与互联网公司中具有金融基础知识的员工复合培养，来选出人才。

最后，促进供应链金融的政策发布，完善供应链金融的周边设施。供应链金融发展至今，已经有了不同金融机构主导、结合不同新型技术的各式各样的模式。而且由于其质押品的特殊性，导致供应链金融一旦发生信用问题或违约问题，被牵连的各种企业会很多，非常容易发生产权矛盾。所以，如果想更好地运用供应链金融，尽可能地规避风险，促使供应链金融产品多元化，就应加强监管，尽快完善与之相关的法律法规，建设完备的供应链金融生态环境。往往一个新型金融模式的指导性文件对规范该行业发展是至关重要的。首先，对于不同的供应商，也应采取不同的政策来进行规范和指导，例如，要针对生鲜产业、电子产业以及日用品产业等不同行业的风险制定相关法律法规。其次，政策的多样性也应根据不同地区进行调整，政策的制定要考虑到不同地区的发展环境和发展速度。最后，为了更好地建设供应链金融的环境，可以鼓励不同地区的作为供应链金融的核心企业之间加强合作，运用互联网技术和大数据实现信息共享，从而构建完备的供应链金融服务生态圈。

3. 在新冠疫情影响下的特殊时期，生鲜电商领域的社区团购企业数量迎来了爆发式增长，未来在这场社区团购"巨头混战"中平台应该如何突出重围？试用 PEST 模型以及波特五力模型分析未来平台需要如何发展？需要考虑哪些因素？

（1）理论基础。

PEST 分析法是《金融企业战略管理》中分析企业未来发展的一个重要工具。PEST 分析是对宏观环境的分析，P 是政策（policy），E 是经济（economy），S 是社会（society），T 是技术（technology），如图 7.7 所示。

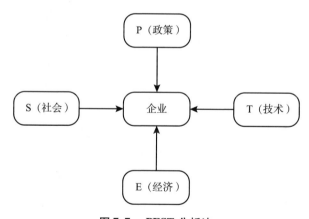

图 7.7　PEST 分析法

在分析一个企业集团所处的背景时，通常是通过以上四个因素来分析企业集团所面临的状况。经济方面主要内容有经济发展水平、规模、增长率、政府收支、通货膨胀率等；政策方面有行业政策制度、政府政策、国家的产业政策、相关法律及法规等；社会方面有人口、价值观念、道德水平等；技术方面有高新技术、工艺技术和基础研究的突破性进展。

波特五力模型由美国学者迈克尔·波特提出，"五力"即行业现有竞争力量、供应商的议价能力、客户的议价能力、替代品的威胁、新进入者的威胁

（如图 7.8 所示）。波特认为这五种力量的消长关系决定了企业的盈利能力，并指出企业战略的核心在于选择正确的行业，以及行业中最具吸引力的竞争位置。

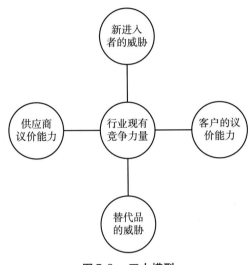

图 7.8　五力模型

（2）案例分析。

①PEST 模型分析。

A. 政策环境。2020 年 12 月 9 日，南京市市场监管局发布了首个地方政府出台的引导社区团购合规经营的文件《电商"菜品社区团购"合规经营告知书》，同年 12 月 22 日，市场监管总局联合商务部召开规范社区团购秩序行政指导会，出台"九不得"政策，针对社区团购平台进行了严格监管。

这些政策的出台并不是为了阻止社区团购的发展，而是为了防止社区团购行业出现恶性竞争，采用行政指导方式给社区团购领域出现的低价倾销、滥用自主定价权、大数据"杀熟"等问题划出红线，明确监管的态度，改善市场环境，这对于引领该行业后续的良性发展具有积极意义。

对于社区团购平台来说，要在前期积极利用价格优势，以"高品低价"的方式来抢占市场，但是未来企业想要实现盈利，转变经营模式，离不开一个有秩序的市场竞争环境。实现精准治理，将有助于社区团购平台未来的健康可持续发展，使其竞争回归商业竞争的本质。

B. 经济环境。根据智研咨询调查显示，2021 年全年网上零售额 130884 亿元，按可比口径计算，较上年增加 13283 亿元，同比增长 11.29%。目前，网上购物已经逐步成为中国居民日常零售消费的重要渠道。

受新冠疫情的影响，人们的生活方式发生改变，生鲜电商市场快速发展。近年来，我国生鲜电商行业交易规模整体保持稳定增长，2021 年生鲜电商交易规模达 4658.1 亿元。假设社区团购能替代 30% ~50% 传统销售渠道的份额，则社区团购在生鲜产品方面的市场规模为 1.55 万亿~2.329 万亿元。

C. 社会环境。受疫情影响，居民居家隔离，外出购物需求和渠道均大幅下降，全民宅家抗疫使得社区团购这种新型的生鲜电商模式脱颖而出，社区团购以刚需、高频次、价格美丽、高效、便捷等特点备受消费者的欢迎，除了满足消费需求，社区团购模式相比传统电商模式要更加简单，可以突破疫情限制。根据商务部流通产业促进中心的一组数据显示，居民使用社区团购作为农产品购买渠道的比例由新冠疫情前的 2.1% 增至新冠疫情后的 11.9%。同时根据凯度咨询的调查，约有 1/4 用户是疫情期间开始使用社区团购，且其中 98% 表示疫情后仍会继续使用，72% 表示不会减少购买。在这种社会背景的推动下，平台可以在社区团购领域中获得更大的发展。

D. 技术环境。相比于传统的生鲜零售，社区团购这种新型的新零售业态在现存的技术环境中具有更多的优势。随着大数据、云计算技术的不断发展与成熟，我们正在逐步进入一个全新的互联网时代，社区团购以流量和平台为主要突破口，使得传统的零售模式发生翻天覆地的变化。相比传统的分级经销批发体系，即"产地农民—产地采购商——级批发商—N 级批发商终端零售"体系，社区团购沿用了本地化供应链——"地区中心仓—城市网格仓—社区团长"的三级物流体系会，其可以降低中间成本，提升供应链效率，实现了渠道优化和配送优化。未来，互联网科技与人们生活的进一步结合将为社区团购企业发展创造出新的发展空间。

②波特五力模型分析。

A. 行业现有竞争力量。2020 年社区团购披露融资金额高达 171.7 亿元，同比增长 365.3%，创下历史新高，资本巨头的进场使行业竞争白热化，经历了并购整合，强大平台的头部地位逐步显现。招商证券社区团购行业报告将社区团购平台大体分为四类：第一类是以便利店 B2B 为背景的企业；第二类是以社群电商为背景的企业；第三类是以生鲜电商为背景的企业；第四类是初创企业。在资金方面，当前竞争中初创企业很难生存。兴盛优选 2020 年公开披露融资金额超 100 亿元，占到全行业的一半，拥有雄厚的资金基础，团购巨头美团下属的"美团优选"也实力不俗。

总的来说，行业内竞争激烈，各个平台之间既有优势也有不足，还需进一步改进以巩固领先地位。

B. 供应商的议价能力。稳定的商品品类和品质保证由三条采购链来实现：第一，总部供应商团队对接全国大型供货商；第二，借用铺展开的商品供应链，且可以共用现成的仓库；第三，在商品供应地区成立自己的采购团队，主要对接周边城市，做到"一城一味"。即主营生鲜类产品直接对接果蔬原产地供货商，日用百货的供应主要来自与同为阿里阵营的大润发商超和阿里1688深度合作，工厂源头产品直供。生鲜百货类供应商数量繁多，提供的产品和服务也大同小异。社区团购头部平台采购订单庞大，对供应商有较强的吸引力。因此除去极个别美妆护肤类国际品牌，供应商的议价能力较小，大平台多数情况下占据主导地位。

C. 客户的议价能力。社区团购的购买者主要是固定社区地域中的家庭消费者，并非企业消费者，消费产品也集中于生鲜等家庭必需品，单一家庭某一时间段内的消费能力非常有限，而且在疫情常态化的现状下，购买者的消费时间更加分散，消费半径不断缩小，对安全便利的社区商业的依赖性普遍增强，对于强大资本加持下的卖方平台来说，购买者的议价空间有限。但是购物习惯发生改变，并不意味着消费者已经对某一固定平台形成消费依赖。社区团购进入门槛低，模式易于复制，现有平台众多，同一小区可能同时入驻多家平台，所提供的产品服务同质化严重，消费者选择范围广泛，寄居于微信社交生态中的运营模式又无法绑定用户，消费者转换平台几乎零成本，一旦低价消失、消费者迅速流失，平台不得不投入大量补贴，尽可能留住用户。从这个角度来看，消费者占据主导地位，议价能力相对较强。

D. 替代品的威胁。现在许多领先的行业龙头仍然面临一些问题，例如生鲜冷链运输产品品质难以保证，选品覆盖面有限等。传统商超零售业恰好弥补这些缺点，具有品质保证、品类齐全的优势。在新零售时代，为了生存，传统商超也开始积极进行双线融合、数字化改革，大润发、沃尔玛等老牌连锁企业通过与互联网资本联手，优化线下体验，布局线上电商，一定程度上瓜分了一部分注重高品质和体验感的目标群体。此外以"每日优鲜"为首的O2O生鲜电商的威胁也不容小觑，前置仓加骑手配送上门，弥补了次日送达的时效性缺陷，优化了用户体验，形成强大的竞争威胁。

E. 新进入者的威胁。社交团购的低门槛、高收益，吸引更多资本大规模涌入。先是互联网巨头蜂拥而至，淘宝增设"淘宝买菜"入口、拼多多自建"多多买菜"、京东和字节跳动也加快筹备，"京东优选"和"今日买菜"上线，凭借雄厚的资本和原有社交生态的资源，平台上线后反响热烈。紧随其后的是物流企业，申通申请注册"申通同城"商标，加码同城仓配服务，同时通过地区试点布局社区团购。顺丰低调上线社区团购平台"丰伙台"，正式入局社区团购。据统计，五大快递公司县级以上城市覆盖率均超过90%，依托强大的物流网络，成熟的供应链仓储体系以及丰富的生鲜冷链运输经验，快递物流公司入局，势必会对市场造成更大的冲击。不过顺丰的"丰伙台"在竞争对手普遍低价抢占生鲜果蔬市场之时，反其道而行之，瞄准松露、鱼子酱等高端市场，且尚无大额补贴优惠，是否会进军低端市场，对平台形成的挑战尚且不确定。

4. 社区团购面临的市场监管走向如何？平台应该怎样应对变化的监管环境？

（1）理论基础。

①市场监管理论。数字经济监管需要通过监管创新来与技术创新相适应，从而保证监管的有效并维护社会公共利益。创新的数字经济监管需要坚持包容审慎的基本原则，进一步明确包容审慎监管的内涵和完善相关的制度保障，始终将促进开放共享和鼓励创新发展作为监管的根本目标。数字经济监管有以下基本导向：

A. 始终坚持包容审慎的基本原则。包容审慎监管突出以创新监管理念和监管方式为重点，避免采用过时落后的监管体制和监管政策来应对数字经济监管问题。同时，包容审慎监管并不是不管，而是根据数字经济发展情况和市场风险程度采取灵活的分类监管政策。

B. 以促进数字经济高质量发展为目标：政府监管不能阻碍和牺牲数字经济的发展，而应成为促进数字经济创新发展的保障，最大化释放数字经济增长潜能。

C. 将促进开放共享和鼓励创新作为政策基点：开放共享既是数字经济发展的重要基础，也是创造更大社会价值的必要条件。政府监管应消除阻碍数据和信息知识开放共享的各种障碍，促进数据可移动性和平台之间的互操作性。

D. 将维护市场竞争作为政策重心：竞争政策是数字经济监管政策的主体，数字经济竞争政策应坚持行为主义导向。数字经济竞争政策需要综合运用我国反垄断法、反不正当竞争法、消费者权益保护法等相关法律来查处各种严重伤害消费者利益的行为。

E. 数字经济监管要确保监管体制的动态有效：数字经济监管体制需要具有充分的灵活性和动态的监管创新能力，及时对数字经济监管现实需求作出有效的政策回应，通过监管创新来应对数字经济发展提出的监管挑战，保证政府监管的动态有效。

②企业边界理论。其研究最早来自科斯对于企业本质的分析。科斯认为在不完全信息的世界存在交易成本，这是企业替代市场调配资源的最根本原因，企业的边界在于企业内部协调成本与市场交易成本的比较。在这一理论下，企业的边界可分为垂直边界和水平边界。企业将输入的要素转化为最终输出的产品，在这一过程中，企业需要考虑哪一种要素应该自产，哪一种要素需要外购（后向）；以及哪一种产品应该自己直销，哪一种产品应该分销给别人（前向）。这一考量决定了企业垂直边界的大小。一旦企业确立了垂直边界，它必须紧接着决定业务的规模和范围，而这一考量决定了企业的水平边界。互联网企业的垂直边界取决于内外部流量获取成本与交易成本的比较。当外部供应商的流量获取成本以及企业与外部供应商交易的成本之和小于企业内部生产成本与协作成本之和时，企业应该扩大垂直边界。在互联网行业中，企业之间相互争夺的是用户有限的注意力资源。注意力随着时间向不同事物转移，人们不可能将注意力一直放在一件事物上。注意力这一特征决定了互联网企业提供的信息产品不仅要高质和迅速，还要种类多样。提高产品的种类不仅可以持续性地吸引用户的有效注意力，还可以享有范围经济带来的好处。在互联网企业中，用户的规模决定了产品的价值。要想获得更多类型的用户，企业必须提供多种类型的产品，拓展其水平边界。

③跨界竞争理论。企业在推进跨界融合时应当遵循以下原则：基于战略联盟、资本经营的跨界合作应围绕打造生态展开，不应为合作而合作；跨界需建立在寻找到新的业务增长的基础上；要依据业务的开展选择合适的跨界实现方式（如投资、兼并、收购等）；跨界应在注重有效弥补企业短板的同时围绕提升竞争力展开。

（2）案例分析。

2020年12月9日，南京市市场监管局发布了首个地方政府出台的引导社区团购合规经营的文件《电商"菜品社区团购"合规经营告知书》，紧接着在12月22日，市场监管总局联合商务部召开规范社区团购秩序行政指导会，阿里、腾讯、京东、美团、拼多多、滴滴6家互联网平台企业与会，会议在肯定互联网平台对经济发展的积极意义和重要作用的同时出台"九不得"政策。2021 年 3 月，国家市场监管总局依法对橙心优选、多多买菜、美团优选、十荟团数家企业分别处以 150 万元的罚款，对食享会处以 50 万元的罚款，五家企业罚款金额合计达 650 万元。通报显示，经过调查，橙心优选（北京）科技发展有限公司、上海禹璨信息技术有限公司、深圳美团优选科技有限公司、北京十荟科技有限公司在降价处理鲜活商品、季节性商品、积压商品等商品的同时，为了排挤竞争对手或者独占市场，以低于成本的价格倾销，扰乱了正常的生产经营秩序，损害了其他经营者的合法权益，违反了《中华人民共和国价格法》第十四条第（二）项规定，由此可以看出，对社区团购的监管重心在于维护市场公平竞争。结合监管要始终坚持包容审慎的原则，我们可以判断社区团购的监管在逐步全面落地的过程中，会针对强迫实施"二选一"、滥用市场支配地位、实施"掐尖并购""烧钱"抢占社区团购市场、实施"大数据杀熟"、漠视假冒伪劣、信息泄露以及实施涉税违法行为等问题进行严厉打击，防止平台经济领域资本任性、无序扩张对市场竞争秩序造成破坏。美团优选对于前述处罚回应：高度重视诚恳接受，加强整改。而针对外界关于美团发展的业务边界的疑问，王兴在采访中表示："美团不给自己设限，只要核心是清晰的——我们到底服务什么人？给他们提供什么服务？美团就会不断尝试各种业务。在科技变革的前半段，因为风险非常大，所以需要用小团队去探索，但到了后半段，红利变小，整合成为了释放红利的方式。这时候，多业务的公司会比单一业务的公司更有优势。"可见，美团对于构建自己的生态圈志在必得。结合理论部分的企业边界基础以及跨界竞争理论，我们可以分析出美团开展多元业务并构建生态圈的企业战略具有合适的理论基础。在此前提下，美团优选未来发展要遵守的首要原则是：遵守我国反垄断法、反不正当竞争法、消费者权益保护法等相关法律法规，维护市场竞争秩序，稳步进行业务边界拓展。除此之外，提高自身的商业竞争力也不容忽视。想要冲出重围不仅需要价格优势，更多的是需要完善自身的商品供应链和物流体系，提升产品本地化属性以及产品的质量，才能在变化的市场环境下，立于不败之地。

5. 近年来，区块链技术在金融领域和新零售领域的应用愈加广泛，你认为"供应链金融＋区块链"的"双链"模式将如何赋能新零售？

（1）理论基础。

区块链是一种按照时间顺序将数据区块以顺序相连的方式组合成的一种链式数据结构，并以密码学方式保证的不可篡改和不可伪造的分布式账本。区块链根据应用场景和设计体系的不同分为三种类型：公有链、联盟链和专有链。联盟链的各个节点通常有与之对应的实体机构组织，通过授权后才可加入与退出网络。各机构组织组成利益相关的联盟，共同维护区块链的运行。区块链技术拥有高可靠性、加密性、交易可追溯等特征，能够简化流程、节约成本，这些特点使得金融服务成为区块链技术第一个应用领域。区块链技术运用分布式数据存储和点对点传输，具有去中心化的功能，降低了核心企业作为单一记账人可能存在的道德风险，供应链系统内参与主体越多，其系统内的信任成本越低，因此，区块链技术适合应用于供应链金融。区块链技术的共识机制和加密性特征使区块链上记录公开透明、安全可靠，降低了信息不对称，增强了供应链系统内参与主体相互间的信任，使供应链金融能够为供应链体系内更多的企业提供金融服务。区块链技术的信息透明、去中心化、可追溯、共识机制以及智能合约等特性恰好弥补了供应链金融的不足，供应链金融将是区块链技术的最恰当的应用场景。

（2）案例分析。

①风险控制——降低信息不对称。

供应链上下游的企业与核心企业存在广泛而密切的商业联系，信息不对称程度低，但是供应链中企业很多，与核心企业商业联系程度也有差异，上下游企业是否能够利用核心企业信用背书获得融资，主要依赖于其在供应链中的重要性和核心企业的支持，以及核心企业的风险管理。如果供应链上下游的中小企业与核心企业之间依然存在严重的信息不对称，核心企业也不会轻易为其融资进行信用背书。区块链的分布式存储特征使数据在供应链中所有节点都是公开透明的，用户可以查询记录详情；区块链的共识机制和时间戳功能使得区块链中所有记录不可篡改，保证了所有节点的记录可靠完整；区块链可追溯特征可以很好地解决供应链体系内各参与主体之间的矛盾与纠纷。因此，在区块链技术下，供应链内部企业之间的信息不对称明显降低，新零售供应链上的核心企业可以为更多上下游供应商、经销商进行信用背书，有助于提高供应链运行效率和融资效率。

②融资参与主体——将二级供应商纳入融资主体。

与传统融资模式相比，供应链金融不再对单一企业进行授信，而是基于整个供应链信息，以核心企业信用为背书，向供应链节点上的企业提供金融服务。在供应链金融发展中存在核心企业信用传递链条短和供应链体系内信息不对称等难题，尤其是在零售行业。部分与核心企业没有直接商业联系的供应链上下游企业难以从供应链金融服务平台获得融资。在区块链技术下，核心企业可以通过构建区块链，将这些中小企业纳入区块链中，使用数字凭证方式对所有交易数据进行记录。区块链的分布式账本特征使整个系统的运行不受单个节点的影响，且区块链中的记录具有不可篡改和可追溯性，可以将有价值的信息向更大范围传递，帮助更多末端供应链参与主体获得信贷服务。

以应收账款融资模式为例，一级供应商将应收核心企业的账款信息保存在区块链中并生成相应的数据凭证，当二级供应商有融资需求时，一级供应商可以将区块链中应收核心企业账款的数据凭证拆分，使核心企业的信用能够传递到二级供应商。以此类推，在授信额度范围内核心企业的信用可以传递到更多层级。在区块链技术下，供应链金融系统更加可靠与高效。

③融资模式——动产抵押融资。

目前供应链商业模式较为单一，传统的三种融资模式包括围绕核心企业的应收账款融资模式、未来货权融资模式和融通仓融资模式。在未来货权融资和融通仓融资模式中，中小企业在向商业银行申请贷款时需要将存货和提货权转移到商业银行指定的仓储保管方进行质押融资，仓储保管方的有效控制和核心企业的担保可以有效地降低商业银行的风险，使得在供应链下这种融资模式能够解决中小企业资金短缺问题。存货质押限制了中小企业对存货的有效控制，在偿还贷款前不能及时在市场上进行商品交易。区块链技术具有不可篡改、数据可完整追溯以及时间戳功能，可以有效解决存货的溯源防伪问题。新零售行业供应链上的中小企业可以用区块链技术对完工产品进行记录，这些记录存放于区块链中。此后这些产品的材料成分、流转历史、所有权归属、所在地都会被如实地记录在区块链。任何非法的交易活动或欺诈行为都能被侦测出来。中小企业在进行融资时将进行抵押的存货记录到区块链中，金融机构就可以实时监测存货流转情况，进行有效控制，消除了第三方物流进行仓储保管的成本，降低了新零售行业内中小企业的融资成本，提高了融资效率。

五、关键要点建议案例使用安排

1. 关键点：

本案例在结合当前时事热点话题的同时融合了金融企业战略管理以及金融监管等相关课程的基础知识。学生运用所学理论知识和分析工具对出现的新型企业运营模式进行剖析，提高学生理论与实践相结合的能力，以及对时事热点方面问题的敏锐度与洞察力，站在企业的角度讨论其未来如何发展，以及应如何与当前市场现状进行有效融合，是一个极具开放性的案例分析方案。

2. 关键知识点：

（1）掌握有关公司战略管理的基本理论、基本方法和分析工具；

（2）掌握有关金融供应链与金融的基本理论与方法，增强学生对其在现代经济体系中所处重要地位和作用的认识。

3. 能力点：

本案例旨在帮助学生掌握：

（1）培养和提升学生的战略性思维及洞察力，使其能从高层管理者的角度高屋建瓴分析企业面临的环境挑战及各项经济管理问题；

（2）帮助学生了解并利用分析工具（如 PEST 工具、波特五力模型、SWOT 模型等）解决企业实际面临的问题；

（3）通过对热点案例分析来提高学生对理论知识的实际应用能力，提高其对战略方面与现实热点方面等问题的敏锐度与洞察力，促使学生关注与企业现实相关的战略问题，以加深对理论知识的理解；

（4）增强学生对市场在现代经济体系中所处重要地位和作用的认识。

六、建议课堂计划

本案例可以采取专题性启发式教学的方式，作为专门的案例讨论课。整个案例课主要分成四个部分：课前计划、课中计划、课后计划和评价程序，以下是按照时间进度提供的课堂计划建议，仅供参考。

整个案例课的课堂时间控制在 120～180 分钟，根据学员人数确定。

1. 课前计划：

提出启发思考题，请学生在课前进行分组，并以小组为单位完成阅读和初步思考，做 PPT 进行后续课堂展示。

2. 课中计划：

（1）课堂前言（10～20 分钟）：导入本案例，明确主题，并使用 PPT 列出启发思考题；

（2）分组展示 PPT（60～80 分钟）：小组成员围绕案例分析思考题展开讨论，并推选一名成员代表小组进行 PPT 展示，时间控制在 10～15 分钟；

（3）老师对每组发言进行点评（10～20 分钟）；

（4）全班讨论和总结（40~60分钟）：引导全班同学围绕案例关键问题和小组发言的观点进一步讨论（讨论各组没有涉及的内容以及存在意见分歧的内容），由老师梳理补充案例中涉及的理论知识，并进行归纳总结。

3. 课后计划：

请学生继续上网搜索与该案例相关的信息资料，并结合课堂讨论情况，撰写案例分析报告（1500~2000字）。

4. 评价程序：

过程评价将贯穿始终，平时成绩占40%，期末成绩占60%。其中，平时成绩包括PPT展示、课堂发言、提问和讨论等。课堂提问时的主动参与程度占20%，PPT成果展示作业占20%，期末考试采用课程论文的形式，占60%。

七、参 考 文 献

[1] 邓雪，赵吉. 互联网平台企业基层服务中的风险及治理——以社区团购企业为考察对象 [J]. 东南学术，2022（2）：95–104.

[2] 王伟姣，陈姗姗. 供应链金融文献综述：理论发展与未来趋势 [J]. 信息与管理研究，2022，7（1）：67–80.

[3] 洪涛，洪勇. 社区团购模式创新焦点问题研究 [J]. 商业经济研究，2022（3）：79–82.

[4] 黄腾飞. 社区团购生死录 [J]. 销售与市场（管理版），2022（2）：64–70.

[5] 樊文静，潘娴. 平台经济领域的垄断逻辑与资本无序扩张——以社区团购为例 [J]. 吉林工商学院学报，2021，37（4）：30–34.

[6] 曹艳丽. 浅析社区团购的供应链现状 [J]. 中国商论，2021（12）：124–126.

[7] 胡丽丽. 生鲜农产品社区团购发展分析 [J]. 内蒙古科技与经济，2020（17）：70–72.

[8] 张薇. 新零售背景下社区团购运营模式研究 [J]. 商业经济，2019（11）：66–68.

[9] 陈煌鑫，陈国铁. 国内外供应链金融发展及模式研究 [J]. 价值工程，2016，35（35）：230–233.

[10] 宋华，陈思洁. 供应链金融的演进与互联网供应链金融：一个理论

框架 ［J］. 中国人民大学学报，2016，30（5）：95 – 104.

　　［11］周光宗. 供应链金融的发展与趋势 ［J］. 时代金融，2016（6）：33 +
36.

　　［12］胡跃飞，黄少卿. 供应链金融：背景、创新与概念界定 ［J］. 金融
研究，2009（8）：194 – 206.

案例八 云南铜业：套期保值交易熨平大宗商品价格风险[*]

案例摘要

2020 年以来，受新冠疫情影响，全球大宗商品价格剧烈波动，增加了我国实体经济生产经营的不确定性，大宗商品价格风险管理已成为相关企业当前和未来的重要任务。作为国内阴极铜生产龙头企业，云南铜业 2000 年就已涉足期货市场，开展套期保值业务，积累了丰富的实践经验。本案例首先分析云南铜业销售毛利率对铜价波动的敏感性。其次，详细分析云南铜业套期保值的策略及特点。通过观察 2011 ~ 2020 年云南铜业盈利水平变化，发现尽管金融衍生品的运用使个别年度利润出现小幅损失，但套期保值活动仍起到对冲铜价波动风险、平稳企业盈利水平的作用。最后，对云南铜业如何进一步运用金融衍生品对冲大宗商品价格风险提出建议。

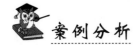

案例分析

0 引 言

2020 年初受新冠疫情影响，大宗商品价格不断受挫，下降至低位。但随

---

* 本案例获得江苏省金融学类（含保险）研究生教学案例大赛二等奖，由苏州科技大学商学院的钱燕、张浩博、李瑞健、胡清萍撰写，作者拥有著作权中的署名权、修改权、改编权。本案例只供课堂讨论之用，并无意暗示或说明某种行为是否有效，且不构成投资建议。

着下半年全球疫情逐渐得到控制，大宗商品市场再次上扬，国际铜价也开启新一轮上涨周期。铜价的波动方向虽然更多是由需求决定，但随着2021年全球经济复苏，铜价也逐步回升。图8.1追踪了沪铜主力合约价格走势，该价格自2020年3月20日的38910元/吨一路上涨至2021年2月19日的64320元/吨，涨幅高达65.30%，处于波动上升阶段。

图8.1　沪铜主力合约价格十年变动趋势

注：数据来源同花顺 iFinD。

　　受大宗商品价格波动影响最大的行业，就是以其为产成品或原材料的实体经济行业。实体经济是国家经济的根基，随着全球经济一体化的进程，我国实体经济企业拥有了更多参与国际市场竞争的机会，与此同时也面临着更多风险。特别是原材料和产成品的价格极易受到大环境的影响而产生剧烈波动，导致上游企业销售收入下降或下游企业生产成本上升等问题。由此可见，对大宗商品价格进行风险管理已成为实体经济企业的重要任务，而运用金融衍生工具来抵御价格波动不失为一种明智的风险管理策略。

　　云南铜业是以铜金属的地质勘探、采矿选矿、冶炼加工、科技研发、进出口贸易为主的有色金属企业，是我国第一个加入国际铜业协会的企业，也是我国铜冶炼和铜加工规模最大的企业之一，其阴极铜国内市场占有率为12%。表8.1展示了2011~2020年云南铜业阴极铜业务占营业收入的比重。阴极铜业务作为云南铜业的主要收入来源，十年间在其营业收入中占比均值高达

74.91%，且继续呈现增长态势。在此背景下，铜价的波动对该企业具有重要影响。

表 8.1 2011～2020 年云南铜业阴极铜业务收入占营业收入比重

年份	阴极铜业务收入（亿元）	占营业收入比重（%）	同比增长（%）
2011	211.97	60.84	1.41
2012	274.47	67.23	29.49
2013	402.45	81.11	46.63
2014	499.92	80.11	24.22
2015	449.69	79.37	−10.05
2016	461.65	77.99	2.66
2017	467.26	81.97	1.90
2018	330.87	69.76	−29.19
2019	485.39	76.69	46.70
2020	652.79	73.98	34.49
均值	423.65	74.91	14.83

注：数据来源于云南铜业年报。

作为国内实体经济阴极铜生产龙头企业，云南铜业在全球铜价大幅波动下运用金融衍生品进行风险管理的方式有代表和示范作用。故本文以云南铜业作为核心案例，对国内实体经济企业在大宗商品价格波动下，运用金融衍生品进行风险管理具有良好的借鉴意义。

1 套期保值理论在大宗商品价格风险管理中的应用

1.1 大宗商品价格波动成因及影响

大宗商品是指可进入流通领域，但非零售环节，具有商品属性并用于工农业生产与消费使用的，可大批量买卖的物质商品。随着商品贸易的不断发展，标准商品期货合约登上了历史舞台。标准商品期货合约赋予大宗商品新的内涵，使其具有一定金融属性。随着供给侧结构性改革的深入，我国大宗商品进口数量整体呈递增趋势，大宗商品价格对我国实体经济的发展至关重要。表

8.2 为 2011～2020 我国部分大宗商品进口数量，原油、煤炭等重要能源类大宗商品十年间进口数量增幅分别达 113.72% 和 36.81%，铜及钢铁等重要金属类大宗商品十年间进口数量增幅分别达 103.04% 和 29.85%。

表8.2　　　　　　　　　　部分大宗商品进口数量

年份	原油进口量（万吨）	钢铁进口量（万吨）	煤进口量（万吨）	铜及铜合金进口量（万吨）
2011	25378	1558	22220	329
2012	27103	1366	28841	398
2013	28174	1408	32702	389
2014	30837	1443	29120	422
2015	33550	1278	20406	425
2016	38101	1322	25543	439
2017	41957	1330	27090	411
2018	46189	1317	28189	475
2019	50568	1230	29952	448
2020	54239	2023	30399	668
十年间增幅（%）	113.72	29.85	36.81	103.04

注：数据来源于国家统计局。

大宗商品价格波动成因主要有供需、货币政策、投机以及各大宗商品价格传导性等。

（1）供需。

任何物价的上涨从经济学角度出发，都可以归结于供需矛盾。后疫情时代，经济复苏带来商品需求增长，催生了市场对流动性过剩的担忧，大幅提升了市场对后期价格上涨的预期。看涨预期带动了企业补库、市场炒作等，导致了大宗商品价格持续走高。

（2）货币政策。

当世界主要经济体采取宽松的货币政策时，会导致全球流动性增加，刺激大宗商品价格上涨。国际上大部分大宗商品均以美元结算，美联储每次货币政策的调整，货币超发，都会引起价格的波动。

（3）投机。

随着经济全球化的推进，大宗商品代表的不仅是商品本身，更是高度发达的资本品，近年来大量国际资本涌入大宗商品市场，由于资本的逐利性，致使国际大宗商品价格频繁波动。

（4）各大宗商品价格的传导性。

大宗商品价格之间会存在一定传导性，这主要是因为大宗商品大多为工业能源和原材料，其价格波动会带来整个产业链下游商品价格的波动。

而大宗商品价格波动主要通过三个渠道给实体经济带来影响：成本渠道、销售渠道和信息渠道。

（1）成本渠道。

传统观点通常将大宗商品价格对实体经济冲击的传导机制归结为成本效应，表现为国际大宗商品价格变动将使我国实体经济产出反向变化。进口大宗商品价格上涨直接的后果是推高国内原材料采购价格，导致企业生产成本上升，利润空间压缩，供给曲线左移，从而造成产出下降和价格上涨。

（2）销售渠道。

除了成本效应之外，大宗商品价格波动还会对实体经济企业的销售收入产生影响。当大宗商品价格下跌时，上游企业产成品价格下降，企业销售收入降低，盈利能力下降，若是大宗商品价格持续低迷，相关企业还可能会缩小经营规模，使下游的原材料加工企业无法获得足够原材料，对其正常生产经营活动产生不利影响。

（3）信息渠道。

在信息不对称的现实环境中，国际大宗商品价格波动将影响国内市场主体对全球经济形势的判断和预期，从而引发其行为决策调整，由此产生实体经济效应。具体来说，大宗商品价格上涨预示经济前景向好，这将提振市场信心，刺激投资消费需求，推动产出增长；反之，大宗商品价格下跌会释放经济形势恶化的不利信号，打击市场信心，造成需求低迷，抑制产出扩张。近年来，国际经贸局势动荡加剧，我国经济不确定性也大幅上升，在复杂多变的信息环境中，大宗商品价格的信号功能日趋重要。

1.2 套期保值原理及应用

金融衍生品自 20 世纪 70 年代兴起，因其得天独厚的创新性和灵活性，迅速成为金融市场参与者最重要的风险管理和套期保值工具，交易量远超金融现货市场。金融衍生品是指建立在基础产品或基础变量之上，其价格随基础金融产品的价格（或数值）变动的派生金融产品，主要包括远期、期货、期权和互换。从全球衍生品市场来看，金融衍生品市场自 20 世纪 90 年代以来，取得了长足发展。1998 年，金融衍生品市场未到期合约金额总量为 94.3 万亿美元；而截止到 2007 年 6 月末，全球市场的未到期金融衍生品合约金额总量就增加到 664.8 万亿美元，增长了 7 倍；随后，由于金融危机的爆发，金融衍生品市场发展放缓。截至 2020 年，全球金融衍生品市场未到期合约金额总量为 701 万亿美元。

为应对大宗商品价格波动带来的风险，实体经济可利用金融衍生品进行风险管理，而金融衍生品规避风险的重要原理就是套期保值。

1.2.1 套期保值理论发展

套期保值是指某一时间点，在现货市场和期货市场对同一种类商品同时进行数量相等但方向相反的买卖活动，即在买进或卖出现货的同时，在期货市场上卖出或买进同等数量的期货，以现货的盈亏弥补期货的亏盈，使价格风险降低到最低限度。套期保值理论最早由凯恩斯和希克斯（1949 年）提出的传统套期保值理论发展而来，再到沃金（1961 年）根据实际市场提出的基差逐利型套期保值理论，最终发展为约翰逊和艾德林顿（1979 年）在马科维茨的投资组合理论上提出的现代投资组合套期保值理论。

1.2.2 套期保值的实现基础

套期保值的实现有赖于现货市场与衍生金融市场，以衍生金融市场的获益填补现货市场的损失。这种方法之所以可行，主要是因为：（1）某种特定商品的期货交割日与现货交割日之间存在先后差异；（2）影响商品现货价格的经济因素与非经济因素同样会对其期货价格造成冲击；（3）期货合约规定，在到期日必须实行商品的实际交割，这就使得现货和期货价格具有趋合性，即期货价格与现货价格的变动方向基本保持一致，并且越接近期货合约的到期日，两种价格之间的差距也就越小，甚至趋近于零，否则就存在套利的机会。

1.2.3 套期保值实现方式

为了达到套期保值的目的，期货建仓方向与未来现货交易方向相同，期货品种与现货品种相同或相似，现货与期货数量相当或相等，现货与期货交割月份相近或相同。上游实体经济企业为了规避大宗商品价格上涨带来的风险，可以实行"空头套期保值"：企业预先在期货市场上卖出与大宗商品现货资产数量相等、交割日相近的期货合约，等实际交割现货时再买入事先卖出的期货合约的一种套期保值方式。卖出套期保值的优点在于：一是能够规避大宗商品价格下跌，损害销售利润的风险；二是由于期货交易的保证金制度，使得实体经济企业只需向交易所支付少量保证金，就能进行期货合约买卖，大大提高了资金使用率，增加了投资回报率，三是对需要库存的大宗商品而言，有助于减少仓储费、保险费和损耗费等，进而有利于现货合约的早日签订。

2　大宗商品价格波动下云南铜业盈利敏感性分析

2.1　敏感性测算

为研究大宗商品价格波动对云南铜业的影响，本文选取了 2011 ~ 2020 年云南铜业销售毛利率的季度数据，分析其对铜现货价格波动的敏感性。通过敏感性分析探究铜现货价格波动一定比例时，云南铜业销售毛利率单位变化幅度，从而衡量云南铜业对大宗商品价格波动的敏感性，数据如表 8.3 所示。

表 8.3　铜现货价格波动与云南铜业销售毛利率的敏感性分析

时间	销售毛利率（%）	铜现货价格（元/吨）	铜价波动率（%）	销售毛利率变动值（%）	销售毛利率敏感性
2010/12/31	7.01	70350	—	—	—
2011/3/31	12.25	70700	0.50	5.24	10.5324
2011/6/30	10.73	69475	− 1.73	− 1.52	0.8773
2011/9/30	9.76	53225	− 23.39	− 0.97	0.0415
2011/12/31	13.41	55250	3.80	3.65	0.9594
2012/3/31	9.93	59075	6.92	− 3.48	− 0.5027
2012/6/30	5.39	54840	− 7.17	− 4.54	0.6333
2012/9/30	3.45	59025	7.63	− 1.94	− 0.2542
2012/12/31	10.29	56950	− 3.52	6.84	− 1.9457
2013/3/31	4.47	54495	− 4.31	− 5.82	1.3501
2013/6/30	− 2.71	49370	− 9.40	− 7.18	0.7635
2013/9/30	− 1.72	52660	6.66	0.99	0.1486
2013/12/31	3.21	52195	− 0.88	4.93	− 5.5831

续表

时间	销售毛利率（%）	铜现货价格（元/吨）	铜价波动率（%）	销售毛利率变动值（%）	销售毛利率敏感性
2014/3/31	3.84	46985	−9.98	0.63	−0.0631
2014/6/30	3.12	50410	7.29	−0.72	−0.0988
2014/9/30	4.20	48930	−2.94	1.08	−0.3679
2014/12/31	3.56	46545	−4.87	−0.64	0.1313
2015/3/31	2.91	43625	−6.27	−0.65	0.1036
2015/6/30	2.55	43140	−1.11	−0.36	0.3238
2015/9/30	0.99	38330	−11.15	−1.56	0.1399
2015/12/31	7.91	36660	−4.36	6.92	−1.5883
2016/3/31	5.25	36760	0.27	−2.66	−9.7516
2016/6/30	4.46	37570	2.20	−0.79	−0.3585
2016/9/30	1.93	37870	0.80	−2.53	−3.1684
2016/12/31	3.87	44980	18.77	1.94	0.1033
2017/3/31	4.16	47320	5.20	0.29	0.0557
2017/6/30	2.17	47130	−0.40	−1.99	4.9561
2017/9/30	3.85	51480	9.23	1.68	0.1820
2017/12/31	6.25	55250	7.32	2.40	0.3277
2018/3/31	5.87	49780	−9.90	−0.38	0.0384
2018/6/30	6.90	51130	2.71	1.03	0.3798
2018/9/30	6.25	50300	−1.62	−0.65	0.4004
2018/12/31	10.07	48060	−4.45	3.82	−0.8578
2019/3/31	7.91	49740	3.50	−2.16	−0.6179
2019/6/30	7.29	47380	−4.74	−0.62	0.1307
2019/9/30	6.21	47320	−0.13	−1.08	8.5284
2019/12/31	7.96	49090	3.74	1.75	0.4679
2020/3/31	5.78	39510	−19.52	−2.18	0.1117
2020/6/30	4.56	49020	24.07	−1.22	−0.0507
2020/9/30	5.24	51290	4.63	0.68	0.1468
2020/12/31	8.38	58010	13.10	3.14	0.2397
期望			0.1716		
方差			9.1497		

表8.3列示了铜现货价格每波动1个单位，云南铜业销售毛利率的变化情况。取平均值发现，铜现货价格每上升1个单位，云南铜业净销售毛利率平均上升0.17个单位，其方差为9.15。由此可见，铜价的上涨，对云南铜业销售收入的提高作用大于对其生产成本的提高作用。据此可以推断，相对铜价上涨带来的公司净资产收益率的上升，云南铜业更注意铜价下跌所造成的损失。故云南铜业多采用卖出套期保值的方式来锁定销售利润。

根据图8.2绘制的铜价波动率与销售毛利率变动值的折线图，如图8.2所示。从图8.2中铜价波动率与销售毛利率变动值走势来看，二者走势具有相当的一致性，可就此推断，铜现货价格波动对云南铜业销售毛利率具有一定程度影响。自2011～2020年以来，铜现货价格波动剧烈，波动率最高的季度可达到24.07%，而云南铜业每年涉铜业务量巨大，故铜价波动对云南铜业的毛利润有着重大影响。

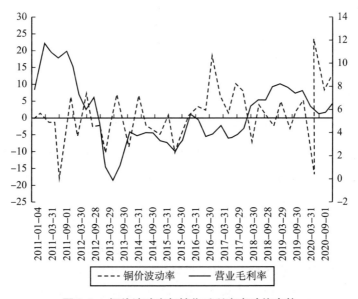

图8.2　铜价波动率与销售毛利率变动值走势

2.2　套期保值目标

由上文敏感性分析可知，云南铜业开展金融衍生品业务，主要是为规避大宗商品市场价格波动对企业销售利润的损害。云南铜业主要产品为阴极铜，其销售收入占其主营业务收入超过70%。因此铜价大幅波动将对公司盈利能力带来较大的影响。

图 8.3 为十年间现货铜价与云南铜业股价波动对比图，可以发现云南铜业股价与铜价波动具有相关性，现货铜价对云南铜业业绩影响颇深。

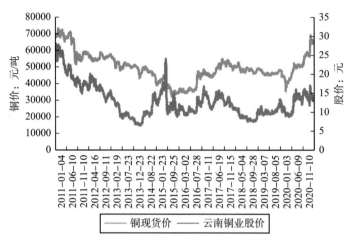

图 8.3 铜价与云南铜业股价波动对比

注：数据来源于国泰君安数据库。

为实现稳健经营的方针，完成年度经营目标，企业需要通过开展金融衍生品业务来对冲市场价格波动带来的风险。主要分为两种：（1）降低价格波动风险，稳定利润水平。根据信息传递理论，在信息不对称的情况下，投资者在资本市场上根据企业传递的利润信息对企业作出评价并反映于市场，反过来再影响企业经营。云南铜业的利润主要受原材料和产成品价格的影响，两者受市场的供需关系和外部经济环境影响较大，对其生产经营造成一定风险。云南铜业可以通过在期货市场建立空头或多头头寸，锁定现货市场原材料或产成品价格，化解价格风险，实现两个市场交易损益的相互抵补。（2）节约资金使用成本，灵活利用市场。以大宗商品为主要产成品的云南铜业面临资金成本高等问题，而套期保值采用保证金交易制度，即云南铜业只需支付较低金额的保证金便可进行交易。这种交易方式在一定程度上有利于云南铜业降低资金占用率。另外，期货市场具备实物交割功能，云南铜业可灵活运用该功能，有助于制定日常经营过程中的采购或销售策略。当锁定原材料或产成品价格后，可及时根据实际情况制定相应的生产和销售方案。除此之外，云南铜业可通过期货市场直接参与产品交割，拓展企业销售渠道，增加长期订单使得企业保持较高的市场占有率。

图 8.4 展示了 2011～2020 年云南铜业铜期货期末合约投资金额占衍生工具期末投资总额之比。不同年度根据市场情况云南铜业金融衍生工具投资规模不同，2012～2014 年市场铜价呈下跌趋势时，云南铜业衍生工具投资金额不断增长，2014 年公司铜期货期末合约金额一度超过 40 亿元，占衍生工具投资总额 81.44%，占期末净资产比例 59.53%。但在之后年份市场行情开始上涨时，持仓金额下降至 10 亿元以下。同时，云南铜业为更有效防范风险，于 2015 年开始拓展期货境外交易，主要交易品种为 LME 铜期货和 LBMA 白银期货。2020 年大宗商品价格遭遇新冠疫情冲击，再次出现大幅波动，云南铜业衍生工具投资金额也大幅增长，再次超过 10 亿元。

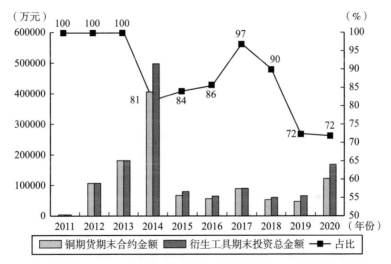

图 8.4　2011～2020 年铜期货期末合约金额占衍生工具期末投资总额之比

注：数据来源于云南铜业年报。

3　云南铜业套保实践

2020 年，云南铜业面对新冠疫情等国内外多重因素对铜价波动带来的风险挑战，依然做到全年生产阴极铜 130.9 万吨、黄金 16.9 吨、精矿含铜 9.80 万吨，再创历史最好水平。公司实现销售收入 882 亿元，同比增长 39.42%，利润总额 10.72 亿元，这与其积极利用衍生工具对冲大宗商品价格波动风险是分不开的。

3.1 套期保值制度与时俱进

云南铜业 2000 年就涉足期货市场，开展期货业务。2008 年，云南铜业建立了《期货交易控制制度》，期货领导小组指导企业期货相关的战略决策，把控期货业务的日常运作并管理协调相关业务部门。2009 年，对《期货交易控制制度》进行修改与完善，明确公司利用商品期货进行套期保值的目的，并对期货业务涉及的工作进行说明，包括期货保证金和交割货款的管理、期货的财务处理等。2012 年 2 月，云南铜业发布《期货管理暂行办法》，在原有制度的基础上再次进行完善，对公司套期保值规定了一系列原则，并对套期的组织结构及岗位职责、业务操作流程作出了明确的规定。2019 年 4 月，公司在《期货管理暂行办法》的基础上出台《云南铜业股份有限公司商品期货保值管理办法》，可见随着对套期保值业务开展的深入，云南铜业套期保值业务相关制度体系越来越完善。

与此同时，云南铜业严格把控衍生品投资金额，并规定投资资金来源于自有资金。结合自身生产、外购、销售规模，严格把控套期保值数量，要求期货合约与现货合同相匹配，规避投机行为。公司 2020 年开展商品衍生品业务保证金规模不超过人民币 25 亿元，2021 年开展商品衍生品业务保证金规模不超过人民币 24 亿元，保值数量不超过公司自产、外购、销售实物量的 90%。与时俱进的套保制度，让金融衍生品更好地为云南铜业服务。

3.2 套期保值方案科学合理

3.2.1 卖出套期保值稳盈利，买入套期保值定成本

云南铜业的经营模式如图 8.5 所示，主要分为自产和外购、加工、销售这三个环节，其中外购以长期合同为主，即一般签订年度采购框架协议，根据不同订单的实际采购数量、规格、品质等确定具体采购结算金额。因此，云南铜业主要面临原材料成本上升风险和产成品销售价格下降风险。

云南铜业以自身经营模式为依据，以买入套期保值对冲原材料外购成本上升风险，以卖出套期保值对冲在产品和产成品库存和销售风险，来稳公司盈利水平。云南铜业金融衍生工具的应用方案如图 8.6 所示。

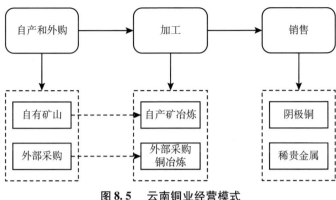

图 8.5　云南铜业经营模式

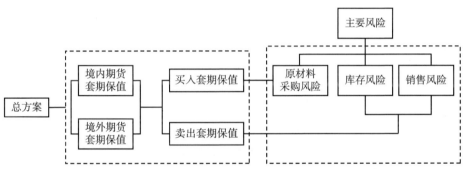

图 8.6　云南铜业金融衍生工具运用方案

由于阴极铜占其营业收入比重超过 70%，故云南铜业主要运用金融衍生品对阴极铜的外购成本和预期销售做套期保值。通过上文敏感性分析可知，铜价上涨对云南铜业销售收入的提高作用大于对其生产成本的提高作用。因此云南铜业更注意铜价下跌所造成的利润损失，故多采用卖出套期保值的方式来锁定销售利润，以空头开仓（即购入卖出期货合约），在合约到期日或之前做反方向平仓。

3.2.2　套期保值因素需明确，套期保值规模看敞口

在进行期货套期保值操作时，首先要确定交易方向、期货合约和套期保值数量等相关因素，这是套期保值成功的关键。相关因素确定好后，可一次性或者分批建仓。在持仓过程中根据现货持有情况动态调整期货头寸，并实现逐步平仓。云南铜业套期保值交易的执行方案如图 8.7 所示。

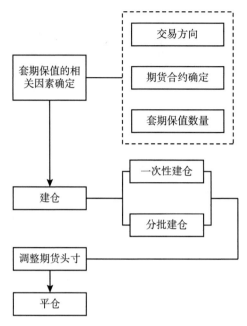

图8.7 云南铜业套期保值方案

在上述套期保值方案的执行过程中，最关键的是交易方向、期货合约和套期保值数量的选择。

（1）交易方向的选择。

根据套期保值的不同操作方向，期货套期保值可分为买入套期保值和卖出套期保值，云南铜业主要是为规避铜价下跌带来的利润损失风险，故多采用卖出套期保值。

（2）期货合约的选择。

由于云南铜业套期保值的主要目的在于风险转移，而非实际交割，因此，在选择期货合约时应考虑期货合约的流动性。主力合约流动性强，因此在选择期货合约时应偏重于选择主力合约。

（3）套期保值数量的确定。

风险敞口程度决定套期保值数量的多少。确定了风险敞口后，套期保值的数量有两种确定方式：一是对风险敞口全部套期保值，二是对风险敞口部分套期保值。刘任帆（2015）采用衍生品合约名义金额占风险敞口金额的比例来计量企业的衍生品交易规模。本文借鉴该方法来计算云南铜业的期货套期规模。由于云南铜业主要对产成品的预期销售做套期保值，则其期末合约金额所对应的风险敞口主要以产成品和在产品期末余额加总为计算标准。

云南铜业 2011～2020 年衍生品交易规模情况如表 8.4 所示。云南铜业在 2012～2014 年现货市场价格下跌时，为抵御现货风险，其衍生品合约期末持仓规模逐年增加；在之后年度现货市场价格上涨时，其持仓规模有所下降；2020 年在新冠疫情对大宗商品价格造成冲击的情况下，其持仓规模再次大幅上涨。由此可见云南铜业持仓规模大小与生产经营需求及大宗商品价格波动幅度较为匹配。

表 8.4   **2011～2020 年云南铜业衍生品交易规模**

年份	期末合约金额（万元）	风险敞口（万元）	套期规模（%）
2011	3540.11	352782.28	1.00
2012	106396.74	624225.89	17.04
2013	180993.53	386423.80	46.84
2014	405384.02	430943.86	94.07
2015	78712.63	329590.31	23.88
2016	65751.33	263202.64	24.98
2017	90868.55	430933.84	21.09
2018	58852.53	465485.09	12.64
2019	65277.49	762087.33	8.57
2020	168721.98	683760.97	24.68

注：数据来源于云南铜业年报。

3.2.3   期现货对冲风险，持仓管理需谨慎

以下对云南铜业运用金融衍生工具套期策略进行举例说明。

2020 年 10 月底，云南铜业库存阴极铜共计 5000 吨，现货价格 51590 元/吨，预期 2 个月后销售（忽略手续费等）。为防止后续铜价下跌而造成利润损失，可通过套期保值操作来锁定销售利润。云南铜业按如下思路执行套期保值方案：

确定套期保值的相关因素。本次期货套期保值方案的决策过程如表 8.5 所示。

表 8.5   云南铜业套期保值方案

套期保值相关因素	因素确定	决策依据
交易方向	卖出套期保值	公司担心大宗商品价格下降给销售端带来风险
期货合约	CU2005	为了确保合约流动性，选择主力合约
套保数量	1000 手（5000 吨）	库存阴极铜 5000 吨，分批套保

建立期货头寸。根据市场行情，云南铜业分批建仓，在 10 月底分三次建立空头头寸，卖出 CU2005 合约共 1000 手。建仓之后，需要进行持仓期间铜价走势的行情预测，如果铜价达到涨跌停板的价格，那么此时进行期货合约交易的保证金将上涨。为化解市场风险，交易所会进行一系列措施降低市场风险，如调整涨跌停板幅度、强行平仓等，任何一种措施都将使企业面临风险，故做好行情预测对于进行套期保值的企业具有非常重要的战略意义。

动态调整期货头寸，直至平仓。交割日即将来临之时，可能发生两种情况：第一，铜现货价格上涨。此时虽然对铜价行情预测失败，但云南铜业在卖出期货合约时已经锁定了利润水平，可对现货订单进行交付，对尚未要求交割的订单，可以向期后移仓，降低部分资金的亏损。第二，铜现货价格下跌，此时对铜价行情预测成功，卖出套期保值的期货合约达到了不与现货市场共同亏损的目的，对于现货市场上买卖的相反合约需要进行平仓。根据期货价格走势，云南铜业于 12 月份逐步对期货空头头寸分批平仓。云南铜业卖出套期保值的具体操作方案如表 8.6 所示。

表 8.6   云南铜业卖出套期保值具体操作方案

日期	期货市场				现货市场		
	持仓合约	方向	持仓数量（手）	建仓价格（元）	方向	数量（吨）	价格（元）
2020/10/30	CU2005	卖	200	50940			
2020/11/6	CU2005	卖	300	51430			
2020/11/13	CU2005	卖	500	51710			
2020/11/20					卖	1000	53190
2020/11/27					卖	1000	55630
2020/12/4					卖	3000	57420

续表

日期	期货市场				现货市场		
	持仓合约	方向	持仓数量（手）	建仓价格（元）	方向	数量（吨）	价格（元）
2020/12/11	CU2005	买	500	57830			
2020/12/18	CU2005	买	200	59360			
2020/12/25	CU2005	买	300	58560			
盈利（元）	－34415000				23130000		
总盈亏（元）	－11285000						

3.3　套保品种多样选择

云南铜业 2020 年金融衍生工具运用详情如表 8.7 所示。主要品种有上海期货交易所铜期货、黄金期货、白银期货等，LME 铜期货和 LBMA 白银期货等。

表 8.7　　　　　2020 年云南铜业金融衍生品运用情况　　　　　单位：万元

交易所	衍生品类型	期初投资	报告期内购入	报告期内售出	期末投资	实际损益
上期所	铜	33964.95	303315.91	535583.85	62463.78	－657.3
上期所	黄金	9339.29	492.37	73431.01	13433.82	－19157.81
上期所	白银	5298.70	12712.78	73675.48	16237.92	－11591.68
上期所	镍	1.01	798.96	193.98		－230.43
上期所	锌		29467.48	45290.99		－5455.87
上期所	铜期权		253.45	165.47		－291.35
境外机构	铜期货	13296.04	247833.02	266853.85	58668.40	－103788.67
境外机构	黄金期货			816.12		235.07
境外机构	白银期货	3377.50	18686.26	23767.08	4920.91	－10312.30
境外机构	白银期权			2675.71		1949.89
境外机构	锌期权			115.49		68.88
境外机构	铜期权		253.17	52857.87	12997.15	15243.58
境外机构	锌期货		21539.21	8592.20		－230.29
境外机构	黄金期权			2.76		2.76
合计		65277.49	635352.61	1084021.86	168721.98	－134685.66

云南铜业在布局期货市场的同时，也逐渐重视期权的运用。为更有效防范风险，云南铜业于2015年开始拓展期货境外交易，主要交易品种为LME铜期货和LBMA白银期货，以期通过多样化套期保值品种，更好规避国际大宗商品价格变动风险。

3.4 套保评价体系完善

为检验套期保值能否应对大宗商品价格风险，企业需选择相关的指标进行检验。本文选取营业利润率和总资产报酬率这两个指标进行验证。

1. 对比营业利润和利润率经衍生品收益调整前后的波动性。对剔除衍生品收益后的营业利润和利润率标准差与未剔除的进行比较，验证衍生品的使用是否降低营业利润和利润率的波动性，衡量衍生品的使用是否对营业利润和利润率大小产生影响。

2. 对比息税前利润和总资产报酬率经衍生品收益调整前后的波动性。对剔除衍生品收益后的息税前利润和总资产报酬率标准差与未剔除的进行比较，验证衍生品的使用是否降低息税前利润和总资产报酬率的波动性，衡量衍生品的使用是否对息税前利润和总资产报酬率产生影响。

由于云南铜业对期货交易主要采用现金流量套期进行核算，套期利得或损益计入其他综合收益，待交易完成后从所有者权益转入当期损益，表8.8为云南铜业2011~2020年运用衍生工具套期保值损益影响当期营业利润和利润率的具体情况。通过观察营业利润和利润率在运用衍生工具前后波动性及均值的变化，可以发现2011~2020年云南铜业运用衍生品套期保值交易后的营业利润及利润率的标准差均小于剔除套期保值损益后的营业利润及利润率的标准差，说明金融衍生品的运用在一定程度上帮助企业平抑了营业利润及利润率的波动性。但同时也可以发现，剔除套期保值损益后的利润略高于剔除前的利润，说明金融衍生品的运用存在一定风险。

表8.8　云南铜业2011~2020年衍生品使用对毛利率及毛利率的影响

年份	营业利润（万元）	剔除套期保值损益后利润（万元）	营业收入（万元）	利润率（%）	剔除套期保值损益后利润率（%）
2011	99130.72	99130.72	3524329.86	2.81	2.81
2012	10104.34	10104.34	4082585.95	0.25	0.25

续表

年份	营业利润（万元）	剔除套期保值损益后利润（万元）	营业收入（万元）	利润率（%）	剔除套期保值损益后利润率（%）
2013	-154836.81	-154836.81	5010029.89	-3.09	-3.09
2014	12459.75	-4828.93	6240446.09	0.20	-0.08
2015	-11383.21	-20161.95	5665555.03	-0.20	-0.36
2016	14217.67	30793.19	5919481.97	0.24	0.52
2017	48036.07	109523.97	5700671.56	0.84	1.92
2018	64572.60	27369.28	4743034.32	1.36	0.58
2019	120380.16	109164.19	6328999.59	1.90	1.72
2020	107162.28	110479.65	8823851.37	1.21	1.25
均值	30984.36	31673.77		0.55	0.55
标准差	75658.65	78813.93		1.49	1.53

注：数据来源于云南铜业年报。

表 8.9 为云南铜业 2011～2020 年剔除套期保值损益影响前后总资产报酬率大小及其标准差情况。观察总资产报酬率的波动情况，可以发现运用金融衍生品套期保值降低了企业息税前利润和总资产报酬率的标准差，即平缓了息税前利润和总资产报酬率的波动性。但同时也可以发现，剔除套期保值损益后的息税前利润略高于剔除前的利润，说明金融衍生品的运用存在一定风险。综上所述，云南铜业运用金融衍生品进行套期保值来锁定产成品的销售利润，在面对铜价等大宗商品价格波动时，能够实现期货、现货市场收益的相互冲抵，稳定企业盈利水平。

表 8.9 云南铜业 2011～2020 年衍生品使用对总资产报酬率影响情况

年份	息税前利润（万元）	剔除套保损益后息税前利润（万元）	资产总额（万元）	总资产报酬率（%）	剔除套保损益后总资产报酬率（%）
2011	189282.88	189282.88	3056194.14	6.19	6.19
2012	133160.92	133160.92	3176878.56	4.19	4.19
2013	-79543.93	-79543.93	2658986.37	-2.99	-2.99
2014	97161.57	79872.89	2487079.90	3.91	3.21

年份	息税前利润（万元）	剔除套保损益后息税前利润（万元）	资产总额（万元）	总资产报酬率（%）	剔除套保损益后总资产报酬率（%）
2015	104579.57	95800.83	2330900.76	4.49	4.11
2016	88783.49	105359.01	2304751.42	3.85	4.57
2017	104177.67	165665.57	3187850.91	3.27	5.20
2018	147680.14	110476.82	3726447.11	3.96	2.96
2019	211400.04	200184.07	4236391.70	4.99	4.73
2020	203792.36	207109.73	3983771.04	5.12	5.20
均值	120047.47	120736.88	——	3.70	3.74
标准差	79319.99	79617.49	——	2.36	2.42

注：数据来源于国泰君安数据库。

完善的评价体系是检验企业套期保值效果、改善套期保值方案的关键。除了应选取相关财务指标对套期保值成效进行评价外，云南铜业从2011年开始，公司独立董事每年均对公司第一季度和第三季度金融衍生品交易事项发表自己的独立意见并将其对外公告。并从2018年开始，与每年第一季度对当年商品衍生品交易业务的计划及董事会的审议结果对外公告，接受市场监督。

3.5 套期保值风险严格防范

套期保值本身也存在一定风险，具体如下：

（1）基差风险。

在套期保值过程中，基差风险往往不可忽视。虽然期货与现货价格走势一致，但基差并非一成不变，而是随着现货价格和期货价格不断变动。最终因现货价格和期货价格的趋向性，基差在期货合约的交割月趋向于零。善用基差，将使保值效果更加明显，甚至出现额外收益；反之，保值效果将受到严重影响。

（2）期货操作风险。

例如，在交易过程中将卖出保值做成买入保值，开仓变成平仓，或者品种、月份数量与计划不符，这类失误很容易发生。因此，云南铜业设有专门的期货领导小组，并下设工作小组，负责制定与公司经营相匹配的业务计划且有稽核主任对业务操作进行实时检查与核对。

（3）资金管理风险。

期货是保证金交易，存在杠杆效应，如果云南铜业为了提高资金利用效率进行满仓操作，那么很容易因为期货市场价格波动而被要求追加保证金，如果追加不及时则会导致套保头寸被交易所强行平仓。因此，企业必须在自己的套期保值账户上保持足够的备用保证金。这也是云南铜业在每年公布金融衍生品业务时，规定当年套期保值数量严格以企业日常生产计划、原材料采购计划和产品销售计划中现货需求为依据，并对年度保证金规模和来源严格限制的原因。

（4）违约操作风险。

违约操作风险指在交易过程中交易员没有按照既定套期保值计划进行操作，而是进行投机交易，同时财务监控岗位和决策管理者没有及时发现和纠正，导致到期保证效果降低甚至失败的风险。因此云南铜业制定了《期货交易控制制度》，严格把控套期保值数量，要求期货合约与现货合同相匹配，规避投机行为。做到交易、监控、决策的严格分离，建立必要的岗位职责制度、流程管理制度、交易审批制度、风险监控制度等。

4 启示与展望

4.1 案例启示

本文详细分析了大宗商品价格波动下，云南铜业套期保值的策略和特点，对国内实体经济企业运用套期保值规避大宗商品价格风险具有良好的借鉴意义。

（1）套期保值制度与时俱进。套期保值制度制定作为套期保值操作的前提，更需要企业结合时代背景与经济形势，立足当前，谋划长远，与时俱进推动制度创新，使金融衍生品更好地为企业服务。

（2）套期保值方案科学合理。套期保值方案制定需以自身经营模式为依据。交易方向、期货合约等相关因素要提前明确，套期保值规模需根据企业自身风险敞口确定。具体操作时可根据行情走势进行分批建仓或一次性建仓。

（3）套期保值品种多样选择。期权作为更加灵活的风险防范衍生工具发展迅速，在布局期货市场的同时，也应逐渐重视期权的运用。同时，合理运用境外衍生品，有利于防范国际大宗商品价格风险传播。随着我国企业不断走向世界，境外套期保值业务运作和政府监管经验的不断积累，在境内套期保值理论与实践研究基础上，相关企业可进一步完善境外套期保值的理论和实践研究。

（4）套期保值评价体系完善。完善的评价体系，是检验企业套期保值效果、改善套期保值方案的关键。企业在套期保值后，应选取相关财务指标对套期保值成效进行评价，检验套期保值能否真正减小企业盈利波动，并根据评价结果及时调整企业套期保值方案。同时，上市公司每年应对金融衍生品交易事项对外公告，将当年商品衍生品交易业务的计划及董事会的审议结果对外公告，积极接受外部投资者监督。

（5）套期保值风险严格防范。套期保值本身存在一定风险，包括基差风险、期货操作风险、资金管理风险等。对于套期保值业务，要进行风险管理实时监控，重要数据实时更新。企业在进行套期保值业务的过程中，须注意获得信息的准确性，并与各部门沟通，做到生产部门、销售部门、管理部门与期货部门的信息相互明晰，各期货小组成员各司其职，遵守企业制定的套期保值业务管理制度，防范套期保值风险。

4.2　案例展望

为更好规避大宗商品价格风险，本文为云南铜业如何进一步优化套期保值方案提出如下建议：

（1）交易优化。套期保值实施的优劣将影响套期保值方案的成败。在交易过程中，交易人员可以通过权限内一定比例的头寸操作来优化套期保值效果。其中具体套保方式如下：

①循环套期保值：选择流动性大的品种逐步移仓套期保值。

②套利套期保值：结合"套利＋套保"的思路，考虑基差偏离合理范围以及跨月期货品种的价差问题。在套期保值过程中可以适时抓住各种套利机会以增加额外的收益。

③预期套期保值：结合行情研判、企业的生产库存等信息作综合决策。

④策略套期保值：套期保值的动机既不是风险的最小化，也不是利益的最大化，而是两者的统一，即将企业的利润曲线的波幅压缩到企业稳健经营的可接受程度。

（2）化"被动"为"主动"。企业进行套期保值，可以摆脱大宗商品价格波动"听天由命"的被动状态，变被动为主动，自立自主地控制成本和锁定利润，保持自身持续经营。云南铜业为了保证生产的连续性和充分利用自身的规模化优势，采用套期保值这一锁定利润和控制成本的有效避险工具，是其核心竞争力的体现。由此，企业应尽可能在每一生产经营环节实现保值、控制成本和提高资金利用效率，盯住原料、技术、市场和金融四个关键因素，在保障预期利润的同时实现经营的稳定性和可持续性。

（3）衍生品运用优化。虽然云南铜业 2015 年开始就已拓展境外期货交易，但境外衍生品占企业衍生品投资总额较低，且品种单一。合理运用境外衍生品，有利于防止国际大宗商品价格波动传播。同时，云南铜业在布局期货市场的同时，也应逐渐重视期权的运用。

（4）组织框架优化。套期保值是规避大宗商品价格波动风险的有效方法，但如何建立科学合理的组织决策框架，是亟待解决的难题。首先，套期保值部门需要配备专门的行业研究人员，时时跟进对原材料及生产产品市场的判断，以便加强对市场的认知和敏感度，为正确制定套期保值策略规划打好基础。其次，企业应当依据套期保值业务部门的战略规划与生产部门相互协调，套期保值业务部门的信息应当在尽可能短的时间内迅速传达到各相关部门，共同探讨下一步的套期保值战略实施。同时，做到交易、监控、决策严格分离是防范风险传播的重要手段。最后，应督促董事会、监事会等高管人员严格监管该业务，并做好套期保值效果的定期评价。

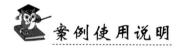 案例使用说明

一、教学目的与用途

1. 适用课程：本案例适用于"衍生金融工具""金融风险管理"等课程，主要涉及金融衍生工具、套期保值理论、金融风险管理以及企业发展策略等教学内容。

2. 适用对象：本案例适用教学对象为金融专业硕士（MF）以及工商管理硕士（MBA），也适用于高年级金融专业本科生教学。

3. 本案例的教学目的：

（1）通过本案例教学，使学生理解和掌握金融衍生工具的概念，套期保值理论及大宗商品价格波动下企业利用金融衍生工具套期保值的方法。

（2）通过本案例教学，使学生更深入理解金融衍生工具的应用，为企业在大宗商品价格波动下运用金融衍生工具套期保值提供典型案例，推动我国

实体经济面对大宗商品价格波动风险时，主动运用金融衍生工具进行风险管理。

（3）通过本案例教学，引导学生分析实体经济阴极铜生产龙头企业云南铜业在大宗商品价格波动周期下，如何利用金融衍生工具套期保值，锁定销售利润，达到风险管理的目的。

二、启发思考题

本案例的启发思考题主要对应的是案例教学目标的知识传递，启发思考题与案例同时布置，另外要让学生尽量在课前阅读熟悉相关知识点。以下几个思考题可以预先布置给学生，让学生在阅读案例中进行思考：

1. 大宗商品价格波动给云南铜业带来哪些风险？
2. 云南铜业在大宗商品价格风险管理中的内在机制和逻辑思维是什么？
3. 云南铜业如何利用金融衍生品进行套期保值？
4. 套期保值给云南铜业带来哪些成效和风险？
5. 云南铜业应如何进一步优化套期保值方案？

三、分析思路

教师可以根据自身的教学目标（目的）来灵活使用本案例。这里提出参考的案例分析思路，主要依照思考题的顺序进行。

首先，大宗商品价格波动对实体经济的中、上游企业具有重要影响，可通过成本渠道、销售渠道和信息渠道来影响实体经济的产出及利润。面对大宗商品价格风险，实体经济有必要积极进行风险管理。

其次，金融衍生品是重要的风险管理工具，其规避大宗商品价格风险的作用不容忽视。云南铜业利用金融衍生品进行套期保值，实现期货市场和现货市场盈亏相抵，锁定销售利润，稳定盈利水平，同时建立科学合理的组织架构，关注套期保值风险。

最后，在现有套期保值风险管理方法上，积极探索如何进一步利用金融衍生品，降低套期保值风险，增强应对大宗商品价格波动的风险管理能力。

四、理论依据和分析

（一）理论依据

1. 套期保值理论。

实体经济企业之所以能够利用金融衍生品进行风险管理，根本原因在于金融衍生品能够实现套期保值。套期保值，就是指某一时间点，在现货市场和期货市场对同一种类商品同时进行数量相等但方向相反的买卖活动，即在买进或卖出现货的同时，在期货市场上卖出或买进同等数量的期货，经过一段时间，当价格变动使现货买卖上出现盈亏时，可由期货交易上的亏盈得到抵消或弥补，以使价格风险降低到最低限度。而套期保值理论最早可见于凯恩斯和希克斯的学说。他们将传统的套期保值理论用经济学的角度进行阐述，认为套期保值是商品生产者避免价格风险的一种行为。对冲交易的直接动机是转移现货交易面临的价格风险，以保证企业经营能够获得利润。该理论强调套期保值交易的四个原则，即数量相同、品种相同、交易方向相反、时间相同或相近。

套期保值理论经过发展，具体包括：凯恩斯和希克斯最早提出的传统套期保值理论、沃金根据市场实际提出的基差逐利型套期保值理论，以及约翰逊和艾德林顿在马科维茨的投资组合理论上发展而来的现代投资组合套期保值理论。

（1）传统套期保值理论。

20 世纪 50 年代，凯恩斯提出了传统的套期保值理论，后经希克斯发展逐渐成熟。传统套期保值理论认为套期保值的功能是减少和转移价格风险，因而套期保值必须"数量相等、方向相反"，他们提出，假设期货合约价格一份为 F 元，现货市场数量相等时为 S 元，那么现货商品收益率为 $R_s = (S - S_0)/S_0$，期货商品收益率为 R_F，该理论的重要假设为 $R_S = R_F$，进行操作需要的合约张数 X_F = 现货总价值/单张期货合约价值 = $X_s S/F$。然而如何进行具体有效的操作，传统套期保值理论没有作出过多的界定，从而使套期保值应用者在交易手法上机械而缺乏灵活性，错过了许多合理利用期货市场管理价格风险的机会，套期保值的功能往往难以有效发挥。

（2）基差逐利型套期保值理论。

所谓基差逐利型套期保值是指买卖双方通过协商，由套期保值者确定协议基差的幅度和选择期货价格的期限，由现货市场的交易者在这个时期内选择某日的商品期货价格为计价基础，在所确定的计价基础上加上协议基差，得到双方交易现货商品的协议价格，双方以协议价格交割现货，而不考虑现货市场上该商品在交割时的实际价格。基差逐利型套期保值理论对比之前的相关理论有了品种选择上的进步，更加适合金融属性强的期货市场。这一理论主要建立于实际市场并非与传统套期保值理论一致的基础上。实际市场难以符合传统理论中的变化趋势相同，且存在基差风险。该理论提出现货和期货在不同时间跨度中进行利差的锁定，在合约基差有变化的前提下交易者可以通过基差的波动获利，这些观点组成了基差逐利型套期保值理论。

（3）现代投资组合套期保值理论。

1960 年约翰逊及艾德林顿在马科维茨投资组合理论的基础上提出了组合套期保值理论，他们认为对期货进行套期保值这一过程其实是对资产进行组合。通过资产组合的方式投资，在现货市场与期货市场的预计收益差额实现头寸，使效益函数最大化。这一理论实际上解除了对品种及数量的严格限制，将套期保值设定为更加适用于现代资本市场的理论。现代套期保值理论的主要命题有三个：套期保值的规模、套期保值是否有效及套期保值的成本。套期保值的规模，可用套期保值率来刻画；套期保值是否有效，可用套期保值减少企业面临的汇率风险程度来度量；套期保值的成本可用资金成本和交易成本来衡量。

2. 风险敏感性分析。

敏感性分析就是指从众多不确定性因素中找出对投资项目经济效益指标有重要影响的敏感性因素，并分析、测算其对项目经济效益指标的影响程度和敏感性程度，进而判断项目承受风险能力的一种不确定性分析方法。敏感性分析分为单因素敏感性分析和多因素敏感性分析。

（1）单因素敏感性分析：每次只变动一个因素而其他因素保持不变时所做的敏感性分析。

（2）多因素敏感性分析：在假定其他条件不变的情况下，计算分析两种或两种以上的不确定因素同时发生变动时对项目经济效应的影响程度，确定敏感性因素及其极限值。

多因素敏感性分析一般是在单因素敏感性分析的基础上进行，且分析的基本原理与单因素敏感性分析大体相同，但需要注意的是，多因素敏感性分析必须进一步假定同时变动的几个因素都是相互独立的，且各因素发生变化的概率相同。

（二）具体分析

1. 大宗商品价格波动给云南铜业带来哪些风险？

云南铜业是国内阴极铜生产龙头企业，是以铜金属的地质勘探、采矿选矿、冶炼加工、科技研发、进出口贸易为主的有色金属企业。阴极铜业务作为云南铜业的主要营业收入来源，十年间在其营业收入中占比均值高达74.91%，且呈现增长趋势。在此背景下，铜价的波动对该企业有重要影响。铜价波动方向虽然更多是由需求决定，但随着后疫情时代全球经济复苏，铜价也逐步回升。图8.8为铜现货价格自2011~2020年12月14日的价格波动。

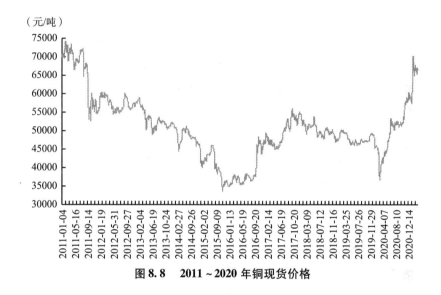

图8.8　2011~2020年铜现货价格

铜价的周期性波动，给云南铜业销售利润带来了潜在风险。

（1）由于云南铜业铜矿石来源分为外购和自产两种方式，外购铜矿石等原材料存在因材料价格上升导致生产成本上升的风险。

（2）当阴极铜等产品产出后，数吨产成品堆积库房，如果此时现货价格无预警下跌，将带给云南铜业销售收入下降等潜在风险；如果此时现货价格上升，又可能导致阴极铜等产品库存成本上升损害利润。

（3）阴极铜产品在销售过程中，还存在因现货价格下跌导致库存产品价值下降的风险。

2. 云南铜业在大宗商品价格风险管理中的内在机制和逻辑思维是什么？

云南铜业2000年开始涉足期货市场，开展期货业务。2008年，云南铜业建立了《期货交易控制制度》，期货领导小组指导企业期货相关的战略决策，把控期货业务的日常运作并管理协调涉及业务的内部部门。2009 年，独立董事在述职报告中说明公司内控对《期货交易控制制度》进行修改与完善。该制度明确公司利用商品期货进行套期保值的目的，并对期货业务涉及的工作进行说明，包括期货保证金和交割货款的管理、期货的财务处理等。2012 年 2 月，云南铜业发布《期货管理暂行办法》，在原有制度的基础上再次进行更新完善，对公司套期保值业务制定了一系列原则，并对套期的组织结构及岗位职责、业务操作流程作出了明确的规定，之后年度在此之上不断修改完善。

云南铜业除了逐步更新和完善与期货套期保值业务相关的制度外，从 2011 年开始独立董事每年均对公司第一季度和第三季度金融衍生品交易事项发表自己的独立意见并将其对外公告。并从 2018 年开始，于每年第一季度对当年商品衍生品交易业务的计划及董事会的审议结果对外公告。云南铜业严格把控衍生品投资金额，并规定资金来源为自有资金，同时结合自身生产、外购、销售规模，严格把控套期保值数量，要求期货合约与现货合同相匹配，规避投机行为。

金融衍生品业务的开展必须依托公司多个部门的互相合作。云南铜业设立由董事长带头的期货领导小组，小组成员包括公司董事、财务部主任、审计部主任以及期货管理部主任。领导小组主要负责套期业务相关的各项重要决策。

云南铜业金融衍生业务组织架构如图 8.9 所示。在领导小组下设立工作小组，负责制定与公司经营相匹配的业务计划。小组成员中的营销综合部主任主

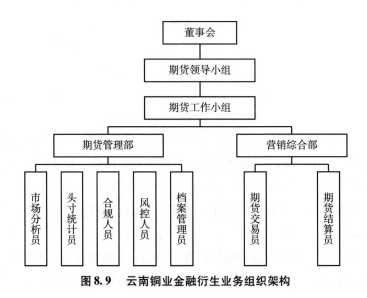

图 8.9　云南铜业金融衍生业务组织架构

要负责管理期货业务具体的日常操作，办公室稽核主任对业务操作进行实时检查与核对。工作小组主要领导公司的期货管理部和营销综合部这两个部门，其中期货管理部有市场分析员、头寸统计员、合规人员、风控人员和档案管理员，统一管理套期保值方案和计划的执行情况；营销综合部有期货交易员和结算员，来配合期货管理部，及时掌握公司的原材料等库存、销售合同情况等，并进行期货的实际操作。

云南铜业金融衍生业务流程如图 8.10 所示，首先，公司金融衍生品投资数额主要以企业日常生产计划、原材料采购计划和产品销售计划中现货需求作为依据。营销综合部以金融衍生品投资需求为依据起草套期保值计划和具体方

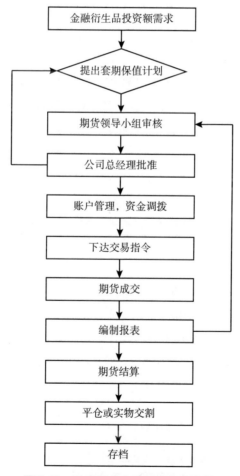

图 8.10　云南铜业金融衍生业务流程

案，包括对应现货情况、计划品种、数量、保值范围、合约选择等。其次，将计划和方案上报至期货领导小组进行审批，领导小组审批通过后交至公司总经理批准。最后，在方案批准后财务部进行资金调拨，营销综合部下达期货交易指令，期货交易员按照指令执行期货交易。期货成交后，交易员应按照规定填写并核对期货成交单，包括期货交易时间、品种、数量等。除此之外，期货管理部门需每日编制期货报表，包括期货成交单、结算表、财务情况等内容。综合部对交易进行每月定期汇总，并将汇总信息及时上报，由上级管理部门进行监督和审查。

云南铜业除了逐步更新和完善与期货套期保值业务相关的制度外，从2011年开始公司独立董事每年均对公司第一季度和第三季度金融衍生品交易事项发表自己的独立意见并将其对外公告。并从2018年开始，于每年第一季度对当年商品衍生品交易业务的计划及董事会的审议结果对外公告。云南铜业严格把控衍生品投资金额，并规定资金来源为自有资金，同时结合自身生产、外购、销售规模，严格把控套期保值数量，要求期货合约与现货合同相匹配，规避投机行为。公司2020年开展商品衍生品业务保证金规模不超过人民币25亿元，2021年开展商品衍生品业务保证金规模不超过人民币24亿元，保值数量不超过公司自产、外购、销售实物量的90%。表8.10为2011~2020年云南铜业期末期货持仓情况。

表8.10　　　　　　2011~2020年云南铜业期末期货持仓情况

年份	期货合约金额（万元）	占净资产比例（%）
2011	3540.11	0.51
2012	106396.74	15.38
2013	180993.53	33.52
2014	405384.02	59.53
2015	78712.63	12.46
2016	65751.33	9.94
2017	90868.55	12.04
2018	58852.53	7.65
2019	65277.49	7.80
2020	168721.98	20.59

从表 8.10 可看出，云南铜业从 2012 年开始，期末持仓金额均在 5 亿元以上。2012～2014 年市场铜价呈下跌趋势时，云南铜业衍生工具投资金额不断增长，2014 年公司铜期货期末合约金额一度超过 40 亿元，占衍生工具投资总额 81.44%，占期末净资产比例 59.53%。但在之后年份市场行情开始上涨时，云南铜业持仓金额下降至 10 亿元以下。同时，云南铜业为更有效防范风险，于 2015 年开始拓展期货境外交易，主要交易品种为 LME 铜期货和 LBMA 白银期货。2020 年大宗商品价格遭遇新冠疫情冲击，再次出现大幅波动，云南铜业衍生工具投资金额也大幅增长，再次超过 10 亿元关口，占期末净资产比例超 20%。

3. 云南铜业如何利用金融衍生品进行套期保值？

所谓套期保值，是指交易者在期货市场买入或卖出铜期货标准合约，该合约与现货数量相当但交易方向相反。在未来某个时刻，通过卖出或买入该合约完成对冲。相当于建立相互冲抵机制，利用期货市场的盈利弥补现货市场的亏损，以降低现货价格波动风险，最终稳定盈利水平。云南铜业在铜自产和外购、加工、销售三个环节存在风险，这种风险一方面来自市场，另一方面来自企业自身经营，因此需要利用金融衍生品进行套期保值实现风险转移。

套期保值分为买入套期保值和卖出套期保值。买入套期保值是指根据保值的目标先在期货市场上买进相关的合适的期货；然后在现货市场上买进该现货的同时，又在期货市场上卖出与原先买进相同的期货合约，从而完成套期保值业务。云南铜业原材料采购渠道包括自有矿山提供及外部采购，其中外部采购可划分为国内铜精矿、冰铜、粗铜采购和国外进口。为了控制成本上升带来的风险，可以通过买入套期保值来控制风险。卖出套期保值是指商品需求者在现货市场买进商品的同时，又在期货市场卖出同一品质数量的期货，以防止买进后因价格下跌受到损失。如果买进现货后，价格下跌，虽然实物交易受到损失，但期货套期则可获得盈利；如果买进现货后，价格上涨，期货套期虽然发生亏损，但现货交易则可获得盈利，达到盈亏相抵。云南铜业的销售收入超 70% 来源于阴极铜业务，阴极铜价格下跌，将导致云南铜业销售收入下降，而阴极铜价格上涨，将导致云南铜业原材料外购成本上升。故云南铜业需要通过套期保值来管理价格波动风险。表 8.11 为套期保值交易方案。

表 8.11 套期保值交易方案

业务模式	业务执行	业务风险	操作策略
以销定采	原材料需求总量确定，计划将来分批次采购	未来原材料价格上涨	买入套期保值
	原材料需求总量确定，提前采购全部所需原材料存放于仓库	未来原材料价格下跌	卖出套期保值
先采后销	无下游订单，公司因原料价格低，囤积大批量原材料于仓库中	未来原材料价格下跌	卖出套期保值
	提前签订采购长单，原料定期到货，但下游销售滞缓，形成原料库存积压及结转库存	未来原材料价格下跌	卖出套期保值

4. 套期保值给云南铜业带来哪些成效和风险？

（1）套期保值的成效。

降低价格风险，稳定企业利润。云南铜业作为国内阴极铜生产龙头企业，销售利润主要受原材料和产成品价格影响，两者受市场供需关系和外部经济环境影响波动幅度较大，对其生产经营造成一定风险。云南铜业通过在期货市场建立多头或空头头寸，锁定现货市场原材料成本或产成品价格，稳定盈利水平，实现两个市场的盈亏相抵。

节约资金成本，灵活管理风险。期货套期保值采用保证金交易制度，即企业只需支付较低金额的保证金便可进行交易。这种交易方式在一定程度上有利于企业降低原材料购买所需的资金占用率，并且期货交易还有利于企业控制仓储费用，为企业节约了资金成本。且由于期货交易大部分有固定的法律程序，其谈判成本几乎为零，使企业最大化节省了交易成本。因此，企业只需动用少量资金就能进行高价值商品的套期保值交易，从而实现以较小的代价和较小的资金支出完成较大规模商品价值的风险管理。在期货交易出现之前，企业只能通过融资、借贷、海外迁移和其他方式来管理风险。而这些方法都可能导致企业风险管理成本过高和被卷入另一种风险的可能，套期保值则恰好相反，为企业提供了更加灵活准确的管理风险的手段。

（2）套期保值的风险。

基差风险。在套期保值过程中，基差风险往往不可忽视。虽然期货与现货价格走势一致，但期、现价差并非一成不变，随着现货价格和期货价格持续不断变动，基差时而扩大，时而缩小。最终因现货价格和期货价格的趋向性，基差在期货合约的交割月趋向于零。善用基差，将使保值效果更加明显，甚至出现额外收益；反之，保值效果将受到严重影响。

期货操作风险。例如，在交易过程中将卖出保值做成买入保值，开仓变成平仓，或者品种、月份数量与计划不符，这类失误很容易发生，关键在于发生之后要及时补救。

资金管理风险。期货是保证金交易，存在杠杆效应，如果云南铜业为了提高资金利用效率进行满仓操作，那么很容易因为期货市场价格波动而被要求追加保证金，如果追加不及时则会导致套期保值头寸被交易所强行平仓。因此，企业必须在自己的套期保值账户上保持足够的备用保证金。这也是云南铜业在每年公布金融衍生品业务时，严格规定当年保证金规模和套期保值数量的原因。

违约操作风险。这是指在交易过程中交易员没有按照既定套期保值计划进行操作，而是进行投机交易，同时财务监控岗位和决策管理者没有及时发现和纠正，导致到期保证效果降低甚至失败的风险。因此云南铜业制定了《期货交易控制制度》，严格把控套期保值数量，要求期货合约与现货合同相匹配，规避投机行为。做到交易、监控、决策的严格分离，建立必要的岗位职责制度、流程管理制度、交易审批制度、风险监控制度等。

套期保值风险管理模式如图 8.11 所示。对于套期保值业务，要进行风险管理实时监控，重要数据实时更新，为期货交易部门的下一步决策打好基础。企业在进行套期保值业务的过程中，须注意获得信息的准确性，并与各部门沟通，做到生产部门、销售部门、管理部门与期货部门的信息相互明晰，各期货小组成员各司其职，遵守公司制定的套期保值业务管理制度，防范套期保值风险。

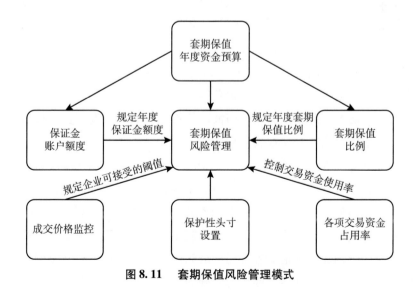

图 8.11　套期保值风险管理模式

5. 云南铜业应如何进一步优化套期保值方案？

通过分析2011～2020年云南铜业年报数据发现，尽管金融衍生品的运用使该企业个别年度利润出现小幅损失，但套期保值活动仍起到平稳其盈利波动的作用。据此对云南铜业如何进一步优化套期保值方案提出如下建议：

（1）交易优化。套期保值实施的优劣将影响套期保值方案的成败。在交易过程中，交易人员可以通过权限内一定比例的头寸操作来优化套期保值效果。其中具体套保方式如下：

①循环套期保值：选择流动性大的品种逐步移仓套期保值。

②套利套期保值：结合"套利+套保"的思路，考虑基差偏离合理范围以及跨月期货品种的价差问题。在套期保值过程中可以适时抓住各种套利机会以增加额外的收益。

③预期套期保值：结合行情研判、企业的生产库存等信息作综合决策。

④策略套期保值：套期保值的动机既不是风险的最小化，也不是利益的最大化，而是两者的统一，即将企业的利润曲线的波幅压缩到企业稳健经营的可接受程度。

（2）"被动"转"主动"。企业进行套期保值，可以摆脱大宗商品价格波动"听天由命"的被动状态，变被动为主动，自立自主地控制成本和锁定利润，保持自身持续经营。云南铜业为了保证生产的连续性和充分利用自身的规模化优势，采用套期保值这一锁定利润和控制成本的有效避险工具，是其核心竞争力的体现。由此，企业应尽可能在每一生产经营环节实现保值、控制成本和提高资金利用效率，盯住原料、技术、市场和金融四个关键因素，在保障预期利润的同时实现经营的稳定性和可持续性。

（3）衍生品运用优化。虽然云南铜业2015年开始就已拓展境外期货交易，但境外衍生品占企业衍生品投资总额较低，且品种单一。合理运用境外衍生品，有利于防范国际大宗商品价格波动传播。同时，云南铜业在布局期货市场的同时，也应逐渐重视期权的运用。

（4）组织框架优化。套期保值是规避大宗商品价格波动风险的有效方法，但如何建立科学合理的组织决策框架，是亟待解决的难题。首先，套期保值部门需要配备专门的行业研究人员，时时跟进对原材料及生产产品市场的判断，以便加强对市场的认知和敏感度，为正确制定套期保值策略规划打好基础。其次，企业应当依据套期保值业务部门的战略规划与生产部门相互协调，套期保值业务部门的信息应当在尽可能短的时间内迅速传达到各相关部门，共同探讨下一步的套期保值战略实施。同时，做到交易、监控、决策严格分离是防范风险传播的重要手段。最后，应督促董事会、监事会等高管人员严格监管该业务，并做好套期保值效果的定期评价。

五、关 键 要 点

关键点：本案例强化学生对于实体经济如何利用金融衍生品进行风险管理的理解。与金融类企业不同，部分实体经济，尤其是上游和中游企业对于大宗商品价格波动具有敏感性，其利润等指标随大宗商品波动而波动，如不进行有效的风险管理，必然影响企业的长期发展。因此在大宗商品价格波动时，实体经济有必要利用金融衍生品进行套期保值，实现期货市场与现货市场的盈亏相抵。本文以云南铜业为立足点，深入分析了作为上游企业的云南铜业是如何利用金融衍生品进行销售端风险对冲的，使学生更加准确地理解金融衍生品对于实体经济的重要性和套期保值的应用方法。

关键知识点：金融衍生品，大宗商品价格波动的影响，风险敏感性分析，套期保值应用。

能力点：分析上市公司年报以及图表统计的能力；逻辑思维能力；微观角度分析问题能力；基于外部环境预测未来可能产生的风险及解决策略。

六、建议课堂计划

本案例可以作为金融硕士专门的案例讨论课材料，以下是按照时间进度提供的课堂计划建议，仅供参考，整个案例课的课堂时间控制在 90 分钟左右。

1. 课前准备：提供相关资料和文献，除启发思考题外，请学生在课前完成资料和文献的阅读并做初步思考。

2. 课中计划。

课堂前言（5 分钟）：简单扼要、明确主题。

案例回顾（10 分钟）：老师简要介绍案例背景和相关理论知识。

分组讨论（30 分钟）：老师说明发言要求，学生准备发言大纲。

小组发言（30 分钟）：每组 5 分钟，PPT 辅助，发言时间控制在 30 分钟以内。

问答与机动（5 分钟）：学生答疑。

知识梳理总结（10 分钟）：老师对学生的发言进行点评，对理论上存在的不足给出指导意见。

3. 课后计划：请学员自由组队，以小组为单位，运用理论或者某一方法对某一企业某事件进行分析，完成一篇案例分析报告，报告和结论要有价值；论点明确、论据充分、论证有力，字数不限。

七、其他教学支持

1. 教学材料：

案例正文电子版、纸质版，教学 PPT（包括案例内容和相关理论知识）。

2. 教学设备：

投影设备，主要用于案例背景、课堂要求、教学目的等内容的展示，以及小组发言结果的展示。

八、参考文献

［1］刘任帆. 外汇与利率衍生品交易规模影响因素实证研究［J］. 科研管理，2015（6）：157－167.

［2］王睿. 国际大宗商品的价格走势与影响研究［J］. 价格月刊，2019（5）：15－19.

［3］刘璐，张帮正. 国际大宗商品金融化如何影响中国实体经济——以工业产出为例［J］. 当代经济科学，2020，42（4）：39－53.

［4］常鑫. 国际大宗商品金融化对我国工业产出的影响研究——以大宗商品价格变动为载体［J］. 价格理论与实践，2020（10）.

［5］汪力元. 国际大宗商品价格敏感型企业经营风险及规避措施案例分析［D］. 广州：广东财经大学，2018.

案例九　新能源汽车行业的繁荣是昙花一现还是大势所趋？[*]

——基于蔚来汽车的估值分析

案例摘要

随着第四产业兴起、科技和信息化的时代到来，企业追求低碳减排的生产方式，"碳中和"背景下中国政府对于新能源产业的政策支持力度不断加大，在汽车行业的突出表现就是新能源汽车的时代来临。本文使用经济增加值（EVA）与期权定价模型中的 B-S 模型相结合的方法对蔚来汽车进行估值，以评估蔚来汽车公司的价值。研究发现蔚来汽车的股价反映出来的价值偏低，说明蔚来汽车公司具有投资价值，新能源汽车在中国的发展未来可期，并不只是昙花一现。本案例不仅为新能源汽车的估值提供了启示，还对于其他新兴行业的定价估值具有一定的参考价值。

案例分析

0　引　言

随着全球低碳减排进程的不断推进，作为可持续发展代表之一的新能源汽

　＊本案例获得江苏省金融学类（含保险）研究生教学案例大赛二等奖，由苏州科技大学商学院的丁慧、李智国、李先阳、钱燕撰写，作者拥有著作权中的署名权、修改权、改编权。本案例只供课堂讨论之用，并无意暗示或说明某种行为是否有效，且不构成投资建议。

车行业近几年也火速繁荣起来，涉足新能源汽车领域的企业也越来越多。除了传统的造车企业，我国还出现了蔚来汽车、理想汽车、小鹏汽车、威马汽车等造车新势力。目前，我国新能源汽车技术以及销量均已处于世界领先地位。虽然近三年猝不及防的新冠疫情给市场带来巨大冲击，但是新能源汽车市场却大放异彩。以蔚来汽车公司为例，其股价由 2019 年最低不足 2 美元上涨到 2020 年底的最高 52 美元，涨幅高达 26 倍（如图 9.1 所示）。由此可以看出，新能源汽车造车新势力的发展非常"疯狂"。新能源汽车行业繁荣的背后值得我们探究，这到底是昙花一现还是大势所趋？未来的前景究竟如何？本文以国内新能源汽车造车新势力蔚来汽车公司为例，从估值角度对新能源汽车发展前景进行解读。

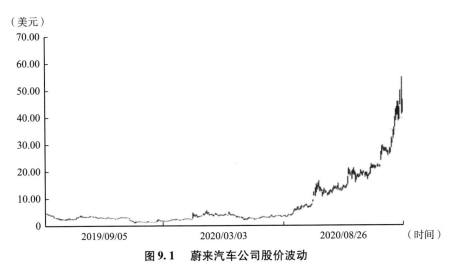

图 9.1 蔚来汽车公司股价波动

资料来源：东方财富网，https://quote.eastmoney.com/us/NIO.html。

1 新能源汽车行业发展历程和现状分析

1.1 全球新能源汽车发展历程

1839 年，随着燃料电池的发明，全球新能源汽车产业发展逐渐拉开序幕，从总体发展历程来看，新能源汽车动力系统技术路线经历了几起几落多元化探索阶段，现在已经逐渐步入正轨。燃料电池轿车逐步进入商业化，传统汽车行业也在逐步转型，进入混合动力向纯电动转变的飞速发展期。全球新能源汽车发展历程如图9.2所示。

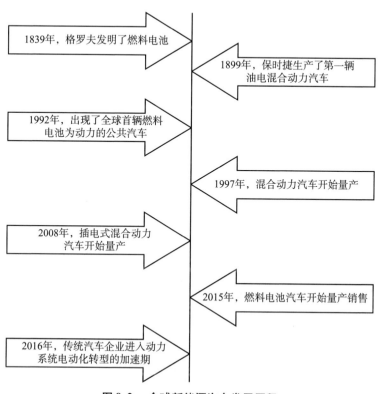

图9.2　全球新能源汽车发展历程

1.2　我国新能源汽车发展历程

汽车产业一直以来都是我国国民经济发展的支柱产业，而新能源汽车产业相比较于传统的汽车产业能够减少环境污染和缓解能源短缺，尤其在提倡全球低碳减排、追求环保和我国在实现"双碳"目标的背景下，新能源汽车产业成为未来整个汽车产业的方向标。近年来，我国政府对新能源汽车行业的重视程度不断提高，新能源汽车行业也在各级政府的政策支持下取得飞速发展。我国新能源汽车发展历程如图9.3所示。

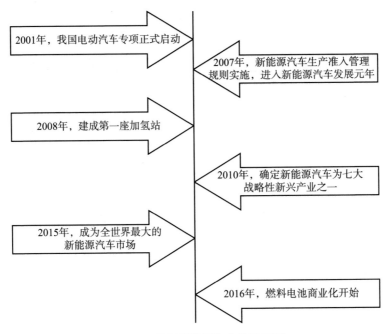

图9.3　我国新能源汽车发展历程

1.3　国内源汽车发展现状分析

新能源汽车使用的是除传统能源之外的其他能源，目前新能源汽车有三种分类（见表9.1），其中，纯电动汽车与混合动力汽车是占据我国汽车市场份额最多的新能源汽车种类。

表9.1　　　　　　　　　　　新能源汽车分类

类型	驱动装置	动力来源	驱动方式	外接充电
纯电动汽车	电机	电池	电－电－动力	支持
混合动力汽车	发动机/电动机	燃油/电池	油/电－油/电－动力	支持
燃料电池汽车	电动机	氢气等	氢－电－动力	支持

一直以来，我国都在以一个负责任的大国形象积极主动探索生态环境保护的路径，努力为全球生态环境治理贡献中国的力量与智慧。2020年我国正式宣布要在未来实现"双碳"目标，即计划在2030年前实现碳达峰，在2060年前实现碳中和。在此背景下，我国出台了一系列鼓励发展新能源汽车行业的政

策，地方政府也出台了刺激新能源汽车消费的政策。不仅仅是中国，世界上其他各国政府也纷纷出台了优惠政策，有效刺激了消费者对新能源汽车的需求，可见2020年是新能源汽车发展具有里程碑意义的一年。目前，我国燃料电池商用车产业化已走在了世界前列，新能源汽车市场发展势头强劲，全球汽车动力电气化技术转型已是大势所趋（见图9.4）。

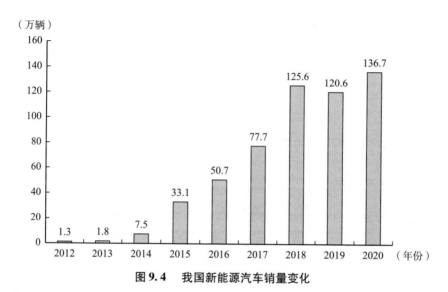

图9.4 我国新能源汽车销量变化

资料来源：中国汽车工业协会，http：//www.caam.org.cn/tjsj。

2 企业价值评估方法及其比较

成本法、市场法、收益法和期权定价法是常用的评估企业价值的方法。但是某一特定企业的价值评估还需要具体问题具体分析，根据其商业性质及特点来确定评估方法。

2.1 成本法

成本法又叫资产基础法、资产加和法，是立足于企业资产重置的角度，对企业表内外的各项资产进行合理的考虑，以此来科学准确地估计待评估企业价值的评估方法总称。其表现形式为：

待评估企业的整体性价值＝各单项资产价值相加的总和－各单项负债价值相加的总和。

成本法是一种较为简易的企业价值评估方法，但它存在一些弊端。成本法进行价值评估忽略了企业的利润表收支情况，没有遵循整体性原则，此外，还忽视了对企业无形资产的考量和评估。所以，成本法很容易低估企业价值。成本法适合对资产在企业价值里的占比较大、资产负债表以外的期权价值较小的企业进行价值评估，用它来评估无形资产所占份额很高的高科技企业不恰当。新能源汽车企业的价值中包含了比如品牌、技术、专利等没有在账面上体现出来的无形资产，因此，成本法对于新能源汽车行业估值并不适用。

2.2 市场法

市场法首先需要寻找市场上与待评估企业类似的资产的相关信息，然后根据这些相关信息，比如交易价格信息和财务指标等去计算相关的价值乘数，进而可以根据价值乘数计算出企业的市场价值。因此，选择市场法进行价值评估时，首先需要选择恰当的可比对象，主要选择与目标公司的管理经营、总体发展和业绩水平类似的企业。其次根据估值对象所处市场的情况，选取合适的相对指标，如市盈率、市销率与市净率等。考虑到新能源汽车行业的高速发展及不确定性，在使用市场法进行估值时通常会依据公司不同发展阶段选取不同市场倍数。新能源汽车行业作为高投入行业，前期研发和产能扩张需要大量资本投入，并会长期处于亏损，因此这些盈利指标倍数并不适用于其发展初期的估值。而且在评估系数的选择上，由于主观判断的参数较多，客观参数较少。因此，选择市场法进行价值评估也缺乏一定的客观准确性。

2.3 收益法

收益法首先是要预测待评估企业在未来特定年限内产生的现金流，按照一定合理的贴现率折现，将所有未来可能产生的现金流的现值求和，计算得到的就是待评估企业的现有价值。目前，收益法在价值评估领域比较常用，已经有一套比较完整的评估方法。

2.3.1 现金流折现法

现金流折现（DCF）模型是典型的收益法，而且操作简单，简便易行，但是它的使用是有限定条件的，比如需要固定公司未来发展模式，从而进一步明确企业的收益的形式，以此来确定合理的折现率。

$$V = \sum_{t=1}^{n} \frac{CF_t}{(1+r)^t} \tag{9.1}$$

其中，V 表示待评估企业的价值，CF_t 表示第 t 期的现金流量，r 表示折现率。但是对于新兴产业来说，初期发展和未来发展趋势不稳定，这样笼统地生搬硬套不适合，企业价值评估的精度也会受到影响。由此，基于改进的 DCF 模型产生了 EVA 法。

2.3.2　EVA 法

EVA 又称经济利润、经济增加值，企业每年创造的经济增加值等于税后净营业利润减去总资本成本的值。其中资本成本包括债务资本的成本，也包括股本资本的成本。EVA 的计算公式如下：

$$EVA = NOPAT - IC \times WACC \tag{9.2}$$

其中，$NOPAT$ 表示税后净利润，$WACC$ 是加权平均资本成本，IC 是公司年初投入的资本总额。用 EVA 法评估企业价值的计算公式为：

$$V = C_0 + \sum \frac{EVA_t}{(1 + WACC)^t} \tag{9.3}$$

其中，C_0 是期初投资成本，EVA_t 是公司第 t 年的经济增加值，$WACC$ 公司的加权平均资本成本。EVA 法克服了传统指标的不足，合理考虑了资本成本，包括债券和股票，真正反映了企业的业绩和创造价值的能力。此方法较重视企业的长期可持续发展经营，在做投资决定时首先考虑企业的长远发展。因此，使用收益法中的 EVA 法对企业的价值进行评估能够合理地衡量企业的现有资产价值，尤其是对前景明朗的行业，EVA 能够将企业的长远发展状况考虑进来，估值结果也会更具有合理性。基于以上分析，有了 EVA 法的加持，使得收益法比成本法和市场法在企业估值方面有了更多的优势。

2.4　期权定价法

伴随着期权定价理论的不断发展，它的适用范围也不再囿于金融市场领域。与此同时，人们对期权的认识也不断深入，实物期权的概念逐渐产生了。期权定价理论认为企业价值由企业现存的盈利能力价值和将来获利机会的价值两个方面构成。其中，将来获利机会的价值就是期权价值。

实物期权中对于一个具有投资价值的项目在进行投资时，该投资项目的价值除了项目本身已经有的资产外，还应该加上项目中未来具有成长性资产的价值。具有成长性项目投资的选择权或者说是这些实物性资产的一种看涨期权，是企业价值评估中利用实物期权法进行评估的内容。

各种估值方法都有各自的优缺点，实物期权法并不是对其他价值评估方法的否定，而是对现有评估方法的进一步完善和补充。具有一定期权性质的资产，可以使用期权定价法来评估其价值，实物期权法中最常用的估值模型就是二叉树模型和 B - S 模型。

2.4.1　二叉树模型

二叉树模型又称二项式期权法，是采用离散的模型来模拟资产价格的连续运动，利用均值和方差来确定相关参数，然后从二叉树的末端倒推可以计算出期权价格。该定价模型建立在一个基本假设基础上，即在给定的时间间隔内，标的资产的价格运动有两个可能的方向：上涨或者下跌。单步二叉树模型是二叉树模型中最简单的一种形式，它假设当前时刻标的资产价格为 S，基于该标的资产的某个期权的价值是 f，期权的有效期是 T。在这个有效期内，标的资产价格或者上升到 Su，或者下降到 $Sd(u>1, d<1)$。当标的资产价格上升到 Su 时，假设期权的回报为 f_u，如果标的资产的价格下降到 Sd 时，期权的回报为 f_d，如图 9.5 所示。

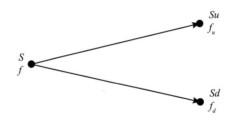

图 9.5　单步二叉树模型标的资产价格和期权价值

在较短的时间间隔内可以用单步二叉树模型，但是在较长的时间间隔内，上述标的资产的价格波动不可能只有两种可能性，此时就不适合再用单步二叉树模型进行估值了。但是如果将比较长时间间隔分割成很多个短的时间间隔，每一个较短的时间间隔内资产价格只有上升或者下降的两个运动方向是合理的。

事实上，二叉树模型正是用无数个短的时间间隔来模拟长的时间间隔内的标的资产价格运动的。如果将一个较长时间间隔分成 N 个较短的时间间隔，那么当 N 趋向于无穷大时，二项分布就趋近于正态分布。因此当将一段时间分割成足够多的小时间间隔时，二项分布就逼近正态分布。应用多步二叉树模型来表示标的资产价格变化的完整树形结构，如图 9.6 所示。

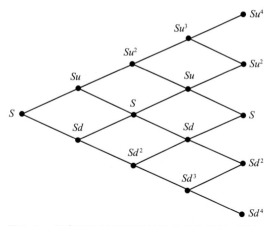

图 9.6　多步二叉树模型标的资产价格的树形结构

2.4.2　B – S 模型

如果价格随着时间的缩短，其调整的幅度也逐渐缩小的话，即在交易和价格变动连续的前提下，上述二叉树模型就会转变成 B – S 模型。当使用 B – S 模型对实物期权估值时可以使用如下的公式：

$$V_P = S_0 N(d_1) - Xe^{(-rT)} N(d_2) \tag{9.4}$$

其中，$d_1 = \dfrac{\ln\left(\dfrac{S_0}{X}\right) + \left(r + \dfrac{\sigma^2}{2}\right)T}{\sigma\sqrt{T}}$，$d_2 = d_1 - \sigma\sqrt{T}$。

待估标的资产期权的价值用 V_P 表示；S_0 指标的资产的现价；标的资产的行权价为 X；标的资产在标准正态分布中离差小于 d 的概率使用 $N(d)$ 进行指代说明；r 表示评估时期连续复利的年度无风险利率；而标的资产期权的到期时间使用 T 表示；σ^2 表示连续复利的情况下所计算出的股票回报率的方差。由于在实际情况中，股票价格变化是连续的，因此，B – S 模型比二项式模型计算简便，也更适合应用于实际问题中的研究。

3　蔚来汽车公司评估方法的选择

3.1　公司简介

蔚来汽车公司（以下简称"蔚来汽车"，其 Logo 如图 9.7 所示）是一家从事高性能智能电动汽车研发的中国电动汽车公司。2014 年于开曼群岛注册，

2018 年在美国上市。

图 9.7　蔚来汽车 Logo

资料来源：蔚来集团官网，https：//www.nio.cn/。

　　蔚来汽车旗下的主要产品包括蔚来 ES6、蔚来 ES8、蔚来 EC6 等，是我国高端智能电动汽车市场的先驱。蔚来汽车致力于通过提供高性能的智能电动汽车与极致用户体验，为用户创造愉悦的生活方式。经过六年多的发展，蔚来汽车已成为全球领先的高端智能电动汽车企业之一。

　　蔚来汽车专注于核心技术的正向研发，已获得授权专利及已公开专利申请 4000 多件，同时建立了一套完整的包括电机、电控、电池包、智能网关、智能座舱、自动驾驶技术的独立研发体系。蔚来在上海、合肥、北京、圣何塞、慕尼黑以及牛津等地设立了研发与生产机构，拥有上百位世界一流研发设计人员，他们具备宝马、特斯拉、福特、通用、大众、菲亚特克莱斯勒、标致雪铁龙等汽车集团的资深技术及管理背景。蔚来汽车还建立了完备的销售服务体系，覆盖全国超 300 个城市的用户。

　　我国汽车市场的飞速发展，以及消费者对新事物与新技术的较高接受程度，十分有利于蔚来汽车的发展。除此之外，目前我国市场低端电动车很活跃，而高端豪华电动车却存在空缺，所以蔚来汽车抓住这个机会，在我国市场打造高端豪华的高性能电动车。

3.2　行业环境以及前景分析

　　新能源汽车指除汽油和柴油发动机之外的所有其他能源车辆，这些车辆可减少空气污染和缓解能源短缺。随着"绿水青山就是金山银山"口号的提出以及绿色低碳出行理念的普及，在倡导全球环保的今天，新能源汽车行业具有良好的发展前景。新能源汽车作为我国高新产业中的核心组成部分，其战略定位远高于其带来的行业市场规模。

新能源汽车相较传统燃油车拥有较低的技术门槛和准入门槛，加之未来广阔的发展前景，吸引了各方资本入局，其中传统车企、造车新势力、互联网科技企业是当下国内汽车市场的主要势力。造车新势力中的第一梯队蔚来汽车、小鹏汽车和理想汽车均已在美股上市。互联网科技巨头入局新能源车市场，主要是利用自身的科技优势为新能源汽车带来更多的智能，传统车企利用生产能力并与之合作，代工制造新能源汽车。总体来看，这三方势力各自拥有其特色和优势，未来新能源汽车行业的龙头企业也最有可能是出自这三方势力之中。

在可期的行业前景下，新能源汽车行业吸引了众多投资者，但由于新能源汽车行业目前仍处于发展初期，需要大量资金进行研发、中试和生产等，也就导致了该行业需要大量融资。在产生巨额收益可能性的同时，也有不确定风险的存在。

3.3　估值方法适用性分析

某一特定企业市场价值的估值方法通常需要根据其行业性质及特点进行确定。

成本法不适用的原因在于蔚来汽车是新能源汽车行业造车新势力的代表企业，属于高科技企业，无形资产所占比重高。因而，使用以调整资产的账面价值为基础的方法来评估蔚来汽车的价值可能存在较大的误差。

市场法不适用的原因是该方法要求找到合适的参照企业并计算修正系数。而蔚来汽车所在的行业是最近几年才发展起来的，且不同于传统车企，想要在市场中寻找类似的可比公司难度较大，它与目标公司之间总是存在一些重大差异。修正系数的选择不恰当也会影响评估价值的精确性。

由于 EVA 法是对现金流量折现法的改进，所以能够对蔚来汽车的现有资产价值进行更科学和客观的评估。实物期权估值法是对全部具有期权性质的资产进行评估的方法，是对现有评估方法的进一步完善和补充，因此可以用来评估蔚来汽车的期权价值。

综上所述，本文估值思路为：对企业现有资产价值按照传统企业价值评估方法进行评估，由于 EVA 法相比于现金流量贴现法，通过对会计利润的调整能够更为客观地评估出企业现有资产价值，因此，对蔚来汽车的现有资产价值采用 EVA 法评估；应用实物期权法对企业的潜在价值进行评估，是对过去常用的企业估值法的弥补。实物期权法里，二项式模型是基于离散时间推导的，尽管较容易理解，但计算过程繁杂，再加上当时间被无限细分时，该模型逐渐靠近 B-S 模型，因此，B-S 模型相比于二项式模型更适合在实际问题中的研究应用，这里选择 B-S 模型。所以，本文使用 EVA 法和实物期权法相结合的方法来评估蔚来汽车的整体价值。

4 EVA 法对蔚来汽车现有资产估值

对于蔚来汽车而言，研发能力和技术是公司的重要竞争力，选择 EVA 法，有利于推动技术创新和公司的长久经营。蔚来汽车高投入和高风险同时存在，选择 EVA 指标比利润指标来评估其价值更加合适。EVA 法克服了现金流折现法的一部分不足，可以更好地体现出企业的实际价值，使新能源企业的价值评估更加真实、可靠。而 EVA 法关于研发费用、商誉、在建工程等进行的调整，使蔚来汽车在现有资产与技术条件下的价值更具有真实性，使用 EVA 法有利于其可持续发展，有利于保护股东权益。

4.1 蔚来汽车 EVA 的会计科目调整

由于企业的财务报表是根据会计准则编制的，而会计准则具有一定的局限性，并不能使得报表上的财务数据完全反映企业的真实业绩。为了消除这些弊端，需要根据以财务报表为计算基础的 EVA 估值理论中必要的调整项目、调整事项和调整规则，结合蔚来汽车的具体情况，对会计科目进行必要的调整，使得 EVA 能够真实反映企业的价值。

4.1.1 营业外收支

营业外收支是指企业发生的与其生产经营活动无直接关系的各项收入和各项支出。这些收入和支出与企业的主营业务没有紧密的关系，所以无法衡量企业管理能力和盈利能力的强弱，无法准确估计企业的价值。为此，应当将营业外收入从税后净利润中扣除，再计算蔚来汽车的 EVA，并将营业外支出进行重新的计算。

4.1.2 研发费用

根据现行企业会计准则，研究阶段产生的所有费用应当直接计入当期损益，开发阶段产生的费用如果达到资本化的要求，则应该计入无形资产成本。但是在计算 EVA 时，需要调整计入当期损益中的研发费用，并将其资本化，在增加总资本的同时，将研发费用重新加入税后净营业利润中，并进行摊销处理。

4.1.3 利息支出

利息支出是公司的债务成本，已包括在债务成本中，但是企业会计准则将其计入财务费用，并减少了税后净利润，造成利息费用多次计算，因此需要在计算 EVA 的时候将其加回来。

4.1.4 递延所得税

由于税法和会计在确认收益、费用和损失等方面的规定存在差异性，导致递延税款的产生，而递延税款会对当期利润造成高估或者低估，为了确保 EVA 是根据实际的现金流量得出的，需要加以调整。

4.1.5 在建工程净额

新能源汽车行业具有期初投入较大，在建工程项目所占比重较大的特征，而且在建工程项目结转为固定资产所耗周期较长，所以经济效益无法在短期内体现，因此需要将其从总资本里扣除。

4.2 历史 EVA 计算

4.2.1 计算税后净营业利润（NOPAT）

根据公式："NOPAT = 息前税后净利润 + 少数股东损益 + 本年商誉摊销 + 准备金的净增加额 + 递延税款贷方余额 - 递延所得税借方余额增加 + 资本化的研发费用 - 资本化研发费用的摊销 + 当期营业外支出 ×（1 - 平均所得税率）- 当期营业外收入 ×（1 - 平均所得税率）"〔其中，息前税后净利润 = 息税前利润 ×（1 - 平均所得税税率）=（净利润 + 所得税 + 利息费用）×（1 - 平均所得税率）〕，计算得出税后净营业利润如表9.2所示。

表9.2 税后净营业利润 单位：万元

年份	税后净营业利润
2018	- 550273
2019	- 656276
2020	- 202064

资料来源：百度股市通 . https：// gushitong. baidu. com/stock/hk - 09866。

4.2.2 计算资本总额（TC）

蔚来汽车投入的总资本包括债权资本和权益资本，根据公司年报，其债务资本和权益资本计算公式如下：

$$债务资本合计 = 短期负债 + 长期负债 \qquad (9.5)$$
$$权益资本合计 = 所有者权益总额 - 递延所得税借方余额$$
$$- 在建工程 \qquad (9.6)$$
$$投入资本合计 = 债务资本 + 权益资本 \qquad (9.7)$$

据此，蔚来汽车资本总额计算如表9.3所示。

表9.3　　　　　　　　　　　　　资本总额　　　　　　　　　　　单位：万元

年份	债务资本	权益资本	资本总额
2018	323690	815000	1138690
2019	836300	-482200	354100
2020	786860	3972860	3972860

资料来源：百度股市通，https：//gushitong.baidu.com/stock/hk-09866。

4.2.3 计算加权平均资本成本（WACC）

加权平均资本成本是指多元化融资方式下的综合资本成本，是企业的债权人和股东对所投入资本要求的最低回报率。以各项个别资本在企业总资本中所占的比重为权数，对各项个别资本成本率进行加权平均而得到的总资本成本率。所以，蔚来汽车的加权平均资本成本计算公式如下：

$$WACC = \frac{D}{V}(1-T)K_d + \frac{E}{V}K_e \qquad (9.8)$$

其中，V 表示企业的资本总额，D 为企业债务资本，E 为企业权益资本，T 表示公司所得税税率，K_d 和 K_e 分别表示税后债务资本成本和权益资本成本。

（1）债务资本成本的确定。

蔚来汽车债务资本主要是银行的贷款，因此债务资本成本（K_d）是根据银行的贷款利率进行确定的。近些年来，银行短期贷款利率为4.35%，中期贷款利率为4.75%，长期贷款利率为4.9%。将银行短期贷款利率作为蔚来汽车的短期借款利率，银行中期贷款利率和长期借款利率的平均值作为蔚来汽车的长期借款利率。债务资本成本计算如表9.4所示。

表9.4	债务资本成本		单位：%
项目	2018 年	2019 年	2020 年
短期债务资本比例	63.92	14.45	24.54
长期债务资本比例	36.08	85.55	75.46
一年期的贷款利率	4.35	4.35	4.35
五年期以上的贷款利率	4.83	4.83	4.83
债务资本成本	4.52	4.76	4.71
税后债务资本成本	3.84	4.05	4.00

资料来源：百度股市通，https：//gushitong.baidu.com/stock/hk－09866。

（2）权益资本成本的确定。

采用资本资产定价模型计算权益性资本成本，其公式如下：

$$权益资本成本 = 无风险利率 + \beta \times 市场风险溢价 \qquad (9.9)$$

其中，β 用来衡量单一股票收益的变动对于整个市场价格变动的敏感程度，数据来源于 Wind 数据库。常用国债收益率替代无风险利率，这里用五年期国债储蓄的利率作为无风险收益率；市场风险溢价表示投资者要求对风险给予的补偿，此处用 GDP 增长率进行替代。

蔚来汽车权益资本成本计算如表9.5 所示。

表9.5	权益性资本成本		
项目	2018 年	2019 年	2020 年
无风险利率（%）	4.75	4.27	3.97
β	1.471	1.471	0.941
市场风险溢价（%）	6.75	5.95	2.3
权益资本成本（%）	14.68	13.02	6.13

资料来源：百度股市通，https：//gushitong.baidu.com/stock/hk－09866。

（3）加权平均资本成本的确定。

蔚来汽车加权平均资本成本计算如表9.6 所示。

表9.6　　　　　　　　　　　加权平均资本成本　　　　　　　　　单位：%

项目	2018 年	2019 年	2020 年
债务资本占比	28.43	236.18	19.81
债务资本成本	3.84	4.05	4.00
权益资本占比	71.57	−136.18	80.19
权益资本成本	14.68	13.02	6.13
加权平均资本成本	11.60	−8.16	5.71

资料来源：百度股市通，https：//gushitong.baidu.com/stock/hk−09866。

4.2.4　计算经济增加值（EVA）

根据以上计算的加权平均资本成本、总资本和税后经营业利润，根据公式 $EVA = NOPAT - TC \times WACC$，计算蔚来汽车 EVA 如表9.7所示。

表9.7　　　　　　　　　　　　经济增加值

项目	2018 年	2019 年	2020 年
税后净营业利润（万元）	−550273	−656276	−202064
资本总额（万元）	1138690	354100	3972860
加权平均资本成本（%）	11.60	−8.16	5.71
经济增加值（万元）	−676212	−627381	−407461

4.3　未来 EVA 预测

新能源汽车是汽车行业的发展趋势，其本身具备行业优势，加上国家给予的政策倾斜以及蔚来汽车较强的综合实力，未来的发展潜力还是非常巨大的。2020 年蔚来汽车的营业总收入为 162.58 亿元，增长率为 107.77%；营业利润的增长率为 58.41%。结合蔚来汽车发展潜力和政策背景以及过去三年的数据对其财务数据进行预测。

4.3.1　预测税后净营业利润（NOPAT）和资本总额（TC）

一直以来，蔚来汽车都在核心技术领域进行了大量的投入，2021 年更是如此。如图 9.8 显示，2021 年三季度蔚来汽车的研发支出为 11.93 亿元，同比增长 101.96%，环比增长 34.96%。

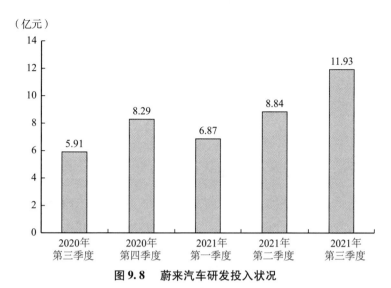

图9.8 蔚来汽车研发投入状况

资料来源：百度股市通，https：//gushitong. baidu. com/stock/hk－09866。

上述数据表明，蔚来汽车在研发阶段投入力度不断加大，如此巨大的投入自然是为了生产出更能吸引消费者的汽车产品。此外，在产能方面，蔚来汽车与江淮汽车合作扩建工厂。随着技术的不断创新与产能的不断扩大，蔚来汽车的研发投入也将继续加强，所以，预测蔚来汽车公司的研发投入将会提升20%。全球最大的压铸机制造商将从2022年开始向包括蔚来汽车在内的中国车企交付巨型压铸机。这对蔚来汽车的发展来说无疑是一个好消息，一体压铸技术不仅能提高新车的生产效率，还能降低车企的生产成本。蔚来汽车2021年10月份正式宣布已经开发可用于制造大型压铸件的免热处理材料，这意味着蔚来车型将采用一体压铸技术。而特斯拉也正是因为压铸技术才得以极大地提高新车生产效率，拥有了不断降价的现实成本基础。所以，蔚来汽车将来使用压铸技术将提高产品质量和生产效率。基于以上考虑，预测未来蔚来汽车的营业成本将在历史水平上下降8%。

综上所述，预测税后净营业利润和总资本如表9.8所示。

表9.8　　　　　　　　　　　预测税后净营业利润和总资本　　　　　　　　　单位：万元

年份	税后净营业利润	资本总额
2021	205480	4332680
2022	914434	6266382

年份	税后净营业利润	资本总额
2023	1449201	7458958
2024	2373483	7458958
2025	3993149	12568820

4.3.2　预测加权平均资本成本（WACC）

观察蔚来汽车的年度财务报表可以发现，除了 2019 年债务资本与权益资本变化较大之外，2018 年和 2020 年的资本结构保持相对稳定，所以根据往年的平均值来预测蔚来汽车债务资本比例和权益资本比例。计算出债务资本的平均值为 24.12%，股权资本比例的平均值是 75.88%。根据 Wind 数据库计算出 2018～2020 年的 β 系数平均值为 1.29，那么可以预测出蔚来汽车的债务资本成本平均值为 3.56。用银行一年定期的存款利率作为预测的无风险利率，由于一年期定期存款利率平均值为 1.5，所以在计算权益资本成本时，无风险利率的取值 1.5。至于市场的风险溢价方面，本文借鉴摩根资产管理有限公司的预测，选取未来中国 GDP 平均增长率 5% 来替代市场风险溢价。根据 WACC 的计算公式，先计算债务成本、权益成本，最后计算加权平均值，得到蔚来汽车的加权平均资本率为 6.9%。

4.3.3　预测经济增加值（EVA）

根据上述预测的 NOPAT、TC、WACC，代入 EVA 计算公式，预测的 EVA 结果如表 9.9 所示。

表 9.9　　　　　　　经济增加值预测结果　　　　　　单位：万元

项目	2021 年	2022 年	2023 年	2024 年	2025 年
经济增加值	−93475	482054	934533	1708166	3125900

4.4　现有资产价值计算

结合蔚来汽车的发展战略，假设其在未来五年进入高速发展阶段。五年后蔚来汽车资产价值的增长速度放缓，开始进入永续增长阶段。将永续增长率设定为 GDP 增长率，参考以往数据定为 5%，加权平均资本成本率保持不变。根据以下公式，代入上述预测值，计算蔚来汽车现有资产价值。

$$V_C = \sum_{t=1}^{t=n} \frac{EVA_t}{(1 + WACC)^t} + \frac{EVA_{t+1}}{(WACC - g)(1 + WACC)^n} + C_0 \quad (9.10)$$

根据计算结果，蔚来汽车现有资产价值为 12341.94 亿元。

5 实物期权法对蔚来汽车期权价值评估

5.1 实物期权参数的确定

根据前文论述的实物期权的模型可知，在采用实物期权法进行的企业潜在获利能力的测定时，需要的五个参数分别是：标的企业的现时价格（S_0）、待评估企业期权的执行价格（X）、待评估企业期权的执行期间（T）、待评估企业的企业价值波动率（σ）和企业的无风险报酬率（r）。

5.1.1 S_0 值的确定

根据前文的分析和对于蔚来汽车现有资产价值的计算结果，以其现有获利能力作为实物期权中标的企业的现时价格，所以 S_0 的值就为 123419400 万元。

5.1.2 X 值的确定

本文用上市公司的债务价值确定待评估企业期权的执行价格。将蔚来汽车 2020 年末计息债务资本总额作一定的调节后作为期权的执行价格，其中：流动负债采取账面价值计算，非流动负债采取折现法计算，蔚来汽车的非流动负债在五年期间折现，并将银行的五年贷款利率用作折现率。经计算，期权行权价格为 1506998 万元（如表 9.10 所示）。

表 9.10　　　　　　　　　　待评估企业期权执行价格的计算

项目	账面价值（万元）	无风险利率（%）	折现价值（万元）
短期借款	196380	—	196380
一年内到期的非流动负债	546253	—	546253
长期借款	593828	3.97	488788
长期应付款	286517	3.97	275577
合计	1622978	—	1506998

5.1.3 T 值的确定

因为新能源汽车企业在公司的经营决策上有阶段性，且企业自身的成长性也比较高。本文认为在接下来的五年会成为新能源汽车行业的一个高速增长阶段，而在五年之后则将进入一个稳定增长阶段，因此仍将实物期权的执行时间设定为 5 年。

5.1.4 σ 值的确定

σ 值的确定主要来自债务价值的波动性和股权价值的波动性这两个方面，因为蔚来汽车的总体价值包括权益价值与债务价值两部分。债务的利率采用国债的利率，而国债利率没有太大的波动性，所以在这里把债务价值的波动性看成 0。去除债务价值后，σ 的值在选择上就会等同于企业股权价值的波动率的值。根据蔚来汽车过去一年中每一个交易日的收盘价算出每天的收益率，就可以计算出每天的波动率，进而计算出每年收益率的波动率为 60.95%。

5.1.5 r 值的确定

因为假设了 T 的值为 5 年，那么相应就将 2020 年末五年期的国债利率 3.97% 作为无风险利率的值。

5.2 实物期权价值的计算

$$V_P = S_0 N(d_1) - Xe^{(-rT)} N(d_2) \tag{9.11}$$

$$d_1 = \frac{\ln\left(\dfrac{S_0}{X}\right) + \left(r + \dfrac{\sigma^2}{2}\right) T}{\sigma \sqrt{T}} \tag{9.12}$$

$$d_2 = d_1 - \sigma \sqrt{T} \tag{9.13}$$

代入上述计算出来的各个数值，得到蔚来汽车的期权价值为 $V_P =$ 123341659 万元。

6 蔚来汽车整体价值评估

由上文的分析可知：

公司整体价值 = 现有资产价值 + 期权价值

因此，蔚来汽车的整体估值 $V = V_c + V_P = 123419400 + 123341659 = 246761059$（万元）。

7　总　　结

我们计算出蔚来汽车内在价值为24676亿元。基于之前计算出的权益资本80.19%的占比以及总股本15.91亿股，可以得出每股股价应为1244元，相较于与蔚来汽车目前股价而言，其远远高于当前股价。说明蔚来汽车股价反映出来的价值偏低，加上国内新能源汽车市场的前景广阔、政策支持力度不断加强等因素，本文的评估结果认为蔚来汽车具有投资价值。随着新能源技术的不断成熟以及市场经济体制的不断完善，未来企业价值评估体系将更加完善，资料的获取会更加便捷，评估结果也将更加客观、科学及精准。将会为投资者带来更有质量的投资信息。

新能源汽车行业作为一个新兴行业，它的出现带有一定的必然性。可持续发展的节能思想作为主流趋势的背景下，作为智能化与互联网结合的代表作之一，新能源汽车的特点完美地契合了智能时代的需求，因此这一行业的发展趋势是可以预见的。但是作为新兴产业，也难免受到质疑，如果能够合理地估计出企业的价值，用数据说话，便能打消一些疑虑。对于传统行业的传统企业估值可以借鉴经典的估值方法，比如上文提到的收益法、成本法、市场法等。但是对于新兴行业，它的发展具有一定的不确定性，尤其是高科技型企业的发展具有巨大的潜在价值，此时不适合运用与传统行业相同的估值方法。因此本文用EVA法和实物期权法相结合的方式评估蔚来汽车的价值，这更具有合理性。根据以上评估结果可以看出，在政策的大力扶持和蔚来汽车自身不断创新提升的努力下，在中国这个广阔的市场中，蔚来汽车的繁荣不是昙花一现，而是大势所趋。

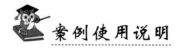 案例使用说明

一、教学目的与用途

1. 适用课程：

本案例可以用作高等学校"公司金融""投资学""金融市场"等课程的

课堂讨论案例，教师可以结合公司金融、投资学、金融市场等相关内容启发学生思考。

2. 使用对象：

本案例主要为金融硕士、金融专业本科生开发，适合有一定金融学基础的学员进行学习。

3. 教学目标：

本文以对蔚来汽车这一新能源汽车企业的估值作为案例展开，分别讨论了对企业进行估值的几种方法，包括各自的使用原理、背景和适用情形。根据蔚来汽车的特点，本文选取了 EVA 法和实物期权法相结合的方式对蔚来汽车的整体价值进行估计。本案例旨在引导学生深入了解如何对新能源汽车这一新兴产业进行估值，对比各种估值方法的适用性，由于新能源汽车属于新兴行业，企业发展存在着更多的不确定性，因此针对新能源汽车行业中企业整体估值的研究，要深入了解其特点，洞悉其价值的关键驱动因素，这对于企业管理者和资本市场的投资者都具有重要意义。因此，通过本案例的阅读和分析讨论，预期达到的教学目标如下：

（1）加强学生对几种企业估值方法的了解及应用。

（2）通过引导学生对蔚来汽车估值，促使学生加强对新能源汽车这一新产业的认识，思考如何对新兴产业进行合理的估值。

（3）在学习金融知识的同时，激发学生对当前社会热点的把握，关注新能源汽车领域及其未来的发展。

二、启发思考题

1. 哪些类型的汽车属于新能源汽车？请列举三个你熟悉的新能源汽车企业。假如你的家庭需要购买一辆汽车，你会选择传统汽车还是新能源汽车，并说明理由。

2. 请展开叙述新能源汽车相较于传统汽车有哪些不足和优势。对新能源汽车公司进行估值，你认为有哪些难点？

3. 请列举几个常用的企业价值评估方法？这些企业价值评估方法的模型是什么？这些企业价值评估方法使用的背景是什么？对我们有什么启示？

4. 参考本案例的估值方法，尝试自己选取一家新能源汽车公司进行估值，并与其现有市值进行比较。

三、分析思路

本案例以对蔚来汽车估值为主线，结合其具体情况，根据 EVA 估值理论中必要的调整项目、调整事项和调整规则，对会计科目进行必要的调整，使得 EVA 能够真实反映企业的价值。教师可以根据自己的教学目标全部或有所侧重地使用本案例。这里提出本案例的分析思路，仅供参考。

首先，新能源汽车是一个新兴行业，属于高科技产业，具有良好未来发展前景。通过对现有常用的企业估值方法进行分析，认识这些估值方法的模型和了解它们的适用性，理解对企业进行估值的过程和思路，由此更加深入学习对新能源汽车企业估值的原理与方法。

其次，蔚来汽车作为新能源行业的造车新势力，选取合适的估值方法进行估值，对于投资者具有重要的意义。基于对蔚来汽车的现状和财务资产等现状分析，选取最适合其的 EVA 法和实物期权法相结合对其整体价值进行评估，以此了解企业价值的估值过程，同时可以启发学生寻找合适新能源汽车企业的估值方法。

四、理论依据与分析

（一）相关理论

1. EVA 法

经济学中 EVA 是 Economic Value Added 的缩写，意为"经济附加值"，又称经济利润、经济增加值，公司每年创造的经济增加值等于税后净营业利润与全部资本成本之间的差额。其中资本成本包括债务资本的成本和股本资本的成本。以可口可乐为代表的一些世界著名跨国公司大都使用 EVA 指标评价企业业绩。

从算术角度说，EVA 等于税后经营利润减去债务和股本成本，是所有成本被扣除后的剩余收入（Residual income）。EVA 是对真正经济利润的评价，或者说，是表示净营运利润与投资者用同样资本投资其他风险相近的有价证券的最低回报相比，超出或低于后者的量值。

经济增加值可以提供更好的业绩评估标准，使管理者作出更明智的决策，因为经济增加值要求考虑包括股本和债务在内所有资本的成本。这一资本费用的概念令管理者更为勤勉，明智地利用资本以迎接挑战，创造竞争力。但考虑资本费用仅是第一步。经济增加值还纠正了误导管理人员的会计曲解。在现行会计方法下，管理者在创新发展及建立品牌方面的努力将使利润下降，这容易导致他们盲目扩大生产，促进销售以提高账面利润，而公司体制的升级更新就无从谈起了。根据客户需要制定明确的经济增加值计算方法，通常只对 5 ~ 15 个具体科目进行调整。采用这一定制的经济增加值衡量标准，管理人员就不会选择虚增账面利润了，他们能更自如地进行进取性投资以获得长期回报。

2. 期权定价模型

期权定价模型（OPM）由布莱克（Black）和斯科尔斯（Scholes）在 20 世纪 70 年代提出，该模型为包括股票、债券、货币、商品在内的新兴衍生金融市场的各种以市价价格变动定价的衍生金融工具的合理定价奠定了基础。

该模型认为，只有股价的当前值与未来的预测有关；变量过去的历史与演变方式与未来的预测不相关。模型表明，期权价格的决定非常复杂，合约期限、股票现价、无风险资产的利率水平以及交割价格等都会影响期权价格。期权是购买方支付一定的期权费后所获得的在将来允许的时间买入或卖出一定数量的基础商品的选择权。期权价格是期权合约中唯一随市场供求变化而改变的变量，它的高低直接影响到买卖双方的盈亏状况，是期权交易的核心问题。

3. B－S 模型

B－S 模型以两位经济学家布莱克和斯科尔斯的名字缩写命名，在二叉树的期权定价模型中，如果标的证券期末价格的可能性无限增多时，其价格的树状结构将无限延伸，从每个节点变化到下一个节点（上涨或下跌）的时间将不断缩短，如果价格随着时间周期的缩短，其调整的幅度也逐渐缩小的话，在极限的情况下，二叉树模型对欧式权证的定价就演变为关于权证定价理论的经典模型：B－S 模型。

任何一个模型都是基于一定的市场假设提出的，B－S 模型的基本假设有以下几点：

（1）在期权寿命期内，买方期权标的股票不发放股利，也不做其他分配；

（2）股票或期权的买卖没有交易成本；

（3）短期的无风险利率是已知的，并且在寿命期内保持不变；

（4）任何证券购买者都能以短期的无风险利率借得任何数量的资金；

（5）允许卖空，卖空者将立即得到所卖空股票当天价格的资金；

（6）期权为欧式期权，只能在到期日执行；

（7）所有证券交易都是连续发生的，股票价格随机游走；

（8）股票价格服从对数正态分布。

（二）案例分析

1. 哪些类型的汽车属于新能源汽车？请列举三个你熟悉的新能源汽车企业。假如你的家庭需要购买一辆汽车，你会选择传统汽车还是新能源汽车，并说明理由。

新能源汽车是指除汽油、柴油发动机之外的所有其他能源汽车，包括燃料电池汽车、混合动力汽车、氢能源动力汽车和太阳能汽车等，其废气排放量比较低。较为熟悉的新能源汽车企业有：特斯拉、蔚来、比亚迪等。购买新能源汽车的优点有：节约燃油能源、保护环境、噪声小、效率高、起步速度快、可获取国家补贴等。新能源汽车的缺点有：起步阶段技术仍不成熟、充电维修等售后服务仍需加强、续航差、价格不亲民等。

家庭选购新能源汽车应从自身条件出发，充分考虑自身的情况与经济能力，合理购买新能源汽车。

2. 请展开叙述新能源汽车相较于传统汽车有哪些不足和优势。对新能源汽车公司进行估值，你认为有哪些难点？

新能源汽车优点：（1）节约燃油能源。一般是用天然气、石油气、氢气、电力作为动力。（2）减少废气排放，有效保护环境。电动汽车不产生尾气，没有污染。氢能源汽车的尾气是水，对环境没有污染，基本属于零排放。（3）效率高。一般新能源汽车采用新技术、新结构，使它的效率更高。（4）噪声低。

新能源汽车缺点：（1）因为新能源汽车行业处于起步阶段，技术还不是很成熟，所以充电比较慢，需要数小时。（2）车辆保有量低，充电、加气、维修等不太方便，而且新能源汽车充电难，因为普及面小。（3）续航里程短。一般车辆排量较小，动力不足，不适合长距离行驶。（4）价格不低。现在价格在 5 万 ~ 10 万元的新能源汽车中，只有纯电动汽车有批量生产，可选择性不是太大。

新能源汽车产业估值难点在于：并非传统汽车行业，作为一个新兴的科技产业，人们对于企业未来的价值充满信心，普遍给予很高的估值，准确度就无从保证。并且新能源汽车行业中蕴含大量泡沫，要仔细鉴别评估。

3. 请列举几个常用的企业价值评估方法？这些企业价值评估方法的模型是什么？这些企业价值评估方法使用的背景是什么？对我们有什么启示？

（1）DDM 模型（股利折现模型）。

DDM 模型是研究企业和股票内在价值的重要模型，其基本公式为：

$$V = \sum_{t=1}^{\infty} \frac{Dt}{(1+r)^t} \tag{9.14}$$

其中，V 代表普通股的内在价值，Dt 为普通股第 t 期支付的股息或红利，r 为贴现率对股息增长率的不同假定。DDM 模型的适用分红多且稳定的公司，非周期性行业；不适用分红很少或者不稳定公司，周期性行业。

（2）DCF 模型（折现现金流模型）。

DCF 估值法为最严谨的对企业和股票估值的方法，原则上该模型适用于任何类型的公司。优点：比其他常用的价值评估模型涵盖范围更完整，框架最严谨但相对较复杂。需要的信息量更多，角度更全面，考虑公司发展的长期性。较为详细，预测时间较长，而且考虑较多的变量，如获利成长、资金成本等。缺点：需要耗费较长的时间，须对公司的营运情形与产业特性有深入的了解。其数据估算具有高度的主观性与不确定性。计算复杂，可能因数据估算不易而无法采用，即使勉强进行估算，错误的数据套入完美的模型中，也无法得到正确的结果。

4. 参考本案例的估值方法，尝试自己选取一家新能源汽车公司进行估值，并与其现有市值进行比较。

根据公式 $EVA = NOPAT - TC \times WACC$ 进行企业估值计算，以长安汽车 2020 年数据为例，依次计算税后净营业利润（NOPAT）、总投入资本（TC）、计算加权平均资本成本（WACC）。最后联立方程得出 2020 年长安汽车 EVA 值约 28 亿元（计算过程略）。

五、关 键 要 点

1. 案例关键点：

本案例以蔚来汽车的财务报表数据为依据，采用 EVA 与 B – S 的结合模型对其进行估值，避免了只使用一种估值方法存在的缺陷，更加准确地评估出蔚来汽车的价值。研究发现蔚来汽车的股价反映出来的价值偏低，说明蔚来汽车具有投资价值。这些研究为新能源汽车发展提供了依据与借鉴，也为定价估值提供了更多的经验与方法。

2. 知识关键点：

（1）期权定价理论；

（2）B – S 模型。

3. 能力关键点：

（1）总结相关知识的能力；

（2）培养企业发展和创新意识；

（3）探索未知，思考解决办法的能力。

六、建议课堂计划

由于案例信息量较大，涵盖的理论内容重要且繁多，案例课堂计划可以根据学生的差异，尤其是对案例的阅读和课前对相应知识的掌握程度来进行有针对性的设计。本课程中案例主要按照 2 个学时进行设计，同时建议学生结合案例内容，自己收集最新资料，进行自主性思考。然后再组织学生进行分组讨论。

具体安排见表 9.11。

表 9.11   教学活动安排

阶段	内容	教学活动	时间
课前准备	学生准备	（1）提前发放案例正文、启发思考题和补充信息，并请学员根据案例提前自行检索新能源汽车相关资料。 （2）提前要求学员做好分组，建议划分为 5 个小组	提前一周
课堂计划	案例引入	授课教师说明课程内容和案例讨论主题、教学目的、要求和安排等	5 分钟
	案例回顾	带领学生简要回顾案例正文	5 分钟
	分组讨论	根据课前收集信息，围绕启发思考题进行深入讨论	20 分钟
	引导式提问与互动	（1）授课教师根据分析思路中给出的案例分析逻辑以及启发思考题对应的引导性提问，与学员展开互动。 （2）随机抽选一个小组进行提问，每个问题的提问和讨论时间建议控制在 10 分钟内。 （3）授课教师在提问过程中穿插讲解理论依据和知识点	40～50 分钟

续表

阶段	内容	教学活动	时间
课堂计划	案例总结	对案例内容、相关理论依据和知识点进行总结归结,并适当延伸	10 分钟
课后计划		布置课后作业:请学员根据课堂讨论,自行收集整理相关案例,展望新能源汽车行业未来的发展前景	课后一周

在课堂上讨论本案例之前,应该要求学生至少读一遍案例全文,对案例启发思考题进行预习和回答。具备条件的还可以小组为单位围绕启示题目做进一步讨论。课后如果某小组对此案例有兴趣跟踪,建议联系案例作者或企业负责人,进行深入研究。

七、参考文献

[1] 冯如. 基于 DEVA 模型的互联网企业价值评估研究——以爱奇艺为例 [D]. 长沙:中南林业科技大学,2021.

[2] 黄迪. 基于 EVA 与实物期权的 A 新能源上市公司价值评估 [D]. 西安:西安石油大学. 2020.

[3] 宋东京. 基于 DCF 模型的 CRO 企业估值研究——以药明康德为例 [D]. 景德镇:景德镇陶瓷大学. 2021.

[4] 吴珂. 基于改进 EVA 法的新能源企业价值评估研究——以阳光电源公司为例 [D]. 长沙:中南林业科技大学,2020.

[5] 纪天宇. 宁德时代基于 EVA 的企业价值评估案例研究 [D]. 北京:中国财政科学研究院,2021.

[6] 何煜. 科创板新能源企业价值评估研究——以浙江杭可科技公司为例 [D]. 南昌:江西财经大学,2020.

[7] 吴小敏. 基于改进的 Interbrand 模型新能源汽车品牌价值评估——以特斯拉为例 [D]. 南昌:江西财经大学,2020.

案例十 新机遇还是新泡沫?[*]

——关于 NFT 作品的一种
定价和估值思路

案例摘要

近些年来，打击虚拟货币的炒作已经成为防范非法金融活动的重要举措之一。在此背景下，非同质化通证（NFT）市场的火爆程度只升不降。本文以美国平面设计师和动画师迈克·温克尔曼（昵称 Beeple）的 NFT 作品《每一天：前5000 天》为例，从纯作品定价、数字通证估值、两者的协同效应价值和拍卖市场的定价角度，为 NFT 作品的定价和估值提供了一种新思路，帮助人们在价值上识别 NFT 作品的投资机遇及泡沫风险。除了定价风险外，NFT 作品还存在法律风险、网络安全风险等，需要积极防范。在未来 NFT 应用于各领域，尤其是应用于元宇宙身份认证和权利确认时，期待 NFT 大放异彩，而不是一场泡影。

案例分析

0 引 言

最近几年，马赛克头像、图片、视频等数字藏品 NFT 频频售出"天价"。

---

  * 本案例获得江苏省金融学类（含保险）研究生教学案例大赛优秀案例一等奖，由苏州科技大学商学院的丁翔宇、丁慧、陆长卿撰写，作者拥有著作权中的署名权、修改权、改编权。本案例只供课堂讨论之用，并无意暗示或说明某种行为是否有效，且不构成投资建议。

OpenSea 作为全球最大的 NFT 交易品平台，它的累计销售额已经超过了百亿美元，有时一件数字收藏品售价竟能达到好几百万美元，这已经不是一件稀奇的事情。但是，NFT 市场持续升温的同时，洗钱诈骗、炒作交易等违法犯罪行为开始显现。不少投机分子将数字收藏品进行拆分，这些 NFT 数字收藏品失去同质化特征，相关业务就会很容易演化成非法金融活动源头，比如非法集资和非法发行证券。2022 年 4 月 13 日，中国互联网金融协会、中国银行业协会、中国证券业协会发布倡议，要引导 NFT 在国内的健康发展，严厉打击 NFT 的非法炒作交易。相关的部门也需要尽早出台相关法规，避免产品的恶意炒作、非法集资等违法诈骗行为。事实上，只有真实、准确、完整地评估 NFT 的价值才能引导消费者理性消费，NFT 在推动产业数字化、数字产业化方面的积极作用才会真正得以显现。

1　NFT 的概念

NFT 是指非同质化代币，即非同质化通证，相对于同质化代币（FT）的概念，其具有独一无二、不可分割、不可替代的特点。

同质化物品在日常生活中很常见，比如黄金、比特币、相同型号同样配置的电脑和手机等都可以简单被视为同质化产品。100 克金条可以交换另一块 100 克金条，如果没有特殊标记，兑换前后的金条是无差别的，其市场价值也是相等的。比特币就是典型的同质化代币，而非同质化的物品刚好相反，它们是不完全相同的，比如收藏品和艺术品。NFT 就是某些非同质化数字商品或产品的代币。值得注意的是，同质化与非同质化受到主观的影响。

NFT 基于区块链技术进行存储和交易，按照技术标准可分为 ERC‒721、ERC‒1155、ERC‒998 和非以太坊标准，在艺术、音乐、游戏、元宇宙等方面被广泛应用。NFT 是区块链技术上的代币方式，意味着数据藏品、工艺品、纪念物，乃至本人数据信息，它们是独一无二的，不可替代的，并且总数比较有限。因为区块链的清晰度、可追溯性和技术构架，NFT 的使用权和真实有效都能够非常容易地被认证。NFT 在视频游戏领域的火爆程度也在持续升高，2020 年该领域的市场容量已飙涨至近 1600 亿美元，到 2023 年将进一步提高到

2000.8 亿美金①。看似普通的马赛克头像、图片、视频等数字藏品 NFT 竟能售出"天价"。全球最大的 NFT 交易平台 OpenSea 累计销售额已超百亿美元，单件数字藏品被卖到数百万美元已是屡见不鲜。那么 NFT 是什么时候兴起又经历了哪些历程呢？

2　NFT 的发展历程

2.1　NFT 雏形

关于 NFT 的前身可以追溯至 1993 年，比特币先驱哈尔·芬尼依托加密学和数学的呈现形式，随机排列组成一个系列套卡，他将其定义为加密卡。NFT 的历史则最早可以追溯到 2012 年，当时加密市场上出现了第一个类似 NFT 的代币：彩色硬币。彩色硬币是由小面额的比特币构成的一个组合体，其中比特币的面值可以小到一聪（比特币的最小单位）。每一个彩色硬币的元数据都不一样，因此可以被用来当做独一无二的标识符，同时它也具有多种适用场景，比如用于充当使用权凭证、优惠券、数字收藏品等。由于彩色硬币由小面额比特币构成，而比特币支持的脚本语言又是有限的，所以彩色硬币的功能并不能完全满足人们的需要，于是慢慢退出了历史舞台。

2.2　NFT 正式形成

2017 年 6 月，加密朋克（CryptoPunks）诞生了。约翰·瓦特肯森（John-Watkinson）和马特·霍尔（Matt Hall）用算法创建了一些角色人物。CryptoPunks 是 24×24 像素的艺术图像，大多数是看起来很笨拙的男孩和女孩，但也有一些比较罕见的类型：猿、僵尸，甚至是奇怪的外星人。每个朋克都有自己的个人资料页面，显示它们的属性以及它们的所有权和出售状态。这些角色人物的总量上限为 10000，并且每个人物都不相同。他们之所以称这些项目为 CryptoPunks，是对 20 世纪 90 年代那些影响了比特币的先驱 CyberPunks 的致敬。CryptoPunks 并未遵循 ERC – 721 标准，因为该标准那时还没被发明，由于其局限性，它们也不完全是 ERC – 20。因此，可将 CryptoPunks 描述为 ERC –

---

① NonFungible 官网 . Yearly NFT Market Report 2020［OL］.（2020）［2020］. https：//nonfungible.com/reports。

721 和 ERC – 20 的混合体。受到 CryptoPunks 的启发，ERC – 721 标准被发明出来，成为日后 NFT 的主流标准，应用 ERC – 721 的第一个项目就是 CryptoKitties（下文称为加密猫）。2017 年 10 月，由 Dapper Labs 团队开发的加密猫项目成功被创造出来，这是一款名为"加密猫"的云养猫游戏，它是基于以太坊网络开发的虚拟养成游戏，也是第一个基于区块链的养猫虚拟游戏。在游戏中用户可以收集、培育以及交换虚拟宠物猫，这个游戏使得 NFT 开始吸引大众的目光。加密猫游戏的主要逻辑就是用户可以在游戏市场上寻找并购买自己喜欢的小猫，然后开始抚养它，并在许可的时间让猫繁殖，生出独一无二的小猫，然后用户可以出售小猫获取利益，或保留它作为收藏品。在 CryptoPunks之前，彩色硬币使用的是 ERC – 20 标准，在其之后出现的加密猫则使用的是 ERC – 721 标准，CryptoPunks 作为中间的一个过渡点，具有一定的历史意义。2017 年之后，NFT 的发展进入瓶颈期，但沉寂两年多后，NFT 生态实现了大规模增长，此时这个空间里已有 100 多个项目，而且还有更多的项目正在进行中。在数字艺术平台 OpenSea 和 SuperRare 的引领下，NFT 市场开始蓬勃发展。虽然其交易量还很小，但它们以快速的步伐增长，并取得了长足的进步。至此，NFT 所覆盖的范围早已不再局限于当年的加密猫等链上游戏，开始逐渐涵盖包括音乐、艺术品、收藏品在内的诸多领域①。

2.3　NFT 的发展

在 ERC – 721 协议之后，NFT 领域陆续诞生新协议，例如半同质化代币 ERC – 1155、可组合非同质化代币 ERC – 998、ERC – 725、ERC – 1190 等。针对使用场景和复杂的需求，更多的协议被开发出来，用以支撑 NFT 更多元化的应用。与此同时，2018 ~ 2020 年各种数字艺术平台例如 OpenSea、SuperRare 等出现在大众的视野中，它们旨在帮助网络用户创建自己的 NFT，同时也为 NFT 的流通建立了各种二手市场。数字艺术进入 NFT、NFT 铸造平台的诞生和虚拟世界扩展都促进了 NFT 的发展。

2.3.1　数字艺术进入 NFT

艺术界从 2018 年开始对 NFT 产生了兴趣。事实上，数字艺术天然就适合 NFT。实体艺术之所以有价值，最重要的原因就是能够可靠地证明一件作品的

---

① 首码网. NFT 概念与历史［OL］.（2022 – 05 – 15）［2022 – 05 – 15］. https：//www. bhte. cn/182. html。

所有权，并将这件事在某个地方公示，这在数字世界中之前是没有的。但 NFT 的诞生，区块链技术的运用则使得数字艺术也具有了价值。

2.3.2　NFT 铸造平台诞生

如果铸造 NFT 需要很高的智能合约开发技能，那么 NFT 就很难走进千家万户的视野。因此，NFT 铸造平台的诞生就意义重大，它使任何人都能更容易地造出 NFT，无论他们是否具备部署智能合约的开发技能。

2.3.3　虚拟世界扩展

自 NFT 铸造平台诞生起，很多的开发者和创作者涌入 NFT 世界，NFT 的内容因此也不断丰富，并开始步入虚拟世界。一个被称为 CryptoVoxels 的虚拟世界项目将土地所有权制成 NFT 进行交易，在这个项目中，用户还可以在虚拟世界中展示自己的 NFT，收藏爱好者已经创建了 CryptoKitty 博物馆、赛博朋克艺术馆、NFT 冒险日历、布满顶级 NFT 项目的塔楼，以及虚拟世界内的商店。在虚拟世界中，一切需要确认所有权的数字物品都可以是 NFT，正如现实世界中有许多实体物品，虚拟世界中有许多 NFT。

与加密领域其他赛道相比，NFT 所占的份额还很小，但已经有快速发展的趋势。2021 年，也就是熟知的 NFT 元年，Beeple 的 NFT 作品《每一天：前 5000 天》以 6934 万美元的价格在佳士得上卖出，瞬间将艺术、娱乐、体育界明星们的目光吸引到了 NFT 这个新兴领域上，他们在各大 NFT 平台发布了自己的 NFT，NFT 由此彻底"破圈"。同年，以 Axie Infinity 为主的 NFT 游戏销售暴涨，迅速带动 GameFi 的热度，整个 NFT 板块也在区块链游戏的扩张中获得了更多关注。

2.4　NFT 的现状

如今越来越多的名人、品牌以及各大公司也开始涉足 NFT 领域。例如美国职业男子篮球协会（NBA）和加密猫创始团队 Dapper Labs 合作推出的数字资产合集 NBATopShot，球迷们可以在这里收集自己喜爱球星的比赛高光时刻，这些时刻都是由 NBA 官方授权并在区块链上限量铸造的 NFT，具有稀缺性和一定的收藏价值，新发卡包经常一抢而空。在 ERC – 721 协议之后，NFT 领域陆续诞生了新的协议，例如半同质化代币 ERC – 1155、可组合非同质化代币 ERC – 998、ERC – 725、ERC – 1190 等。针对不同的使用场景和复杂的需求，更多的协议被开发出来，用以支撑 NFT 更多元化的应用。

除此之外，还有众多知名的艺术家与歌手相继推出 NFT 作品，这些在现实世界中具有足够知名度的公司和名人的参与是 NFT "出圈" 的重要保障。凭借他们的影响力和粉丝基础，更多的公众可以通过他们热衷和已经熟悉的渠道更加了解 NFT，从而拉动 NFT 生态发展。NFT 自 2020 年迅速崛起，已成为金融科技领域最受欢迎的应用之一，2021 年 NFT 项目更是蓬勃发展，历史销售额前 5 名的 NFT，比如 AxieInfinity、CryptoPunks 等，它们的历史销售额已经超过了 200000ETH，大约 9.4 亿美元。近日，CoinbaseNFT 在官方推特宣布该团队已会见 100 多名 NFT 创作者，他们将继续根据社区反馈构建产品，选择合适的时机，开发新的 NFT 及其相关的数字收藏品市场。此前 Coinbase 创始团队指出，NFT 市场将会向沉浸式体验发展，除了 CoinbaseNFT，其他各大 NFT 平台也开始了中心化、监管等活动。①

毫无疑问，对于 NFT 及其数字收藏品市场的竞争程度将会持续升温。2021 年作为 NFT 元年，在经历过飞快的增长之后，区块链加密等领域中将会有 NFT 重要的组成部分。在如今互联网高速发展的背景下，NFT 在以后也一定会取得新的突破。

3　NFT 作品定价和估值的思路

2021 年 3 月 11 日，平面设计师和动画师 Beeple 的作品《每一天：前 5000 天》，被佳士得拍卖行拍出 6934 万美元（含佣金），约合人民币 4.5 亿元，创造了 NFT 艺术作品成交价的新纪录。Beeple 自 2007 年 5 月起每天在其个人网站发布 C4D 图像作品，其中 Everyday 系列在凑满 5000 张后，Beeple 将其拼接到一起，再用 NFT 加密技术，形成了这部作品。

该作品的买家 Meta Kovan 是世界上最大的 NFT 基金——新加坡 Metapurse 公司的创始人，有关联交易、同行炒作之嫌。有意思的是，在竞价系统关闭前，曾以 6020 万美元报价的 Justin Sun 试图再次报价 7000 万美元，但系统阻止了他。而正常情况下，佳士得在预定的最终时段有 30 秒的拍卖延时规则，只要有买家不断竞价，这个过程就会持续下去。

---

① 商业密码. 加密货币交易所 Coinbase 进军 NFT 艺术变货币其将成为下一个泡沫［OL］.（2021 - 10 - 13）［2021 - 10 - 13］. http://app. myzaker. com/news/article. php? pk = 616639e5b15ec007607035d1&f = normal。

如此 NFT 作品何以拍卖出天价？拍卖定价能否代表该 NFT 作品的市场定价和估值？实际上，NFT 超高定价的案例不在少数，Twitter 联合创始人、首席执行官杰克·多西（Jack Dorsey）发出的第一条推文，以 291 万美元被卖出；中国的当代超写实主义画家冷军的国画《新竹》NFT 化后以 40 万元人民币成交，还伴随《新竹》实体作品的烧毁，这是令人惋惜的①；就算不是拍卖定价，而是公开销售，很多 NFT 作品也取得了傲人的销售佳绩，如加拿大音乐家格莱姆斯（Grimes）在平台 Nifty Gateway 拍卖的一系列 NFT 音像作品，售价 600 万美元……

与之相矛盾的是，2021 年 6 月，支付宝在"蚂蚁链粉丝粒"小程序上限量发售了"敦煌飞天""九色鹿"两款付款码 NFT 皮肤各 8000 份。用户可用"10 支付宝积分 + 9.9 元"进行兑换，购买后 NFT 皮肤会显示在付款码上方。成本低到难以置信！NFT 作品的价格竟能如此亲民！

由此引入了 NFT 作品的定价和估值问题：NFT 作品价值该高还是该低？

定价和估值是两个问题。定价设计的思路千千万，而估值依赖传统的财务、会计、随机分析以及 CAPM 模型等。由于估值模型的假设过于理想化，依赖于结构化的大数据，与 NFT 这种新兴事物的契合度不是很高，所以是本案例的次要部分；而定价给予了充分的自由空间，方便就不同情景讨论 NFT 作品的价值。

3.1 纯作品定价

一件高价值的 NFT 作品，可以由数字作品本身的价值来实现。北宋政治家、文学家欧阳修说过："余平生所作文章，多在三上，乃马上、枕上、厕上也。盖唯此可以属思耳。"纯净的作品，来自日常生活的感悟，而非刻意修饰。

浏览了 Beeple 的主页，得出先验结论：如果没有 NFT 技术的加持，就算下载他的 5000 张正版图片，也不愿意花费超过 1000 元人民币！因为 Beeple 的作品终究属于 C4D 合成作品，技术难度有限，不能夸大其劳动价值；而抽象的作品风格是 Beeple 的特色，有其个性价值，但很多重口题材不能被国人普遍接受，所以终究是小众欣赏的，也就是说小众愿花成千上万美元买其正版作

---

① 张洋洋，王晓甜. 关于 NFT 艺术价值的思考［J］. 参花（下），2021（11）：92 - 93. http：// www. shenhua1957. com。

品，而对普罗大众而言可能一文不值。

关于 NFT 作品的定价，可以模仿股价，从现时交易的价格来确定价值，还有一种定价思路——成交量加权平均价格（VWAP）。VWAP 产生于 20 世纪 80 年代，旨在衡量纽约证券交易所股票交易执行成本。这种成本不是经纪费用意义上的成本，而是根据买方和卖方的交易量得出的隐含的股票加权平均价格，有别于"最高买价，最低卖价"的股价定价机制。在最优化博弈思路下，股价可以被买方力量或卖方力量操控，使得现时股价在中长期失真，而 VWAP 可以相对公平地对待股票市场的每一位报价者，反映了股价的中长期回归性质。

因此，借助 VWAP 的定价思路，可以假设数字藏品圈中，与观点相同或相似的大众共有 N_1 位，对该 NFT 作品平均定价为 P_1 元，而剩余的支持其个性价值的小众有 N_2 位，支持的平均价值为 P_2 元，那么，通过加权比较，主观先验估计的整个市场对该无 NFT 技术的作品的平均价值 V_{ART} 为：

$$V_{ART} = \frac{N_1 P_1 + N_2 P_2}{N_1 + N_2} \in [P_1, \ P_2] \tag{10.1}$$

这种简单先验加权的估计方法的优势和劣势都很明显。优势在于：

第一，设定的情景通俗易懂，具有普遍代表性，使得人们无须通过大样本调查而得到 Beeple 纯作品的粗略定价。

第二，设定了 Beeple 的纯作品的价值区间。应用 NFT 技术的同质作品的价值很可能比原作品高，那么，这种纯作品的定价就为 NFT 作品的定价确定了价值下限。

第三．确立了价值投资的基调。由于大众终究是市场的主要力量，因此，Beeple 的纯作品的市场价值很可能会偏向 P_1 而不是 P_2。

当然，这种纯作品定价方法也存在一些重大缺陷：

第一，对市场的定义较为武断。一件优质的数字作品，不一定要在大众的手中频繁转手，只需取得小众的欣赏和共识，其价值就能延绵不绝。

第二，NFT 作品价值不一定是原作品价值于 NFT 技术价值的简单叠加。除了潜在的协同效应（通过 NFT 技术的调节提升了原作品分摊的价值）之外，还有可能是侵蚀效应（虽然当前 NFT 的溢价很高，但长期而言 NFT 可能传递了"作品烂才需要包装"的信息）。

第三，也许数字作品本身就不是价值投资。随着人们精神世界的丰富，这样的作品给人们带来的边际效用递减，人们开始对抽象风格作品"审美疲劳"；内卷化竞争的今天，越来越多的应用技术人才也加入图像制作的队伍，同 Beeple 等人竞争，进一步压低了数字作品的投资价值。此时，NFT 技术盘活了数字作品的投资价值，就背离价值投资的初衷了。

3.2　数字通证估值

数字通证是 NFT 技术的精神内核。基于区块链技术的 NFT，更是对数字作品身份独特性的标识，其内在价值不言而喻。既然谈到估值，就不能随意地假设场景，而是要纵观全局，必须拿出传统理论和模型中的关键变量来解释数字通证的无偏的市场价值。传统的估值方法有现金流折现法、乘数估值法、CAPM 法、会计账面基础法、实物期权估值法等。

自欧文、费雪（Irving Fisher，1906）提出未来收入折现的现值与资本价值之间存在正相关关系以来，收入或者现金流折现这一淳朴思想一直用于资产估值，衍生出 DDM 模型、自由现金流模型乃至 EVA 模型等，但它们的参数确定而过于理想化；乘数估值法是参考同行业相似上市公司及相关资产的市盈率（P/E）、市净率（P/B）、价销比（P/S）、市现率（P/CF）等数据得到的可比资产估值方法，而 NFT 数字通证的发展较为初级；资本资产定价模型（CAPM）不是回归实证模型，而是基于一系列无套利思想和有效市场的条件下推出的，实务中，CAPM 的 β 值被资产评估机构广泛应用，也就让定价思想转为了现实的估值，但数字通证市场的 β 值数据稀缺；会计账面基础法（CFA）是指企业所有权的价值等于其资产的公允价值减去其负债的公允价值，该方法很少用于持续经营企业的估值，但对其前景不确定的无形资产的估值，显得十分有用：在数字通证交易的过程中，它不断产生公允价值溢价，直到最终稳定；实物期权估值法依赖随机分析的假设，而数字通证作为前期波动率非平稳，后期价值收敛的资产，并不适用于其估值。这五种估值方法的比较如表 10.1 所示。

表 10.1　　　　　　　　五种估值方法的适用性比较

估值方法	适用资产的特征	对数字通证的适用性
现金流折现法	现金流可知、利率可知	条件严苛，不适用
乘数估值法	有同行上市公司作参考	尚不成熟，不适用
CAPM 法	有同行上市公司作参考	尚不成熟，不适用

续表

估值方法	适用资产的特征	对数字通证的适用性
会计账面基础法	流动性弱、价值稳定	方法简单，一般适用
实物期权估值法	符合几何布朗运动的条件	方差不稳定，不适用

资料来源：MBA 智库百科. 资产评估方法［OL］.（2014 – 09 – 05）.［2022 – 05 – 05］. https：//wili. mbalib. com/wiki/% E8% B5% 84% E4% BA% A7% E8% AF% 84% E4% BC% B0% E7% 9A% 84% E6% 96% B9% E6% B3% 95。

实际上，在会计实践中，人们就可以对数字通证进行账面估值（蔡晶晶，2021）。会计处理上，可能将数字通证作为货币资金、存货、无形资产或者金融工具，存在易混淆性。因此，需要建立一套完整的 NFT 数字通证会计计量过程。

会计计量过程包括初始计量、后续计量。显然，只有企业等实体单位才有财务报表，因此，NFT 数字通证会计计量过程也是企业等实体单位的 NFT 资产的会计计量过程。

按照《企业会计准则第 14 号——收入》的要求，同样作为数字通证的 NFT 应当分别按表 10.2 所示的情形进行相应的成本的初始计量。通常来说，有形的长期资产和多数无形资产能够被资本化，其余的 NFT 数字通证大概率能被费用化。

表 10.2　　　　　　　　　NFT 数字通证的初始会计计量方法

NFT 类型	初始计量方法	解释说明
发行的 NFT	费用化	优先冲减资本公积
购买的 NFT	费用化	购买费用、直接费用
研发的 NFT	费用化/资本化	直接费用费用化，研发支出资本化
其他 NFT	费用化/资本化	直接费用、期间费用

资料来源：蔡晶晶. 基于完整会计期间的数字通证全流程账务处理探究［J］. 财会通讯，2021（13）：91 – 94.

当 NFT 被费用化时，人们对 NFT 的认知也会发生变化。虽然费用化并不意味着 NFT 完全失去流动性，但是通常意义的费用支出不具备长期增值属性，从而约束了 NFT 这一数字通证技术的价值。因此，不同的会计初始计量方法，会导致人们对 NFT 的估值认知产生差异。

反之，NFT 被资本化时，是不是意味着 NFT 会无限增值呢？答案无疑是否定的。在 NFT 数字通证后续的价值计量里，将分别根据表 10.3 所示的下情形编制会计分录。

表 10.3　　　　　　　　　NFT 数字通证的后续会计计量方法

NFT 市场表现	市场活跃度低		市场活跃度高	
情景细分	发生减值	确认损失	公允市价降低	公允市价提升
借记科目	减值损失	减值准备	变动损益	NFT
贷记科目	减值准备	NFT	NFT	变动损益

资料来源：蔡晶晶．基于完整会计期间的数字通证全流程账务处理探究［J］．财会通讯，2021（13）：91 – 94.

从表 10.3 可以看出，NFT 作为数字通证即使能够被资本化，依然要根据客观的市场活跃度情形决定其后续的会计账面价值的确认，这是一个动态演变的过程。与纯作品的简单加权定价法同理，站在整个民间市场的角度，可以对 NFT 通证本身的会计价值作类似于式（10.1）的讨论，结果如下：

$$P_{TOKEN} = W_1 P_{COST} + W_2 P_{CAPITAL}$$

$$= W_1 P_{COST} + W_2 \sum_{i=1}^{4} \omega_i P_i \tag{10.2}$$

式（10.2）中的各参数比较容易理解，其中概率权重 W 和 ω 可以根据表 10.1 和表 10.2 主观先验确定或自然实验确定，在此不作展开表述。

然而，会计账面价值能否等同于其市场价值，依然需要深入研究。短期来看，可以模仿上市公司股票价值乘数中的市净率的思路，当 NFT 市场足够成熟，交易规模进一步扩大，交易数据进一步丰富时，考虑足够多的控制变量 Control 后，可以建立如下线性回归模型以确定其市场价值 V_{TOKEN}：

$$V_{TOKEN,it} = \alpha + \beta P_{TOKEN,it} + \sum_{k=1}^{K} \beta_{ki} Control_{kit} + \varepsilon_{it} \tag{10.3}$$

注意，如果想让 β 的估计值 $\hat{\beta}$ 等同于 NFT 数字通证的市净率，在模型数据训练前，就应该进行数据预处理：

首先，不能保证所有 Control 变量数据齐全并有货币单位，所以要保证各变量量纲一致，对于不同分布类型的变量，可以对它们作 0 – 1 标准化或 Z 值标准化变换，整理成新的数据列表备用，如有缺失值可以适当删减、填充。这种变换下 $\hat{\beta}$ 与原模型可能存在差异，需谨慎使用。为了方便叙述，不必改变式

（10.3）的代数形式。

其次，不管变量有没有被标准化，都要让系数参数有易于解释的实际意义，至少要对自变量作去均值化的处理。即对未标准化的自变量作变换 f: $X_{it} \rightarrow X_{it}^* = X_{it} - \overline{X_{it}}$。这样对模型取期望后，$Control^*$ 部分均值为 0。

最后，也是最关键的，要控制截距项 α 为 0。如果不作固定截距回归，则 $\dfrac{\alpha}{P_{TOKEN,it}}$ 部分的效应被忽视，$\hat{\beta}$ 值就不能准确反映 NFT 数字通证的市净率了。

当然，可以通过重设模型避免这一争论：

$$\left(\frac{V}{P}\right)_{TOKEN,it} = \gamma + \sum_{k=1}^{K} \beta_{ki} Control_{kit}^* + \epsilon_{it} \tag{10.4}$$

根据式（10.4）很轻松就能求得 NFT 数字通证的市净率估值：

$$E\left(\frac{V}{P}\right)_{TOKEN,it} = \gamma \tag{10.5}$$

长期来看，γ 值会趋近于 1，这是由 NFT 的虚拟特性决定的。随着去中心化、非同质性的 NFT 数字通证技术的普及、NFT 行业的充分竞争，NFT 这种虚拟产品的研发门槛会越来越低，市场价值趋同。与此同时，同一件 NFT 数字通证在不同公司间转手的频率越来越低，公允价值溢价也逐渐收敛，NFT 数字通证在最终客户公司财报上的账面价值就会等同于市场价值。

3.3　数字作品与数字通证的协同价值

3.3.1　协同价值的问题背景

1971 年，《协同学导论》作者、德国物理学家赫尔曼·哈肯（Hermann Haken）提出了协同的理念，1976 年进行系统性论述。协同论最初用来研究系统科学的演化方程，且演化方程具有突变性的特点——达到阈值就剧变；放到社会科学里，协同论被解释为"1+1>2"，即合作价值大于分立价值之和。

在企业并购实务中，一家市盈率高的公司并购市盈率较低的公司后，新公司的市盈率甚至可能高于原来的两家公司。这种现象似乎违反了过去认为的兼并后公司市盈率为调和加权值的有效市场理论。但这种引导效应（Boot-strapping Effect）真实存在，自然也可能适用于数字作品和 NFT 数字通证结合的场景。

于是，构造了原作品与 NFT 数字通证的调节效应方程（10.6），其中，V_C^* 代表原作品与 NFT 数字通证的组合价值，即 NFT 作品价值，且经过了标准化变换和去均值化：

$$V_C^* = \theta_0 + \theta_1 V_{TOKEN,it}^* + \theta_2 V_{ART,it}^* + \theta_3 V_{TOKEN,it}^* V_{ART,it}^*$$
$$+ \sum_{k=1}^{K} \varphi_{ki} Control_{kit}^* + \mu_{it} \qquad (10.6)$$

如果试图讨论离散条件下 NFT 作品的价值，由于整个市场的 NFT 作品的价值连续性，不能简单地对式（10.6）主效应变量全部作 0 - 1 分类的差分处理，因为这样的分类标准不清晰，导致对交互项系数的解释具有迷惑性。但如果只粗略考虑 NFT 的 0 - 1 存在性引起的协同效应，是可以对 NFT 数字通证的存在性取差分的，这样式（10.6）就被改写成：

$$dV_C^* = \theta_0 + \theta_1 dNFT_{it} + \theta_2 V_{ART,it}^* + \theta_3 dNFT_{it} V_{ART,it}^*$$
$$+ \sum_{k=1}^{K} \varphi_{ki} Control_{kit}^* + \mu_{it} \qquad (10.7)$$

乍一看，调节效应模型的交互项很适合解释协同效应；但容易被人们忽视的一点是，$\theta_3 V_{TOKEN,it}^* V_{ART,it}^*$ 是 LS 最优条件下总体平均的协同效应，而不是每个个体的协同效应。个体的协同效应，还可能包含对投资门槛的跨越，即数字作品与数字通证结合前，其分别价值都存在上限，而协同效应改变了 V_{ART} 和 V_{TOKEN} 的价值分布，使个体单独资产的价值发生了迁移。

所以不如简化模型，做一个简单的社会实验！

本案例开头曾提到 Beeple 的作品《每一天：前 5000 天》这部 NFT 艺术作品，到底价值几何，约 7000 万美元？那只是拍卖价，其民间市场价值还是交由民间决定。

由于法律限制 NFT 的流动性，民间对 NFT 的交易报价并不活跃，因此，为了掌握一手充足的数据，要借助于问卷调查。在此只做问卷设计，并就几种特殊的购买或投资风格进行情景假设并评述。

3.3.2 问卷设计

从 Beeple 的主页的《每天》系列中时间排序为 ROUND1 - 12 的部分下载了的代表性图片，并将其拼接成 4×3 的大图供受试者一次性欣赏。拼接大图如图 10.1 所示。

图 10.1　Beeple 之《每天》系列作品选集

图片来源：https://www.beeple – crap.com。

所选图片的清单如表 10.4 所示。

表 10.4　　　　　　　　　　所选 EVERYDAY 系列图片的清单

系列 N	作品中文名称	坐标（行，列）	先验价值评分 $Score_{PRO,i}$
Round1	舞台假象	(1, 1)	1
Round2	保持乐观	(1, 2)	1.2
Round3	高维度低欲望	(1, 3)	1.5
Round4	一个人一个团队	(1, 4)	2
Round5	谷歌香蕉树	(2, 1)	1.8
Round6	猫头鹰	(2, 2)	2
Round7	人皮魔方	(2, 3)	2.2
Round8	信号 V1	(2, 4)	2.5
Round9	臭氧层破坏	(3, 1)	2.8
Round10	2016	(3, 2)	2.8
Round11	零下二度	(3, 3)	3
Round12	国际人猿站	(3, 4)	3.2

表 10.4 中的先验价值评分 $Score_{PRO,i}$ 是对 12 件作品的主观评价，以"舞台假象"为基础得分 1，其余作品依此赋分。当该作品主观价值为 p_1 时，$p_2 = \dfrac{Score_{PRO,2}}{Score_{PRO,1}} p_1 = Score_{PRO,2} p_1$，以此类推，$p_i = Score_{PRO,i} p_1$，作品集主观价值 $P_{PRO} =$

$\sum_{n=1}^{12} Score_{PRO,t} p_1$，即得到对该作品集的主观价值判断。这种思路奠定了精确设计问卷的理性基调。

客观的问卷调查数据才是民间对 NFT 及 NFT 作品的市场定价。可以把上述 12 件作品的拼接大图发给受试者定价，通过每件作品的个体定价，汇总得到整体定价，得到原作品的定价 V_a。本部分讨论原作与 NFT 交互的协同价值；需要继续细分问题，并确保受试者的答案是自己内心真实意愿的表示，因此，问题将被按排序如下：

a. 看到这幅画，你愿意最高花多少钱购买它的正版？（回答完这一问题，下列问题才可见，确保受试者不受 NFT 心理框架效应的作用，独立判断纯作品价值）

b. 已知这幅正版画应用了 NFT 技术，你愿意最高花多少钱购买它的正版？

c. 给你自己最喜欢的一个自制数字作品（原创的电脑文件，包括文档、图片等）使用 NFT 加密，你愿意最高花多少钱购买这项服务？

d. 在没有使用 NFT 技术的条件下，你愿意以什么样的最低价格售卖你最喜欢的自制数字作品？

3.3.3 机理分析

从问题 a 和问题 b 中，试图探究受试者在 NFT 作用下，对原作品的定价差异，这种差异既包括 NFT 作为数字通证本身的价值，也包括 NFT 调节效应下的协同价值，即：

$$V_b - V_a = V_C - P_{ART} = P_{TOKEN} + Synergy_{ART,TOKEN,1} \tag{10.8}$$

从问题 c 和问题 d 中，更换了一个轻松的日常场景，让受试者发挥想象，为"属于自己的 NFT 作品"定价，提高了问卷的趣味性。当然，名家 NFT 作品与自己的 NFT 作品间的比价可用乘数 M 表示，一般不为 1。然而问题 c 和问题 d 与问题 a 和问题 b 的问法略有不同，要求受试者分割"属于自己的 NFT 作品"的包含协同调节作用的 NFT 部分的定价和自己的纯作品的定价，于是有了以下等式：

$$M(V_c + V_d) = V_C = P_{ART} + P_{TOKEN} + Synergy_{ART,TOKEN,2} \tag{10.9}$$

由式（10.8）和式（10.9）式轧差得到的 $Synergy_{ART,TOKEN}$ 进行市场加权，可得协同效应的市场定价：

$$E(Synergy_{ART,TOKEN}) = W_{(8)} Synergy_{ART,TOKEN,1} + W_{(9)} Synergy_{ART,TOKEN,2}$$

$$\tag{10.10}$$

通过合适的实证方法，可以进一步检验 Synergy 定价的准确性。检验正确后，结合上述成分定价和估值，即得 NFT 作品的民间市场价值：

$$E(V_C) = V_{ART} + V_{TOKEN} + E(Synergy_{ART,TOKEN}) \qquad (10.11)$$

3.3.4 深度研究

问卷调查中，可能得到一些有趣的数据，适合进一步探究受试者的心理作用，供同学们参考，在此不做量化分析。为了可视化比较，处理了问卷中四个问题的数据，作映射 $h: [V_a, V_b, V_c, V_d] \rightarrow [A, B, C, D]$，使之满足含义：定价向量 $[A, B, C, D]$ 依次表示 Beeple 原作、NFT 作品中的非艺术部分、自制原作、"属于自己的 NFT 作品"的溢价部分的定价，具体情景如表 10.5所示。

表 10.5   不同报价情景下的心理特征分析

报价向量 [A, B, C, D]	特征评析	人格归类
[0, 0, 10, 100]	承认自己而不承认别人的 NFT 作品价值	自私型
[1000, 4000, 0, 4000]	真爱，爱屋及乌，舍得花钱，自我谦卑	单纯型
[100, 1000, 50, 600]	大佬很强，我也不赖	自信型
[100, 800, 0, 100]	大佬很强，我却不行	自卑型
[1000, 5000, 100, 0]	炒别人的概念，自己一旁看戏	心机型
[10, 20, 5, 10]	略表诚意，实在拮据	老实型
[100, 200, 100, 200]	观念上"生而平等"	理想型
[100, 0, 10, 0]	绝对否定 NFT 存在的价值	悲观型
[0, 0, 0, 0]	无欲无求，看破红尘	超脱型
[100, 200, 300, 400]	数字上有规律，无实际意义	捣乱型

由表 10.5 不难看出，整体回归并不能剥离每种定价风格，需要进一步探讨 NFT 作品定价中的心理逻辑。

3.4 拍卖市场的定价

前文是基于民间普通人的需求对零售的 NFT 作品的定价思路，然而，新闻媒体经常报道的是"××NFT 作品又卖出天价了"，这里的"卖"就指拍卖。本案例开头部分介绍的几个 NFT 作品拍卖，无一不取得激动人心的定价。

种种迹象表明，NFT 的拍卖定价是左右 NFT 定价和人们对其定价的强劲力量。当这些新闻信息被刻入人们的脑海后，人们易受到第一信息的支配，对 NFT 作品极高的拍卖定价锚定为真实的 NFT 作品价值。显然，这种适用于拍卖市场的拍卖定价若被用于民间定价，是存在启发式偏差的，需要进一步了解拍卖定价的原理和机制。

2020 年诺贝尔经济学奖获得者保罗·米尔格罗姆（Paul R. Milgrom）和罗伯特·威尔逊（Robert B. Wilson）在"改进拍卖理论和创新拍卖形式"方面贡献显著。他们对威廉·维克里（William Vickrey）的私人价值模型和罗杰·迈尔森（Roger B. Myerson）的共同价值模型进行了拓展，认为人们对商品的定价和估值不仅有差异，而且不独立。他们把博弈论的"纳什均衡"个体最优思想引入模型，得出拍卖定价的定序结论：英式拍卖 ≥ 第二价格拍卖 ≥ 第一价格拍卖 = 荷兰式拍卖。

陈宏鋆等（2021）也发现，NFT 作品的拍卖形式主要是英式拍卖、公开报价以及商议成交。英式拍卖大家都很熟悉，就是卖方公布商品的初始底价，再由竞买人（买方）公开抬价，后报价者必须比前报价者提出更高的买价。规定时限到时，以当前报价所属的买方为成交者。整个过程中，每个买方都能看到别人的报价，在争先的情绪中，买方看重的是交易优先权而不单纯是成交条件下的收益基数，所以报价很容易偏离理性。

此外，米尔格罗姆和威尔逊还认为 NFT 作品存在荷兰式拍卖形式。荷兰式拍卖下，卖方先报出一个极高的招标价，似乎不可能有买方第一时间应价（尽管不买效用为零，但买了必定巨亏）；接着卖方逐步降低招标价，使买方效用为正存在可能，第一个买方应价后，即可成交。在这种拍卖形式下，卖方牢牢掌握价格主动权，报价更新频率高，当卖方认为报价不能再降低时，即触发流拍，所以效率极高。NFT 作为拍卖市场上的"烫手山芋"，需要通过不断降低报价缓解买方的畏难情绪，站在买方角度，确实适合荷兰式拍卖。

介于英式拍卖、荷兰式拍卖两种公开竞价形式定价之间的是密封式拍卖，包括第一价格拍卖、第二价格拍卖。第一价格拍卖，指的是在所有买方未事先透露报价的情况下，同时将报价交给卖方，再以最高报价者为成交的买方；第二价格拍卖形式与第一价格拍卖相似，只是让最高报价的买方以第二价格成交。之所以第二价格拍卖一般比第一价格拍卖定价还要高，是因为买方认为第二价格是一种保险机制，所以敢报高价以取得商品；实际上，这种"保险"不是固定的基数，而是一种序数。

上述四种单件商品拍卖形式如图 10.2 所示。

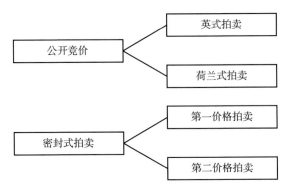

图 10.2　单件商品的拍卖形式

资料来源：陈宏鉴，程郁琨，邓小铁，姚章豪. 拍卖机制设计在区块链中的应用与挑战［J/OL］. 运筹学学报：1 - 29. https：//www. ort. shu. edu. cn/CN/10. 15960/j. cnki. issn. 1007 - 6093. 2023. 01. 001。

根据 Beeple 作品《每一天：前 5000 天》的拍卖案例，显然该 NFT 作品采用了英式拍卖。作为拍卖平台，佳士得获取的佣金与拍卖价值有关，必定希望该 NFT 作品取得一个最高的定价，这符合上文拍卖理论的解释；佳士得还特地为它举行独立专场拍卖会，可见佳士得对这幅 NFT 作品拍卖非常重视。而早在 2021 年 2 月 25 日该 NFT 作品就开放了线上竞价，起拍价 100 美元，两周后也就是截止日期 3 月 11 日，也就有了后来天价成交的一幕。

从拍卖价格随时间的变化来看，起拍 1 个小时内，竞标价就陡增至 100 万美元；直到最后一天 3 月 11 日竞标剩余 1 分钟左右时，报价从 2775 万美元猛涨至 5075 万美元，累计标数 223 个涨至 315 个；最后两秒 MetaKovan 报价 6025 万美元，连同佣金总额 6934 万美元，最终累计标数 353 个，刷新 NFT 作品拍卖价值的新高。至此《每一天：前 5000 天》成交，MetaKovan 支付巨款（可以是 ETH 形式）将其收入囊中。实际上，佳士得最终延时机制是存在的，至于为什么 JustinSun 加价失败，可能是因为某方存在网络延迟，而技术问题的最终解释权在佳士得。①

如此非平稳的竞拍曲线，足以证明该 NFT 作品竞价的非理性程度极高。如果认可这部分非理性价值，就承认它的拍卖价值 6934 万美元；如果不承认，

---

①　趣开心资讯网 . NFT Dapp 千千万种 NFT，每一个 NFT 都有独特的特点［OL］.（2022 - 02 - 22）［2022 - 02 - 22］. https：//www. qukaixin. cn/Btc/5603. html。

或许就是起拍价 100 美元了，毕竟即使流拍，佳士得拍卖底价还是刚性的。

总之，拍卖价格类似于股价，也是由现时最优交易确定的。如果把现时交易和 VWAP 的定价思路结合起来，针对不同市场（普通民间市场和拍卖市场），NFT 作品可以被弹性定价，公式如下：

$$V_{NFT} = \pi_C V_C + \pi_{AUC} V_{AUC} \tag{10.12}$$

4   NFT 的风险及应对措施

NFT 通过区块链技术对图片、电子相册或其他数字作品进行加密，使其独一无二。与比特币和其他可以持续分割的数字货币不同，NFT 强调比特币是唯一不能分割的资产。简而言之，NFT 通过区块链技术标记了一个带有"防伪代码"的作品，使其成为一个独特的数字代币。因此，数字作品可以追溯到源头，明确版权和交易。

4.1   NFT 法律和法规风险

NFT 交易平台没有既定的定义，它使用特定的特征来描述广泛的资产。例如，NFT 具有独特的属性，不能互换，并且不可替代。然而，一些监管方法已经专门针对 NFT 实施。例如，对于欧洲，欧盟委员会提议加密资产市场（MICA）法规可以为 NFT 提供监管框架。

欧盟和英国的法规可能会导致未来对 NFT 的管理有所不同。欧盟于 2020 年 9 月发布的监管加密资产市场的提案可用于监管特定的 NFT 交易网站活动。然而，NFT 最有可能被排除在英国现有的监管先例之外。与此同时，对销售或营销 NFT 的方法进行逐案分析并确定 NFT 是否受到监管可能有助于确定监管先例是否适用于它们。有趣的是，MICA 在其加密资产的定义中包含了 NFT。此外，MICA 的"加密资产定义"草案并未具体说明交易 NFT 发行人是否应发布白皮书。

在英国合格加密资产的概念下，NFT 可以免于英国推广制度。当这些监管情况适用时，NFT 可能有资格成为电子货币、证券或不受监管的代币，具体取决于其特征[①]。

---

① 中金网．一文梳理全球 NFT 金融监管情况与政策法规 ［OL］．（2022 – 11 – 08）［2022 – 11 – 08］. https：//www.cngold.com.cn/202211081954887148.html。

NFT 的技术进步阐明了反思法律和监管风险的重要性。然而，NFT 越来越多样化，数量越来越多，很难找到合规的坚实基础。

国内 NFT 平台以"数字藏品"这一名词取代 NFT，有点返璞归真的感觉。这里需要特别说明的一点是，目前国内发行的这些 NFT 和国外的 NFT，其实是两种概念。国外的 NFT，大都依托以太坊之类的区块链公链发行，可以在公链上进行交易。换言之，更利于炒作。而国内的 NFT，只是依托各家公司自己旗下的联盟链来发售，理论上无法在以太坊等公链上进行交易。目前这些国内平台上，都没开放互相交易的功能。但即便如此，仍然无法阻挡一些炒作。此前不少购买到国内 NFT 产品的人，一度在闲鱼这样的二手平台上出售，标价从几百元至百万元不等。这一炒作也引起了国内平台的注意，现在闲鱼搜索 NFT 已经无法显示。炒作，显然是让国内各平台不再使用 NFT 字眼的原因之一。

目前 NFT 市场虽然火爆，但鱼龙混杂，投机炒作之风盛行，积累了不小的泡沫。从国内范围来看，现阶段我国企业基本依托自身联盟链，开始试水数字藏品的一级交易市场，但似乎并没有想好"怎么用"。值得注意的是，我国 NFT 领域的法规体系还是空白，有关部门应该尽快重视起来，研判技术趋势，使监管和风控跟上技术的发展。

4.2 价值评估风险

不可替代代币价值的不确定性是与非金融交易相关的另一个主要风险和挑战。除了稀缺性之外，NFT 估值还受到所有者、买家和分销渠道的影响。NFT 买家的身份以及推动他们购买的因素很难预测。NFT 将根据买方对其价值的看法进行定价；因此，它们会波动。

此外，享乐价值回归（一种多元回归）在虚拟资产领域被经常使用。人们对这一模型的依赖可能导致 NFT 的现实定价偏离 VWAP 市场加权法的定价。

4.3 网络安全和欺诈风险

由于数字世界的发展和 NFT 的普及，网络安全和欺诈的风险显著增加。NFT 商店相同的徽标和内容的副本具有相同的风险级别。关于网络安全中与 NFT 相关的风险和挑战，假冒 NFT 商店的问题也值得注意。这些假冒的 NFT 商店可能出售不存在的 NFT。此外，消费者必须意识到与模仿艺术家或假冒 NFT 有关的风险。

假 NFT 可以 NFT 艺术家的名义出售。除了版权盗窃、流行的 NFT 或假空投复制和 NFT 礼品，与不可替代代币相关的其他突出风险和挑战包括网络安全和欺诈。此外，要注意在社交媒体网站上推广 NFT 的骗局。

4.4　知识产权侵权问题

NFT 的知识产权问题构成了风险和挑战清单中的下一个关键条目。NFT 的个人所有权是一个需要考虑的重要因素。在购买 NFT 时，了解卖方是否拥有 NFT 很重要。一些人拍摄了 NFT 或 NFT 复制品的照片，但 NFT 不授予他们任何知识产权。NFT 在基本智能合约的元数据中明确列出了其条款和条件。

涉及知识产权的 NFT 风险和挑战表明，买方是 NFT 的唯一所有者，且仅有权展示 NFT。由于服务用户必须遵守，使用 NFT 交换平台有其局限性。去中心化区块链技术不受传统法律的约束，但有必要消除这种误解。公开权是一项必须考虑的重要知识产权，包括版权、商标和专利。

4.5　应对 NFT 风险的防范措施

针对数字艺术市场中存在的 NFT 应用风险，可以通过制定市场准入标准、建立 NFT 艺术数据库、明确 NFT 交易平台的职责来防范或规避。

4.5.1　分类制定市场准入标准

根据特别组织的规定，从事虚拟资产商业活动的自然人或法人，无论是否以营利为目的，均可被认定为虚拟资产服务提供者。作为金融行动特别工作组（FATF）的核心成员之一，中国可以根据 FATF 标准将 NFT 交易平台列为虚拟资产服务提供商。虚拟资产的服务和运营也需要市场准入层面的监督和治理，而不仅仅是简单的备案程序，不包括使用 NFT 交易平台名义实施虚拟货币的企业。中国监管机构可以分类制定相应的准入标准：在主体监管方面，NFT 交易服务提供商至少应在其设立地获得批准或注册。对于未在中国注册但实际为中国用户提供 NFT 交易服务的运营商，可要求其通过国家审批或注册，并履行相应的合规义务；同时，应加强国际合作，对 NFT 服务提供商的注册地提出强制性要求，以防止离岸服务不在监管范围内的风险。在行为内容监管方面，要加强对 NFT 数字艺术流通功能的监管，防止国内主流 NFT 的性质变化和资产炒作，要求 NFT 交易服务提供商在平台上申请 NFT 数字艺术交易许可证。

4.5.2　构建 NFT 数字艺术品数据库

只有当稀缺性和独特性这两个重要属性得到保证时，NFT 数字艺术才能创造更多的需求。通过监管部门牵头建立的 NFT 艺术品数据库，与真实版权登记公示系统对接，提供准确的 NFT 数字艺术品基础数据，实现平台与其他相关版权保护部门之间 NFT 数字艺术品数据资源的共享，增强 NFT 数字艺术品内容和版权的互操作性和可信度，有助于版权过滤机制的良好运行。

通过对 NFT 数据模块的细化，数据库为数字艺术内容和所有权信息制定了统一的应用标准，实现了创建 NFT 的标准化，从而保证了平台版权过滤机制的有效运行。用户应提交与 NFT 相关的数字艺术的内容和所有权证明，作为 NFT 数字艺术数据库的基础数据，并对所提供资料的真实性和合法性负责。对于算法作品的版权归属，NFT 数字艺术数据库可以否认人工智能法在所有权信息登记中的主体地位，将版权完全归属于算法的人类开发设计者。NFT 数字艺术品只有在 NFT 艺术品数据库管理机构对权利人申报的所有权信息以及数字艺术品内容的真实性和原创性进行审核后才能入库，以促进版权保护的良性循环。

4.5.3　界定 NFT 交易平台的责任

NFT 作为数字交易平台的受益人和技术控制者，有义务监督 NFT 的交易内容的创建。其技术和财务优势比交易双方和数字艺术所有者更能提前防范风险。因此，明确平台的责任，尤其是版权过滤义务和合规义务，将有助于解决 NFT 数字艺术品的知识产权侵权和交易监管风险。

5　NFT 的发展前景和展望

5.1　NFT 各项领域的发展前景

NFT 概念最早在 2017 年由迪特尔·雪莉（Dieter Shirley）提出，他同时也是 CryptoCat 和 CryptoKitties 创始人兼首席技术官。对于传统风险价值投资者，以及非区块链等金融科技的研究人员，NFT 这个概念似乎有点陌生。对于 NFT 是下一个未来的时代新的风口还是资产泡沫？无法给一个绝对准确的判断。但是市场结果通常是一个后验的指标，往往需要先发一步抓住机遇，但要确定这个新兴市场的方向并不容易。

但是，磨刀不误砍柴工，如果将 NFT 纳入价值投资考虑中，似乎可以发现新的机遇，创造收益。如果未来 NFT 成为新的更有效的发展趋势，并且在

NFT 成熟时把握这个市场的运作，投入的时间自然很容易会有回报。NFT 市场带来的区别于传统交互交易的方式足以作为对 NFT 研究的回报，或者说研究 NFT，本身就是一件极为有意义的事，无论回报大与小。

5.1.1 加密区块链游戏与娱乐领域

在 2017 年的加密猫游戏诞生之后，加密游戏迎来了快速增长的时期。无论是体育游戏还是类似于加密猫这种模拟类游戏都吸引了数量庞大的游戏爱好者和数字投资者。这些在以太坊上开发的游戏，有一个共同的社交平台，这个平台通过 ERC－721 标准提供，充满创意并且用户可以在平台中自由交互。与传统的游戏不同，加密游戏凭借其透明运营、分散化和稳定流动性的独特产品属性，参与者获得了真正的数字所有权。游戏与数字资产的双重融合和体验，为虚拟游戏世界带来了新的产业发展方向。

在娱乐领域方面，比如音乐，出现了唱片和 NFT 捆绑销售的情况。摇滚乐队 KingLeon 将其最新专辑推出 token 限量版，收入约 140 万美元，这表明大量艺术家和音乐家有可能在区块链领域实现音乐 token 限量销售。

再如体育方面，美国职业联赛之一的 NBA 也将多年来在线下市场销售的实体明星卡投射到虚拟世界，基于新的公共链流开发了数字收藏平台 NBATopShot，使用非同质代币开创了二级市场数字体育收藏的先例，实现了数字体育市场 IP 流量的新商业模式。2022 年北京冬奥会期间，运动场上的非同质代币引起了市场的更多关注。吉祥物"冰墩墩"系列产品以数字盲盒的形式销售，再次推高了 NFT 市场价格。同时，在该系列产品中，NFT 具有实际使用功能，实现了与相关游戏领域的产品价值交换，进一步完善了游戏和体育衍生品混合作用下的闭环系统。将传统 IP，比如体育、音乐等和优质原创作品积聚到其中，可以为 NFT 的输出方提供了丰盛的价值投资的资产，未来类似于此类的 NFT 产品还会继续增长。

5.1.2 艺术品投资领域

传统的艺术品投资领域缺乏市场流动性，市场参与者需要在艺术品的真实性识别和价值判断方面具有较高的专业知识水平。信息不对称一直是困扰艺术品公平交易的一个问题。艺术品的保存环境、修复技术、保险成本和运输条件也造成了极高的交易成本。各国对艺术品征收的进口关税导致许多艺术品只能停留在瑞士等自由港地区。因此，传统的艺术投资领域从市场、专业、成本到交易都对该行业的发展和活动设置了限制。

非同质代币以其独特的稀缺性和区块链技术的分布式账本技术，自然适合艺术品交易和投资行业。艺术展示、交易和所有权确认的新方式以数字形式进行。区块链的不可篡改性和可追溯性不仅全面降低了艺术品交易和投资领域的相关经济风险，而且增强了市场运行的稳定性。此外，图片、网页或视频片段是否可以非同质令牌的形式进行数字表示？对于艺术品投资者来说，获得 NFT 艺术品不仅是一个简单的产品交易，还拥有艺术品的在线资产证书，实现了数字资产的确认。在 NFT 技术路径下，人们的社会消费需求正在从简单的资本收益向社会属性、生态权益和自娱自乐多样化发展。

5.1.3　数字版权领域

互联网时代开放、包容、共享的经济发展特征，刺激了经济的快速增长，为整个行业的数字经济发展提供了新的空间。这也包括出版业，长期以来一直受到版权保护的困扰。异构令牌为数字版权保护提供了一种新的应用实践。过去，数字内容领域缺乏统一、规范的版权许可服务，数字行业存在大量版权交易信息不对称，难以在原创作者和第三方机构之间有效、公平地分配版权收入。非同质代币在分散开放的区块链中注册，并在不同于代币标准的 ERC - 721 标准中铸造，以实现对过去同质代币无法实现的原始数字资产的所有权。在此基础上，非同质令牌可以为数字版权保护提供更好的解决方案。不同且独特的非同质代币代表艺术作品、音乐、专利和其他涉及版权问题的相关项目。利用区块链分布式账本的非篡改、分散、开放存储功能，实现数字产品不可更改的标识和产权登记。可追溯性还使原始作者能够追踪其在区块链中的所有权，从而达到版权保护的目的。

5.1.4　物联网身份认证及授权

物联网是在互联网等传统信息载体的基础上实现的联通网络，它已日益成为能源、公用事业、交通和零售等领域的关键技术支撑。随着物联网在各个行业的深入应用，通过互联网进行各种物品数据交换的要求以及物品的定位、监控、认证和管理也在不断提高。物联网有很多行业和种类，如何在大量物联网操作设备之间完成可靠的数据交换和认证已经成为制约其发展的重要因素。非同质令牌的独特、防篡改和可追踪的技术特征，以及分布式系统对元数据的验证，使它们能够为项目提供唯一的标识。基于物联网技术和区块链技术的交互使用，每个区块可以存储其唯一的身份信息，并在物联网上进行保存和管理，从而实现数字主权身份的确定。总体而言，基于区块链技术的数据存储和非同质令牌数字主权身份的唯一确认，可以实现不同物联网操作设备下的交互操作和授权，为物联网身份认证和授权提供可靠保障。

5.1.5 金融领域及金融去中心化

在金融票据市场领域，在区块链技术应用的早期阶段，票据信息依靠分布式结构进行存储、确认和传输，为同行业提供互信的会计记录，可以从流动性和安全性两个方面推动票据市场的深入发展。一方面，它可以实现金融票据在区块链中的实时销售，从而提升金融市场在数字经济中的价值，加快金融市场票据的处理周期；另一方面，在实现金融票据实时跟踪的同时，完成了金融票据与非同质代币的集成，提供了一种新的金融服务范式。

在数字货币支付领域，加密货币的定价与非同质代币的价格变化之间存在相关性。加密货币的不同定价将对非同质代币的定价产生一定影响。如果比特币影响了传统的法定货币概念，那么非同质代币可能会在很大程度上改变传统的交易支付概念。与比特币使用分布式账本实现跨境多币种交易的机制类似，非同质代币在艺术品交易中避开拍卖行等中介机构，通过"资本代币非同质代币"的交易流程引导买家完成相应的支付。随着非同质代币市场的不断扩张，交易平台也呈现出多元化的特点，并不断催生出大量的公链。过去，以以太网为主流的非同质代币支付方式受到冲击，衍生出多种数字货币并用于支付，加剧了数字货币领域的市场竞争。此外，为了不断简化交易和支付流程，吸引更多的目标用户，越来越多的非同质代币交易市场选择波动性低于传统数字货币的锚定数字货币进行交易，如美元稳定货币，这推动了数字支付领域共识概念的重大变化。同时，建立在 erc - 721 标准基础上的分散金融（DeFi）自然存在于非同质代币中。非同质代币有可能成为贷款和货币本身的抵押品，因此可以将其用作数字资产，以实现与实体资产相同的贷款抵押能力，但它是否对整个金融生态系统具有价值仍有待讨论。

在证券发行和交易市场中，由于非同质代币的稀缺性和价值，与之相关的复杂交易在一定程度上很容易成为证券产品。有学者研究指出，大量铸造和销售非同质代币的项目以及 NFT 发行人支持的二次交易项目可能被视为证券发行。因此，随着非同质代币市场的不断延伸，可以合理预期它将拥有二级市场的交易和流动性，相关数字艺术作品可以实现多重所有权变更，创作者有权获得与艺术相关的股息流。如果多次交易产生的代币被用作艺术品产品的投资，则此类非同质代币可被视为证券。

5.2 NFT 的未来——元宇宙

元宇宙作为互联网应用形式和社会组织的新概念，打破了空间和时间的线性限制，为人类社会的发展提供了新的发展方向和技术概念。元宇宙实现了货币、环境、时间等信息从异构空间到异构空间的映射。可以进一步讨论，当非同质代币和数字加密货币共同构建经济价值生态系统时，它们独特且可篡改的属性为元宇宙和数字资产的整合提供了特定的价值转换渠道，这将成为元宇宙的重要基础设施。从元宇宙的闭环运行来看，数字双胞胎作为其基本层面，可以通过人工智能、云计算、大数据、虚拟现实等技术手段，实现真实空间中场景和对象到不同空间的空间映射，实现不同空间中的虚拟原始性。在虚拟和真实交互的元宇宙世界中，数字资产的价值交换已成为一种迫切需要。非同质代币的德希生态系统可以提供一整套高效的金融系统，以满足元宇宙的需求。元宇宙的经济可持续性和增值发展将主要来自数字资产的确认、流通和交易的全过程。在这个过程中，由非同质代币构建的经济价值生态和运行系统可以实现不同空间的经济交换价值。同时，通过"代币非同质代币资本"的货币兑换和价值交易系统，可以实现不同空间到现实世界的价值转换，在一定程度上完成虚拟与现实互动的闭环经济运行，同时提高数字资产管理水平。通过以上讨论可以看到，元宇宙的新概念为非同质令牌的开发提供了一个新的视角和深入应用的可能性。然而，如何从法律和社会公正的角度来认识和实现平行世界中数字资产和非同质代币的价值认同，是未来研究的新课题。

5.2.1 元宇宙及其特点

（1）元宇宙的概念。

"Metaverse"一词由"meta"和"verse"组成，其中"meta"代表超越，"verse"代表宇宙，即"超越宇宙"，有些人还称之为互联网的"终极形式"。"元宇宙"的概念起源于游戏，但超越了游戏。这个概念来自美国科幻作家尼尔·斯蒂芬森的科幻小说《雪崩》。他把元宇宙描述为一个平行的宇宙，在这个宇宙中，真实世界是通过互联网和其他技术手段投射出来的。影片中的"绿洲"一角将元宇宙描述为一个虚拟世界，与现实世界的本质融合在一起。每个人都有个人身份、社会关系和生活场景。因此，所谓的元宇宙是一个与现实世界平行且独立的虚拟空间。这是一个映射真实世界的在线虚拟世界，与现实世界越来越相似，也可以说这是数字虚构世界。

（2）元宇宙的主要特征。

Roblox 首席执行官大卫·巴斯祖基（David Baszucki）认为"元宇宙"的主要特征包括身份、朋友、沉浸、低摩擦、多样性、无处不在、经济和文明。可以看出，在元宇宙中，人们可以将创造、娱乐、展示、社交网络和交易融为一体，从而实现深度体验。同时，元宇宙所需的技术包括五个方面，即网络与计算技术、人工智能、视频游戏技术、显示技术、区块链技术。

5.2.2　元宇宙与 NFT

首先，NFT 解决了元宇宙中的身份认证和权利确认问题。元宇宙是一个诞生于现实世界之外的虚拟世界，它与现实世界平行并相互作用，而且一直是在线。区块链是元宇宙构建的基础根底。它将提供一个突破原有身份隔离和数据"护城河"需要的平台，并在签订的智能协议的帮助下，成功建立一个新的经济体系。作为一种非同质通行证，基于区块链技术的 NFT 可以映射虚拟商品，带来数字所有权和可验证性，因此它可以有效地认证和确认元宇宙中每一种商品的身份，每一种商品都有唯一的价值和对应的价格。元宇宙中的原始资产将主要以 NFT 为载体。从这个意义上说，NFT 无疑是构建元宇宙的基础设施。

NFT 可以实现元宇宙之间的价值转移。首先，元宇宙是一个超链接的全球证据。与虚拟世界游戏所代表的元宇宙原型不同，未来的元宇宙将是跨平台的，完全由用户创建。作为元宇宙的核心基础设施之一，NFT 具有超链接全局证明的能力。NFT 确认的资产可以在不同的领域和不同的应用场景之间实现全局验证，而不是局限于特定的应用场景。此外，元宇宙还需要 HSTP、超空间传输协议和超感官感知接口。其次，NFT 是元宇宙的转换接口。NFT 产品在价值共识下具有分散加密社区的互动机制，这将导致各种在线共同管理社区的建设；此外，NFT 作为代币是数字资产配置的持久选择。对于现实世界来说，NFT 是基于区块链的传统艺术的出口，而对于元宇宙来说，NFT 是入口，它已经成为现实世界和元宇宙之间的桥梁。最后，区块链成熟的 DeFi 生态系统可以为元宇宙提供一整套高效的金融体系。NFT 在抵押贷款、证券化和虚拟资产保险方面的深化将能够为用户提供低成本、低门槛和高效的金融服务。

相信随着越来越多的竞争者进入市场，在未来，NFT 也将在各个不同的领域百花齐放，成为数字经济中一个极具代表性的产业。

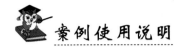

案例使用说明

一、教学目的与用途

1. 适用课程：

本案例可以用作"投资学""公司金融""金融监管"课程的课堂讨论案例，教师可以结合估值方法、金融市场、金融学理论等相关内容启发学生思考。

2. 使用对象：

本案例主要适用于金融专业硕士（MF）、工商管理硕士（MBA）等学习。

3. 教学目的：

NFT涉及艺术、游戏等众多门类，是否购买一个NFT通常与个人爱好息息相关。然而，NFT作为一类数字资产，资产属性决定了必然有多种方式可以对其进行主观或客观的评价和估值。本文以美国平面设计师和动画师Beeple的NFT作品《每一天：前5000天》为例，从纯作品定价、数字通证估值、两者的协同效应价值和拍卖市场的定价角度，为NFT作品的定价和估值提供了一种新思路。2021年初至今，国外艺术领域掀起了一股持续的"NFT热"。近期，国内的NFT领域也开始备受关注，腾讯、阿里巴巴等企业纷纷进军该领域。NFT已成为当下商业领域炙手可热的概念。该案例可以帮助学生：

（1）熟悉NFT，了解NFT产品的特征。

（2）掌握像NFT这样的数字资产价值确认和评估的恰当方法。

（3）理解NFT爆火背后的经济学原理，并学会用相关理论去解释这种现象。

二、启发思考题

1. 关注Beeple的个人作品和相关NFT作品拍卖的新闻案例，分解NFT作品的价值，掌握像NFT这样的数字资产价值确认和评估的恰当方法。

2. 火爆的NFT，到底是风口还是泡沫？是否包含过度的炒作与金融化、非理性的追捧以及短期的市场运营目标呢？请结合金融市场和行为金融学相关理论给出解释。

3. 请梳理 NFT 的发展历程，思考 NFT 应如何找到正确的盈利模式。

三、分析思路

本文以中国互联网金融协会、中国银行业协会、中国证券业协会联合发布的要求坚决遏制 NFT 金融化证券化倾向的倡议为背景，透过 NFT 产品频频爆出"天价"火爆现象，梳理 NFT 发展历程并总结现状，尝试为 NFT 作品提供一种新的定价和估值思路。随后分析 NFT 爆火所带来的风险和一些监管难点，对 NFT 发展的未来进行展望。教师可以根据自己的教学目标全部或有所侧重地使用本案例。这里给出上述三个问题的分析思路。

首先，介绍每个时期 NFT 的一些代表作品，国内对于 NFT 的法律性质、交易方式、监督主体、监督方式等尚未明确，对于 NFT 投资应该保持谨慎态度。由此深入理解 NFT 这一新兴概念。

其次，通过对 NFT 发展历程的梳理，发现数字收藏品 NFT 往往使用虚拟货币交易，流转没有限制。对于一些投机分子利用即将推广的 NFT 产品谋利和部分 NFT 交易平台赚取高额手续费，导致 NFT 演变成"割韭菜"的骗局的现象，本文进行风险分析，提出防范金融风险的一些措施。

最后，NFT 是一种数字收藏品，在链上没有现金流，也没有市盈率或现金流可以用传统估值方式进行价值评估。对于这一独特的数字资产，本文提供一种新的定价和估值思路，同时可以启发同学们对其他估值和定价方法的思考。

四、理论依据和分析

（一）理论依据

与 NFT 定价和估值有关的理论可分为两个部分：一是 VWAP 理论、拍卖理论的定价思想，二是传统估值理论，二者相辅相成，共同构建 NFT 的价值体系。

1. VWAP 理论

VWAP（Volume-weighted Average Price）于 1988 年提出，旨在衡量纽约证券交易所股票交易执行成本。这种成本不是经纪费用意义上的成本，而是根据买方和卖方的交易量得出的隐含的股票加权平均价格，有别于"最高买价，最低卖价"的股价定价机制。在最优化博弈思路下，股价可以被买方力量或卖方力量操控，使得现时股价在中长期失真，而 VWAP 可以相对公平地对待股票市场的每一位报价者，反映了股价的中长期回归性质。

因此，本文先从定价理论入手，探索 NFT 在 VWAP 理论下如何发挥价值。从讨论 NFT 作品的纯作品价值时就已经引入了这一概念，直到与拍卖市场的现时交易定价结合，加权得出了 NFT 作品的可靠定价，从根本上确定了本文 NFT 作品的定价思路。

2. 拍卖理论

2020 年诺贝尔经济学奖获得者保罗·米尔格罗姆和罗伯特·威尔逊在"改进拍卖理论和创新拍卖形式"方面贡献显著。他们对威廉·维克里的私人价值模型和罗杰·迈尔森的共同价值模型进行了拓展，认为人们对商品的定价和估值不仅有差异，而且不独立。他们把博弈论的"纳什均衡"个体最优思想引入模型，得出拍卖定价的定序结论：英式拍卖≥第二价格拍卖≥第一价格拍卖＝荷兰式拍卖。

在拍卖理论的指导下，NFT 作品卖方、拍卖平台都倾向于采用英式拍卖，只有不断抬高 NFT 作品的价格，才能让货币受益方利益最大化。每个进入拍卖市场的买方并不平权，任何报价较低的竞买者都无法取得拍卖品的最终归属权，而 NFT 作品最终定价也会由出价或应价最高的买方确定，这与 VWAP 的思路相悖，但它客观存在。这才是将拍卖理论引入 VWAP 理论定价的重要原因。

3. 传统估值理论

自欧文·费雪（1906）提出未来收入折现的现值与资本价值之间存在正相关关系以来，收入或现金流折现这一淳朴思想一直用于资产估值，衍生出 DDM 模型、自由现金流模型乃至 EVA 模型等，但它们的参数确定而过于理想化；乘数估值法是参考同行业相似上市公司及相关资产的市盈率、市净率、价销比、市现率等数据得到的可比资产估值方法，而 NFT 数字通证的发展较为初级；资本资产定价模型（CAPM）不是回归实证模型，而是基于一系列无套利思想和有效市场的条件下推出的，实务中，CAPM 的 β 值被资产评估机构广泛应用，也就让定价思想转为了现实的估值，但数字通证市场的 β 值数据稀缺；会计账面基础法（CFA）是指：企业所有权的价值等于其资产的公允价值减去其负债的公允价值，该方法很少用于持续经营企业的估值，但对其前景不确定的无形资产的估值，显得十分有用：在数字通证交易的过程中，它不断产生公允价值溢价，直到最终稳定；实物期权估值法依赖随机分析的假设，而数字通证作为前期波动率非平稳，后期价值收敛的资产，并不适用于其估值。

本文仅在数字通证的价值中使用了传统估值方法，并将这种估值与 NFT 作品整体的定价结合起来。由于 NFT 的虚拟特性，对其余传统估值方法仅作了适用性讨论，但对账面价值基础法作了详细讨论，因为它对 NFT 数字通证估值的适用性最强。参考蔡晶晶（2021）的会计方法，从会计角度和实证角度分析了数字通证当期和未来的账面价值走势，并认为 NFT 数字通证的账面价值将随着资本溢价的稳定回归到市场价值。

（二）案例分析

1. 关注 Beeple 的个人作品和相关 NFT 作品拍卖的新闻案例，分解 NFT 作品的价值，掌握像 NFT 这样的数字资产价值确认和评估的恰当方法。

本文从纯作品定价、数字通证估值、两者的协同效应价值和拍卖市场的定价角度，为 NFT 作品的定价和估值提供了一种新思路。这种分解思路不仅有 VWAP 理论、拍卖理论、传统估值理论作基础支撑，还通俗易懂，适用于学生教学乃至 NFT 市场估值参考（如图 10.3 所示）。

图 10.3　NFT 作品的价值分解

（1）坚守艺术本位，相信艺术价值。

一件高价值的 NFT 作品，可以由数字作品本身价值来实现。北宋政治家、文学家欧阳修说过："余平生所作文章，多在三上，乃马上、枕上、厕上也。盖唯此可以属思耳。"纯净的作品，来自日常生活的感悟，而非刻意修饰。

NFT 作品的纯艺术成分也是如此，不能独立于社会的评价。经验和直觉给了普罗大众对大众型艺术价值的肯定和对虚拟价值的怀疑，但也能包容小众对 NFT 作品抽象艺术性乃至非艺术成分的价值判断，作了 VWAP 式的加权定价，也在情理之中。

（2）借鉴优秀理论，自我搭建模型。

VWAP 理论贯穿 NFT 作品的定价思路，最明显的就是适用于数字作品纯作品价值的评估，因为艺术品市场与股票市场的定价有相似之处；传统估值理论被适当取舍，彰显会计价值的理性光辉，不能在账面上稳定存在的 NFT 数字通证价值是不可持续的，但是数字通证市场具有短期不理性，因此自我搭建了一套乘数模型，以备数字通证市场数据充分时派上用场；数字作品与数字通证的协同价值也继承了赫尔曼·哈肯（1971）等的研究成果，设计问卷调查，探究每个个体样本在未共生的条件下，协同效应的准确价值，符合协同价值的准确定义；拍卖市场的价值紧跟 2020 年诺贝尔经济学奖获得者保罗·米尔格罗姆和罗伯特·威尔逊的步伐，揭示了英式拍卖在 NFT 作品现时交易定价中的重要作用，批判性地接受 NFT 作品拍卖市场的定价，得到了最终的 VWAP 加权定价模型。

本文用到的 NFT 作品的定价和估值公式如下：

①纯作品定价。

具有一般审美感的大众共有 N_1 位，对该 NFT 作品平均定价为 P_1 元，而剩余的支持其艺术品个性价值的小众有 N_2 位，支持的平均价值为 P_2 元，则艺术品定价为：

$$V_{ART} = \frac{N_1 P_1 + N_2 P_2}{N_1 + N_2} \in [P_1, \ P_2] \qquad (10.13)$$

②数字通证估值。

被费用化的 NFT 数字通证的市场占比为 W_1，被资本化的 NFT 数字通证的市场占比为 W_2，被资本化的 NFT 数字通证后续会计计量的四种情形各自的占比为 ω_i，定价为 P_i，得到 NFT 数字通证的会计定价 P_{TOKEN}：

$$P_{TOKEN} = W_1 P_{COST} + W_2 P_{CAPITAL}$$
$$= W_1 P_{COST} + W_2 \sum_{i=1}^{4} \omega_i P_i \qquad (10.14)$$

确定一系列控制变量 $Control_{kit}$，待数字通证市场成熟、资本溢价稳定后，NFT 数字通证的市场估值 $V_{TOKEN,it}$ 为：

$$V_{TOKEN,it} = \alpha + \beta P_{TOKEN,it} + \sum_{k=1}^{K} \beta_{ki} Control_{kit} + \varepsilon_{it} \tag{10.15}$$

做好数据预处理，确保截距项为 0，以得精确的乘数模型，以上模型化为：

$$\left(\frac{V}{P}\right)_{TOKEN,it} = \gamma + \sum_{k=1}^{K} \beta_{ki} Control_{kit}^{*} + \epsilon_{it} \tag{10.16}$$

对模型（10.16）取期望后，得到 NFT 数字通证市场的平均市净率 $E\left(\dfrac{V}{P}\right)_{TOKEN,it}$：

$$E\left(\frac{V}{P}\right)_{TOKEN,it} = \gamma \tag{10.17}$$

③数字作品与数字通证的协同价值。

由去均值化的 $V_{TOKEN,it}^{*}$ 和 $V_{ART,it}^{*}$，得到调节效应方程：

$$V_C^{*} = \theta_0 + \theta_1 V_{TOKEN,it}^{*} + \theta_2 V_{ART,it}^{*} + \theta_3 V_{TOKEN,it}^{*} V_{ART,it}^{*} + \sum_{k=1}^{K} \varphi_{ki} Control_{kit}^{*} + \mu_{it} \tag{10.18}$$

替换式（10.18）的 $V_{TOKEN,it}^{*}$ 为 NFT 存在性哑变量 NFT_{it}，并作差分讨论，改写得：

$$dV_C^{*} = \theta_0 + \theta_1 dNFT_{it} + \theta_2 V_{ART,it}^{*} + \theta_3 dNFT_{it} V_{ART,it}^{*} + \sum_{k=1}^{K} \varphi_{ki} Control_{kit}^{*} + \mu_{it} \tag{10.19}$$

简化模型后，根据调查问卷问题 a、问题 b、问题 c、问题 d 对应的定价 V_i 和估计的乘数 M 得到协同价值等式：

$$V_b - V_a = V_C - P_{ART} = P_{TOKEN} + Synergy_{ART,TOKEN,1} \tag{10.20}$$

$$M(V_c + V_d) = V_C = P_{ART} + P_{TOKEN} + Synergy_{ART,TOKEN,2} \tag{10.21}$$

对两种 $Synergy_{ART,TOKEN}$ 再次作 VWAP 市场加权，得到 $Synergy_{ART,TOKEN}$ 的期望：

$$E(Synergy_{ART,TOKEN}) = W_{(8)} Synergy_{ART,TOKEN,1} + W_{(9)} Synergy_{ART,TOKEN,2} \tag{10.22}$$

考虑了协同效应的 NFT 作品总价值为：

$$E(V_C) = V_{ART} + V_{TOKEN} + E(Synergy_{ART,TOKEN}) \tag{10.23}$$

④拍卖市场的定价。

针对不同市场（普通民间市场 C 和拍卖市场 AUC），NFT 作品可以被弹性定价：

$$V_{NFT} = \pi_C V_C + \pi_{AUC} V_{AUC} \qquad (10.24)$$

2. 火爆的 NFT，到底是风口还是泡沫？是否包含过度的炒作与金融化、非理性的追捧以及短期的市场运营目标呢？请结合金融市场和行为金融学相关理论给出解释。

（1）NFT 崛起的原因。

一是 2021 年以来，全球数字经济加速发展，加密数字资产交易市场火爆，带动去中心化金融、NFT 等新业态迅猛发展，加密市场的繁荣助力 NFT 市场高涨。

二是 NFT 明确了数字作品的产权保护，备受艺术家、音乐家以及收藏家青睐。区块链技术赋予了 NFT 呈现价值和保护价值的基础，使得其价值拥有唯一性和不可替代性，改善了数字作品的产权保护问题。因此，NFT 目前正被越来越多的创作者所使用。

三是 NFT 带来财富效应吸引玩家争相入场。频繁出现的"一夜暴富"神话，使 NFT 在 2021 年迅速攀上风口浪尖，也使这个新鲜概念平添许多功利和投机的气息，让越来越多的人眼红，明星效应、令人咋舌的财富故事，不断吸引着新玩家急切入场，NFT 卖家和买家的数量在持续增长。

（2）NFT 的困境。

投机是 NFT 热潮中最显著的乱象，过度的炒作与金融化、非理性的追捧以及短期的市场运营目标使 NFT 发展势头中包含大量泡沫。例如，竞拍到《每一天：前 5000 天》作品的买家，不是收藏家，而是一位资深币圈玩家——NFT 基金 Metapurse 的创始人梅塔·科万（Meta Kovan）。他在这场竞拍中不仅赚到了噱头，扣除拍卖支付费用后，还大赚一笔。从市场目前的投机氛围和疯狂程度来看，市面上大多数 NFT 存在"噱头拉高价格"的现象，成交背后充满了各种炒作或对敲交易（左手倒右手进行交易）。整个市场在过高的期望下被不断抬起，呈现出与当初"炒币"类似的场景，一旦热度下降，泡沫破裂时，NFT 的资产价值会大幅下降。

3. 请梳理 NFT 的发展历程，思考 NFT 应如何找到正确的盈利模式。

在全球监管环境中尚未出台 NFT 法律规范，不受任何监管的 NFT 市场将成法律重灾区，庞氏骗局、洗钱犯罪、违禁品交易等犯罪行为极易发生。NFT 兴起时间短，从交易价格的规律找到线索非常困难，NFT 市场很容易成为"洗钱"的温床。

在国家严厉控制比特币等虚拟货币的挖矿和交易炒作时，NFT 的快速升温和大规模投资，存在巨大风险隐患。无论如何，NFT 只是一项技术，如何能避免被恶意炒作，发挥它实际的价值，是当前最值得关注的问题。

因此，监管部门需要厘清创新与恶意炒作的边界，尽早划清红线，加强对 NFT 的认知和监管，出台相关数字商品的行业发展规范指引。明确 NFT 的概念，加大对民众的投资者教育引导，强化交易平台的职责，提升 NFT 产品和交易的全流程监管水平，特别是对相关的虚假宣传、内部炒作、金融欺诈、违规转移资产和洗钱等进行严厉制裁，引导相关产业规范健康发展。

五、背 景 信 息

与 NFT 有关的可得材料很多来自中外新闻、NonFungible 官方年报、头豹研究院研报等诸多网络资源。尽管关于 NFT 的概念设计、后续发展的通识比较普及，关于 NFT 销售和拍卖佳绩的媒体新闻材料也十分丰富，但由于 NFT 概念新、虚拟化程度高的特点，对 NFT 作品定价和估值有关的文献少之又少。

因此，本文对 NFT 的定价和估值的研究进展作出了贡献。前文已经提及，VWAP 理论贯穿本文对 NFT 作品的定价思路。这一思路或许对数学专业的同学来说比较简单，但其背后体现的公平定价精神将鼓励金融专业的同学们求真务实，心系社会，不至于陷入复杂的传统和现代的估值模型的困境中。

然而，本文关于 NFT 定价和估值的思路不一定完全正确，比如存在 VWAP 加权法在空间计量上可能失效，会计方法可能永久偏离市场价值等问题。或许有更加科学的模型能够更有效地解释 NFT 作品的市场定价和模型，如享乐回归法，本质上也是一种多元回归模型，但更注意变量间时间和空间上的联系，可能适用于具有享乐价值的 NFT 定价和估值。期待更多学者挖掘和发现 NFT 定价和估值新理论，为 NFT 市场的打造和完善奉献自己的一份力量。

六、关 键 要 点

1. 关键知识点：

随着元宇宙概念的不断普及，区块链、人工智能、虚拟现实等相关概念或技术得到了极大的推广和关注。NFT 是其中的一个典型代表。

NFT 表现出四个显著特征：

（1）独一无二。传统艺术品的数字文件可以随意复制，NFT 允许这些艺术品通过区块链确认获得具有唯一标识的"数字身份证"。每个 NFT 都可以被视为不同的个体，其交易价值由交易者决定，并且是不同的。

（2）它是不可分割的。每个 NFT 的最小单位作为一个整体存在，不能像比特币和其他加密货币那样以低于"1"的计量单位流通。

（3）继续收益。根据不同平台的交易协议，NFT 商品的每笔交易都可以使其之前的所有者获得一定比例的份额。

（4）强调社会互动。NFT 具有很强的文化和互动特性。购买后，参与者获得了不可更改的所有权和使用权，买家可以利用这些权利来展示他们在数字领域的独特购买力。

NFT 以各种娱乐产品或社交活动为载体不断发展。其过程可分为三个阶段：模糊酿造、建设发展和集中爆发：

从 1993～2017 年，行业对 NFT 的理解处于概念的模糊酝酿阶段。NFT 的概念设计可以追溯到比特币先驱哈尔·芬尼在 1993 年提出的加密交易卡。它是单向函数、数字签名及随机盲法的结合。可以说，构建 NFT 的基本概念和底层技术在这一阶段逐步形成。

2017～2020 年，NFT 在加密货币和视频游戏的"东风"中正式出现并蓬勃发展。2017 年，同质代币交易量和参与者数量创历史新高。世界上第一个 NFT 项目 CryptoPunks 也以像素字符生成器的形式出现。在此期间，OpenSea 和 Supermare 等交易平台逐渐形成，Steam 等游戏平台不断提出新的玩家需求。因此，NFT 可以进一步规范交易，扩大用户，丰富产品，覆盖热点市场。

2020 年以来，NFT 借助之前积累的用户群体和资金，实现了集中爆发，市场热度和社会影响力有所提升。自 2020 年新冠疫情暴发以来，英国、美国和其他国家的政府一直在使用资金刺激经济。传统的投资计划失去了吸引力，更多人的风险投资行为变得大胆，然后将注意力转向蓝海领域，如 NFT。

2. NFT 功能。

首先，非金融交易可以有效解决虚拟资产交易的障碍。NFT 可以实现难以商业化的虚拟资产的可靠认证和流通，并以统一的技术协议和"货币标准"进行权利的流通、转让和确认。NFT 在游戏领域具有独特的适应性，允许不同的游戏商品在同一开放市场中流通。

其次，NFT 被认为有可能带来新的"复兴"，但其在文化繁荣中的实际作用仍有待检验。数字艺术的 NFT 市场在未来可能会赶上甚至超过传统艺术市场。一方面，非金融交易的分散化激发了公众的创造力；另一方面，NFT 文化产品市场已基本从无到有，从优秀走向卓越，吸引了更年轻、更广泛的参与者。

最后，NFT 和元宇宙的双向整合是大势所趋，但这两个概念的风险叠加也是"1+1＞2"。Yuancomos 与 NFT"准入玩家"高度重合，构建逻辑高度相似，发展路径相辅相成。两者都具有分散化、社会性强、虚实结合的特点。NFT 被视为元宇宙的重要底层技术，它为元宇宙的身份识别和资产确认等关键环节提供支持，这也确保了 NFT 的市场活力和社会关注度。

3. NFT 风险警示。

然而，在风险的情况下，NFT 也可能以相同的频率共振，甚至失去一切。非金融交易的本质仍然是虚拟货币。NFT 作为元宇宙的一个重要概念，与元宇宙的经济系统有着密切的联系。一旦 NFT 的发展出现问题，将直接影响到元宇宙"下一代互联网"的建设。同时，元宇宙的概念也对 NFT 市场的安全与稳定产生了很大的影响。

（1）政治层面的风险。

首先，发展路径内外不同。中国 NFT 相关产业的发展思路是在联盟链发展的基础上，协调"安全"与"发展"，注重"监管"与"制度"，更加注重与实体经济的结合，避免现实与虚拟的过度分离，对虚拟支付的考虑更好、更稳定、更深远。

（2）经济层面的风险。

一是规则和标准仍处于探索性制定阶段。作为 NFT 产品，非金融交易政策在各国尚处于空白或起步阶段。特别是在美国等西方国家，非金融交易与"硬币圈"的价值表达高度相似。潜在的逻辑吸引了大量的参与者和资本，市场波动很大。规则和标准的模糊性使其真实价值与市场表现容易呈现脱节趋势，而投机、资本交易、洗钱等问题可能会影响甚至摧毁新兴市场。

二是头部效应明显，远未达到整个行业的蓬勃发展。NBATopShot 是美国职业篮球联赛的官方电子收藏销售平台，加密朋克和其他项目占据了 NFT 交易的绝大多数，而 OpenSea 和 Supermare 在各自的市场领域绝对领先。这种情况在数字艺术作品 NFT 中更为明显。头像和艺术家占了营业额的大部分，更多的作品以低价出售，甚至被忽视。

（3）社会层面的风险。

第一，它将带来就业替代和产业升级，这将对社会结构产生深远影响。NFT 将创造新的数字创意就业机会，特别是促进数字创作者成为自由职业者，促进数字经济中小微企业的发展，特别是个人文化创意从业者，并酝酿各种非传统社会趋势。与现实世界中的阶级分化一样，NFT也将带来新的阶级分化和身份认同，这种分化和身份认同可能在元宇宙等新兴行业集中且明显。

第二，社会治理将出现各种新问题。NFT强大的通信能力和连锁加密的通信渠道可能会给社会带来负面影响和挑战。违法分子容易制造令人上瘾的"数字毒品"，对公众尤其是对这一领域热情高涨的青年群体造成危害。

总体而言，目前NFT的市场热度较高，配套的"降温"和控制机制较少，同时也存在风险和问题。从国家安全的角度来看，发展与安全之间的这种错位可能带来政治、经济、社会和其他挑战。

七、建议课堂计划

1. 时间安排：

NFT是近年来较为热门的话题，课堂上教师应该先介绍什么是NFT，它的诞生背景，背后所蕴藏的底层技术。要举例说明，比如加密游戏、加密艺术品等，这是初步理解NFT的关键所在。接着阐明NFT背后的风险，如政治风险、经济风险、社会层面风险等，要全面带动学生进行了解NFT概念和影响。最后要在课堂上引导学生思考NFT的未来发展趋势。

2. 课堂组织引导建议：

（1）对教师教学的意见和建议：大部分老师能介绍好NFT概念，以及NFT相关案例分析，教学效果好。存在的问题主要有：①部分老师上课时与学生的互动较少，甚至没有。建议：采取多种形式和学生互动（提问、分组讨论等），这样能督促学生积极学习，学习效果会比较好。②部分老师认为很多知识学生都已经学过，比如金融原理、金融机构发展模式、宏观经济学等，故而略去不讲，殊不知，老师也需要带学生温故知新。建议：老师上课时适当带领学生复习已学过的知识，这对于学生进一步了解区块链、去中心化、NFT等会有助益。

（2）对学生学习的意见和建议：学生面对枯燥的文本学习可能兴趣较低，导致注意力不集中，课前不愿预习课堂内容。建议：营造预习的学习氛围，先于课堂了解区块链、非同质化代币等的文献，作为学习参考。

（3）对教学的其他意见和建议：强调多情境、多维度、多内容、多形式的互动教学。互动的内容不仅包括课本知识的学习，还有生活经验的积淀、生命意义的领悟、道德规范的认同、情感情操的陶冶；在互动学习过程中，学生不再是传统意义上的接受者，而是学习活动的主体，是创新者和创造者。

八、参考文献

［1］李玉洋，李正豪．三大协会发《倡议》NFT监管法律空白待解［N］．中国经营报，2022（C04）．

［2］张洋洋，王晓甜．关于NFT艺术价值的思考［J］．参花（下），2021（11）：92-93．

［3］操群，林侃，许骞．基于完整会计期间的数字通证全流程账务处理探析［J］．财务与会计，2019（2）：39-42．

［4］蔡晶晶．基于完整会计期间的数字通证全流程账务处理探究［J］．财会通讯，2021（13）：91-94．

［5］郑其敏．通过非参数可加模型回归估计的享乐价格函数［J］．统计与决策，2006（20）：24-26．

［6］陈宏鉴，程郁琨，邓小铁，姚章豪．拍卖机制设计在区块链中的应用与挑战［J/OL］．运筹学学报，2023，27（1）：1-29．

［7］郭全中．NFT及其未来［J］．新闻爱好者，2021（11）：5．

［8］Berkowitz S A, Logue D E, Noser Jr E A. The total cost of transactions on the NYSE［J］. The Journal of Finance, 1988, 43（1）：97-112.

［9］Black F, Scholes M. The pricing of options and corporate liabilities［J］. Journal of Political Economy, 1973, 81（3）：637-654.

［10］Kamišalić A, Kramberger R, Fister I. Synergy of blockchain technology and data mining techniques for anomaly detection［J］. Applied Sciences, 2021, 11（17）：7987.

［11］Wang F, Zheng X, Chen G, et al. Performance analysis of investing in Chinese oil paintings based on a hedonic regression model of price index［J］. China Finance Review International, 2017, 7（3）323-342.

［12］Kireyev P. Infinite but rare：Valuation and pricing in marketplaces for blockchain-based virtual items［J］. SSRN Electronic Journal, 2020（1）.

后　记

在苏州科技大学研究生教学案例建设项目的支持下，本案例集得以出版。编者感谢学校的支持，感谢苏州科技大学商学院金融硕士教学团队老师们的大力支持，也感谢各位在苏州科技大学商学院攻读金融硕士学位的同学们，我们就中国金融市场上的热点问题、经典案例进行讨论，一起交流学习，思维碰撞，教学相长。

在良好的教研氛围中，我们的金融硕士案例库入库案例的数量不断增加，研究的主题也不断丰富。本次精选 10 篇案例结集出版，这些案例均在金融硕士的课堂上重复使用，取得较好的教学效果。编撰出版之际，编者又根据课堂教学对案例进行部分修订，以期分析条理更为清晰，案例使用更为方便。但由于编者水平有限，难免存在疏漏之处，欢迎读者批评指正。

本书出版，承蒙经济科学出版社编辑老师的大力支持，在此，向他们表示衷心的感谢。

王世文

2022 年 10 月 5 日